本书为 2016 年教育部规划基金项目
"部分普通本科院校向职业院校转型研究"
（编号：16YJA880025）成果

普通本科院校向应用技术院校转型的逻辑与路径研究

刘　刚　王文鹏　陆俊杰　杨红旻　张文熙◎著

郑州大学出版社

图书在版编目(CIP)数据

普通本科院校向应用技术院校转型的逻辑与路径研究 / 刘刚等著. — 郑州：
郑州大学出版社,2021.12

ISBN 978-7-5645-7908-1

Ⅰ.①普… Ⅱ.①刘… Ⅲ.①高等学校－教育改革－研究－中国
Ⅳ.①G649.21

中国版本图书馆 CIP 数据核字(2021)第 105996 号

普通本科院校向应用技术院校转型的逻辑与路径研究
PUTONG BENKE YUANXIAO XIANG YINGYONG JISHU YUANXIAO ZHUANXING DE
LUOJI YU LUJING YANJIU

策划编辑	王卫疆		封面设计	苏永生
责任编辑	席静雅		版式设计	凌　青
责任校对	樊建伟		责任监制	凌　青　李瑞卿
出版发行	郑州大学出版社有限公司		地　址	郑州市大学路 40 号(450052)
出 版 人	孙保营		网　址	http://www.zzup.cn
经　销	全国新华书店		发行电话	0371-66966070
印　刷	郑州宁昌印务有限公司			
开　本	787 mm×1 092 mm　1 / 16			
印　张	11.5		字　数	224 千字
版　次	2021 年 12 月第 1 版		印　次	2021 年 12 月第 1 次印刷
书　号	ISBN 978-7-5645-7908-1		定　价	46.00 元

主要作者简介

　　刘刚,教授,教育学博士,硕士生导师,现为河南科技学院经济与管理学院学术带头人、河南省高校科技创新人才(人文社科),主要从事高等教育理论、高等教育管理研究。发表论文 30 余篇,出版著作 6 部,获河南省社会科学优秀成果二等奖 2 项、三等奖 1 项,河南省高等学校教学成果一等奖 1 项(第 2 名),主持教育部人文社科规划项目、河南省社科规划项目、河南高校哲学社会科学应用研究重大项目等 6 项,参加国家社科基金、教育部人文社科研究重点项目等 4 项。多次被评为河南省高等学校思想政治工作先进个人、河南省教育厅优秀管理人才、校优秀教师。

　　王文鹏,男,汉族,1967 年生,河南省邓州市人。信阳师范学院教授,管理学博士,硕士研究生导师,河南省学术技术带头人。主要从事德育和高等教育管理研究,先后在《学术论坛》《教育理论与实践》《国家教育行政学院学报》等刊物发表学术论文 30 余篇,主编或第一作者出版著作、教材 10 余部。主持获得河南省高等学校教学成果一等奖等各类科研成果奖励 10 余项。

内容简介

　　研究立足于解决普通本科院校向应用技术院校转型发展的实际问题,回答为什么转如何转的困惑。从职能演进的视角分析应用技术院校转型发展的历史逻辑,从市场和行政的视角分析应用技术院校转型发展的现实逻辑,在调查访谈的基础上指出应用技术院校转型发展的主要困境和误区,提出创新转型发展理念,通过职能重构推动转型发展的具体路径和实践策略。研究对于部分普通本科院校转型、尽快适应和融入现代职业教育发展具有实际应用价值。

　　本书适合高等职业院校、普通高等学校的管理者和教师学习和参考,可供高等教育研究者、高等教育专业学生,以及关心高等教育发展的人士研究和学习。

从 2013 年提出普通本科院校转型发展以来,向应用技术院校转型发展已经取得了巨大的成就,现在的研究不仅具有指导转型发展的意义,实际上也具有总结规范转型发展的意义。

部分普通本科院校向应用技术院校转型发展是一项国家战略。2014 年 2 月,国务院总理李克强主持国务院常务会议,会议提出"引导一批普通本科高校向应用技术型高校转型";5 月,国务院印发《关于加快发展现代职业教育的决定》,明确提出"引导普通本科高等学校转型发展"。2015 年 10 月,教育部、国家发展改革委、财政部联合发布《关于引导部分地方普通本科高校向应用型转变的指导意见》,这是专门针对普通本科高校转型发展的规范性文件,对转型发展的意义、思路设计、主要任务以及相关措施、保障机制等进行了全面、完整、详尽的规划,标志着国家层面的关于部分普通本科院校转型发展的政策设计已经成熟、完备。

无论是国家政策,还是理论研究与实践,关于转型发展的目标也有一个从模糊到清晰的过程。主要是"应用技术院校"和"职业院校"两个概念的关系。《关于加快发展现代职业教育的决定》中提出"采取试点推动、示范引领等方式,引导一批普通本科高等学校向应用技术类型高等学校转型,重点举办本科职业教育"。这里应用技术院校既是转型发展的目标,也是本科职业教育。所以,本课题申报时的题目就是"部分普通本科院校向职业院校转型研究"。

关于转型发展目标"向职业院校转型"是前期走访专家的重点问题之一。在前期走访中,有专家认为,当时的应用技术大学(院校)的内涵并没有得到普遍的认可。有学者也在研究中指出:"我国'应用技术大学'提出较晚,直到2013 年 6 月全国应用技术大学(学院)联盟在天津成立,才开始出现。……应用技术大学在我国目前还处在理论建构阶段,还是一种发展的理念。"①而与此同时,职业教育经过多年的努力,尽管对其内涵一直有各种争议,但作为一种教育类型则得到了普遍的认可,第一个转型发展的文件《关于加快发展现代职业教育的决定》本身就是关于职业教育发展的重要文件,所以转型发展的目标应该是"职业院校",即本科职业教育。我们认可这一观点,并以此申报课题。

也有专家对转型发展目标"向职业院校转型"提出不同意见,认为应该"向应用技术大学(院校)转型"。实际上,在对转型院校师生进行调查和访谈过程中,能够感受到相当一部分转型院校师生对"向职业院校转型"有抵触情绪,相对更加认可"向应用技术院校转型",主要原因是社会上长期形成的对职业教育的偏见。在学术研究中,大家也趋向于"向应用技术院校转型",而少有"向职业院校转型"。有学者专门研究了本科职业教育与应用技术院校的分离,认为:2019年国务院印发的《国家职业教育改革实施方案》"将应用型本科和本科职业教育分开论述,明确提出'开展本科层次职业教育试点',同时'推动具备条件的普通本科高校向应用型转变,鼓励有条件的普通高校开办应用技术类型专业或课程',使二者并行开展。至此,我国本科职业教育发展正式迈开了实践的步伐"②。但即便不讨论其中的理论问题,仅从《国家职业教育改革实施方案》这一文件名称来看,转型发展仍然是"职业教育改革"的重要内容,所以"向职业院校转型"仍然是转型发展的目标。

课题组研究认为,"应用技术院校"和"职业院校"的概念具有一致性,或者说"应"属于广义上的职业教育的一个重要组成部分。

一是政策导向有一致性,尽管个别表述有差异,但涉及应用技术大学(院校)转型发展的文件几乎都是关于职业教育发展的综合性文件,应用技术院校转型发展被置于职业教育改革与发展的背景下提出。

二是提出的背景有一致性,研究应用技术院校大都要提到西方尤其是德

① 侯长林,罗静,叶丹.应用型大学视域下新建本科院校办学定位选择[J].教育研究,2015,36(04):61-69.

② 宗诚,聂伟.试论我国本科层次职业教育发展的理路[J].高等工程教育研究,2020(04):137-141.

国的应用技术大学,"'应用技术大学'是 20 世纪 60 年代中期提出的一种新的大学类型,它是伴随欧洲国家工业化与高等教育大众化进程而产生的。比较典型的应用技术大学以德国为代表,学科特色鲜明,定位于向社会输送实用型的高级技术人才,尤其强调学生的技术应用和开发新能力的培养"[①]。而事实上,德国应用技术大学更多地被作为高等职业教育的典范进行研究。

三是概念内涵有一致性,有研究对"应用技术大学"的界定是"至少应该包括两个方面的内容:第一要以科学知识和技术成果的应用为导向进行办学,但侧重点在技术知识和技术成果的应用,'教育内容以技术学科或应用性学科为主';第二是人才培养目标主要是培养高级技术型人才。……没有技术积累,不重视技术研发、传播和转化,谈什么应用技术大学? 所以,技术的研发、传播和转化,一定是应用技术大学的基本特色和重要使命"[②]。课题负责人在前期对普通本科院校向职业院校转型的研究中,提出的高等职业教育的基本特征与此高度一致:"普通本科院校在向职业院校转型的过程中如何找准办学定位,形成高等职业教育的特点,最关键的就是要在现有办学基础上突出技术性:培养目标应定位于技术技能型人才,教学过程中应增加技术教育内容,在办学实践中开展高效的技术技能积累。"[③]

基于以上认识,我们把课题研究成果最终定名为《普通本科院校向应用技术院校转型的路径与发展研究》,并没有改变研究的内容和方向,只是选择了从众,选择了让更多的人能够理解和接受。普通本科院校向应用技术院校转型发展是一个长期的过程,也是一个多种模式和路径的过程,还有很多理论和实践问题有待研究。

---

① 侯长林,罗静,叶丹.应用型大学视域下新建本科院校办学定位选择[J].教育研究,2015,36(04):61-69.

② 侯长林,罗静,叶丹.应用型大学视域下新建本科院校办学定位选择[J].教育研究,2015,36(04):61-69.

③ 刘刚.部分普通本科院校向职业院校转型之思[J].高等教育研究,2015,36(04):61-66.

目录

第一章

绪 论

从教育史的角度来考察高等学校的发展,可以看出几乎任何一个历史阶段的高等学校都面临转型的任务,或者说在不断地转型。19 世纪初,以学术自由为标志,柏林大学更多的是一种办学理念的转型,从人才培养为主转向教学与科研相统一;20 世纪初,以威斯康星思想为标志,威斯康星大学进行的是一种高等学校职能的转型,开始前所未有地强调社会服务职能;19 世纪末,以北京大学的建立为标志,是一种高等学校办学体制的转型,是中国传统的官学一体的高等教育体制向现代教育制度的转型;1952 年前后,以院系调整为标志,是一种高等学校办学模式的转型,从综合转向专门。可以说,任何一个时代的高等学校都在为了适应社会通过转型实现发展,转型是高等教育发展的一个规律,同时转型也有自己的规律。当前部分普通本科院校面临的向职业院校的转型是新时代对高等学校的发展要求,也是高等学校对新时代的主动适应。

第一节 普通院校向应用技术院校转型发展的战略选择

1978 年改革开放以来,伴随着社会的巨大变革,我国高等教育紧紧抓住国家战略机遇,实现了史无前例的发展。科教兴国战略确立了教育的优先发展地位,人才强国战略突出了高等教育在社会经济中的重要作用,扩招战略推动高等教育走上大众化,转型发展战略将为生产服务一线培养更多的应用型、复合型、创新型人才,全面服务国家经济社会发展和创新驱动发展。

一、中央统筹部署普通院校向应用技术院校转型发展战略

随着我国经济社会变革的深入,高等教育受到了社会环境的深刻影响,无论是内外

部环境都要求高等学校要通过转型实现发展,通过转型发展推动社会更加进步。1999 年开始的"扩招",在高等教育掀起了一场巨大而深刻的变革,推动高等教育取得了前所未有的快速发展。2007 年 10 月,教育部权威发布:"2006 年,全国普通高校招生 540 万人,是 1998 年 108 万的 5 倍;高等学校在学人数 2500 万人,毛入学率为 22%。我国高等教育规模先后超过俄罗斯、印度和美国,成为世界第一。"①

2013 年,全国教育事业发展统计公报数据显示:全国共有普通高等学校 2491 所,是 1999 年 1071 所的 2.33 倍;普通高等教育本专科在校生 2468.07 万人,是 1999 年 718.91 万人的 3.43 倍。② 但快速扩招导致的一个问题就是规模迅速扩张,高等教育结构调整没有及时跟上,最显著的特征就是高等教育同质化严重,高等教育与经济社会发展相脱节,这在地方院校中表现得尤为明显。社会需要一批普通高等学校转型应用技术院校,以适应经济社会的发展。尽管一些高等学校意识到这一问题,但没有解决问题的动力和能力。政府决策部门同时也发现了这一问题,并立即开始着手解决这一问题。

2013 年年初,"教育部就开始着手转型的调研与论证,先后组织了 15 个省份 35 所地方本科高校及研究机构,系统研究欧洲实体经济、现代职业教育体系和应用技术大学的发展,开展了以 1999 年新建本科高校为重点的地方高校转型发展课题研究"③,河南省黄淮学院、黄河科技学院参与了课题研究。2013 年年底,中国教育科学研究院发布了孙诚课题组的《地方本科院校转型发展研究报告》,提出"欧洲的应用型大学给我们的新建本科学校转型提供了很好的示范。结合欧洲经验,立足我国现实,我国新建本科院校的转型必须依靠政府和学校双方共同努力"④。这次调研被看成是后来的应用技术院校转型发展政策的依据。

2013 年 6 月,在天津举办的全国职业院校技能大赛闭幕式上,时任中央政治局委员、国务院副总理的刘延东指出:"要促进中等和高等职业教育协调发展,鼓励推动地方本科高校向职业教育转型,使专业结构和层次结构与人力资源需求相适应,以增强学生就业创业能力和职业转换能力,提高就业率和就业质量。"⑤这实际上是代表政府明确了普通本科院校向职业教育(应用技术院校)转型的政策思路。

---

① 党的十六大以来教育改革与发展成就系列材料之六:切实把重点放在提高质量上,高等教育为现代化建设服务能力不断增强[EB/OL]. http://www.moe.edu.cn/edoas/website18/25/info33825.htm.

② 参见教育部 1999—2013 年《教育统计数据》[EB/OL]. http://www.moe.gov.cn/publicfiles/business/htmlfiles/moe/s7567/list.html.

③ 张墨宁. 地方高校开启"二次转型"[J]. 南风窗,2014(16):37-39.

④ 焦新. 课题组解读《地方本科院校转型发展研究报告》[N]. 中国教育报,2013-12-31.

⑤ 刘延东. 加快发展现代职业教育为实现中国梦提供人才支撑——在 2013 年全国职业院校技能大赛闭幕式上的讲话[J]. 中国职业技术教育,2013(22):17-19.

在全国职业院校技能大赛期间,在教育部指导下,部分以应用技术大学类型为办学定位的地方本科院校发起成立了应用技术大学(学院)联盟,教育部副部长鲁昕出席了联盟成立的座谈会,强调联盟要按照建设现代职业教育体系和推进高等教育分类管理的要求,积极开展地方高校转型发展的基础性、前瞻性研究,学习借鉴发达国家举办应用技术大学的有益经验,对地方高校转型发展提出政策建议,发挥对外交流与合作桥梁纽带作用,加快地方高校转型发展,加快调整人才培养结构,成为打造中国经济升级版的重要支持力量。①

联盟以天津职业技术师范大学为理事长单位,成员单位 2016 年已发展到 159 家,联盟的目标是:"按照建立现代职业技术教育体系、推动高等教育分类管理、服务现代产业发展的要求,促进联盟成员的转型改革、合作交流、学术研究,推动建立产教融合和协同创新机制,加强与国外同类大学及其协会组织的合作交流,探索中国特色应用技术大学办学体制,推动高等教育分类办学和特色发展。"②目前部分省如河北省、湖北省等也先后成立了应用型高等学校联盟。联盟的成立为转型院校面向国内高校开放搭建了一个全方位沟通交流的平台。

2014 年 2 月 26 日,国务院总理李克强主持召开国务院常务会议,部署加快发展现代职业教育,会议确定了加快发展现代职业教育的任务措施,提出"引导一批普通本科高校向应用技术型高校转型"。这是国务院层面决策会议第一次提出普通本科院校向应用技术院校转型发展的明确政策导向。

2014 年 3 月 22 日,教育部副部长鲁昕在中国发展高层论坛上的演讲掀起了高等学校转型的浪潮。她指出"中国现有 2500 多所高等院校,改革完成以后,将有 1600～1700 所学校转向以职业技术教育为核心。调整的重点是,1999 年大学扩招后'专升本'的 600 多所地方本科院校。这些地方高校,将逐步转型做现代职业教育"③。一时,关于 600 所高校转型职业院校的说法在教育界引起了巨大的反响。各种媒体铺天盖地的报道对鲁昕讲话的本意理解并不完整,甚至多有偏离,但客观上对普通本科院校向应用技术院校转型发展起到了推波助澜的作用,经过后来的政策引导,转型发展很快为众多高等学校和社会民众所接受和理解。

2014 年之后,针对普通本科院校向应用技术院校转型发展,国家陆续出台了一批具

① 张宝敏.应用技术大学(学院)联盟和地方高校转型发展研究中心成立[N].中国教育报,2013-06-29.

② 应用技术大学(学院)联盟网站.应用技术大学(学院)联盟章程[EB/OL]. http://cms2. huanghuai. edu. cn/s. php/cauas/item-view-id-26497. html.

③ 鲁昕.教育改革突破口在现代职业教育[J].中国发展观察,2014(04):10-11.

有长期性、指导性的政策文件,对部分院校转型发展给予引导和规范。2014年3月,中共中央、国务院印发《国家新型城镇化规划(2014—2020年)》,在"增强城市创新能力"一节中,强调要顺应科技进步和产业变革新趋势,发挥城市创新载体作用,依托科技、教育和人才资源优势,推动城市走创新驱动发展道路,为此明确提出"引导部分地方本科高等学校转型发展为应用技术类型高校"。这实际上是指出了部分普通院校转型发展的背景,解答了转型发展的原因,同时也是提出了转型发展的相关要求。

2014年5月,国务院发布《关于加快发展现代职业教育的决定》,专门针对加快职业教育事业发展、推动经济社会发展做出安排部署,在强调"加快构建现代职业教育体系"时,明确提出"引导普通本科高等学校转型发展。采取试点推动、示范引领等方式,引导一批普通本科高等学校向应用技术类型高等学校转型,重点举办本科职业教育"。进一步确定了转型发展的目标和定位即应用技术类型高等学校。

2014年6月,为贯彻落实《国家中长期教育改革和发展规划纲要(2010—2020年)》《关于加快发展现代职业教育的决定》,教育部等六部门印发《现代职业教育体系建设规划(2014—2020年)》(教发〔2014〕6号),进一步明确什么样的学校需要转型发展,提出"引导一批本科高等学校转型发展。支持定位于服务行业和地方经济社会发展的本科高等学校实行综合改革,向应用技术类型高校转型发展。鼓励独立学院转设为独立设置的学校时定位为应用技术类型高校"。同时对推动转型发展进行了部署,指明了转型发展的方向和任务,强调"积极推进以部分地方本科高等学校为重点的转型发展试点,支持一批本科高等学校转型发展为应用技术类型高等学校,形成一批支持产业转型升级、加速先进技术转化应用、对区域发展有重大支撑作用的高水平应用技术人才培养专业集群。"

2015年3月,中共中央、国务院发布《关于深化体制机制改革加快实施创新驱动发展战略的若干意见》,提出要构建创新型人才培养模式,"以人才培养为中心,着力提高本科教育质量,加快部分普通本科高等学校向应用技术型高等学校转型,开展校企联合招生、联合培养试点,拓展校企合作育人的途径与方式"。

2015年10月,教育部、国家发展改革委、财政部联合发布《关于引导部分地方普通本科高校向应用型转变的指导意见》,是针对部分普通本科高校转型发展的专门规范性文件,对转型发展的意义、思路设计、主要任务以及相关措施、保障机制等进行了全面、完整、详尽的规划,标志着国家层面的关于部分普通本科院校转型发展的政策设计已经成熟、完备。

2017年12月,《国务院办公厅关于深化产教融合的若干意见》(国办发〔2017〕95号)中提出"健全高等教育学术人才和应用人才分类培养体系,提高应用型人才培养比重。推动高水平大学加强创新创业人才培养,为学生提供多样化成长路径。大力支持应用型本科和行业特色类高校建设,紧密围绕产业需求,强化实践教学,完善以应用型人才为主的培养体系"。这对于进一步推进应用技术院校转型发展具有重要意义。

2019 年 1 月,《国务院关于印发国家职业教育改革实施方案的通知》(国发〔2019〕4号),再次明确"推动具备条件的普通本科高校向应用型转变,鼓励有条件的普通高校开办应用技术类型专业或课程"作为一项重要改革任务,并将应用技术院校转型发展上升为"完善国家职业教育制度体系"的国家战略高度。

二、地方政府认真落实普通院校向应用技术院校转型发展战略

地方政府对于国家关于部分普通本科院校转型发展战略具有很强的敏锐性。在国家正式文件出台之前,河南省就在 2013 年启动了第一批本科学校转型发展试点工作,确定了黄淮学院、洛阳理工学院、许昌学院、黄河科技学院、安阳工学院 5 所本科学校作为第一批试点学校。2014 年河南、河北等省在年度教育工作中都明确提出了推进地方本科高校转型发展的内容。"春江水暖鸭先知",这反映了地方政府对部分普通本科院校向应用技术院校转型发展的积极热情和期待。

随着中央政府和教育部等各部委陆续出台了有关部分普通本科院校转型发展的指导性政策文件,按照政策文件的内容和要求,各省级政府也先后制定了相应的针对转型发展的落实性文件,保证国家政策的贯彻实施,推动部分普通本科院校向应用技术院校转型发展工作顺利开展,规定了转型发展的方向目标、具体要求和措施步骤。

2014 年 4 月,湖北省教育厅下发了《省教育厅关于在省属本科高校中开展转型发展试点工作的通知》(鄂教发〔2014〕5 号),这是较早比较系统安排普通高等学校转型发展的地方文件。10 月,云南省教育厅印发了《关于推动部分本科高校转型发展的实施意见》(云教高〔2014〕124 号),这是较早落实国家战略的具体实施意见。2014—2016 年,河南、湖北、江西、上海、甘肃、吉林、贵州、福建、内蒙古等省市区先后下发了推动地方本科高校向应用型转变的通知,云南、辽宁、重庆、四川、河北、广东、海南等省市先后印发了推动地方本科高校向应用型转变的实施意见,浙江省制定了积极促进更多本科高校加强应用型建设的指导意见,河北省制定了本科高校转型发展试点工作实施方案,山东省制定了推进高水平应用型大学建设方案。而且,各省印发文件的部门也各有不同,开始以地方教育行政部门为主,如最早的湖北、云南、江西、上海等省市;后来,逐渐以教育厅、财政厅、发改委联合发文为主;辽宁省是省政府办公厅发文,四川省则是教育厅、发展和改革委员会、省财政厅、省经济和信息化委员会、省人力资源和社会保障厅等部门联合发文。这一定程度上也显示出各地越来越重视高等学校转型发展。

河南省是最早开展本科学校转型发展试点工作的省份之一。2012 年,河南省人民政府印发了《关于全面提高高等教育质量的若干意见》(豫政〔2012〕92 号),明确提出"加强新建本科高等学校建设,大力支持其发展成为各具特色的应用型高等学校"。2013 年 1 月启动了本科学校转型发展试点工作,确定了黄淮学院、洛阳理工学院、许昌学院、黄河科技学院、安阳工学院 5 所本科学校作为第一批试点学校。2014 年 3 月,中共河南省委高校工委、河南省教育厅 2014 年工作要点提出:"总结推广黄淮学院转型发展经验,重点建设若干所示范性应用技术大学,引导新建本科高校向应用技术类型高校转型。"①2014 年 10 月,河南省教育厅印发《关于做好本科学校转型发展试点工作的通知》(教发规〔2014〕895 号),文件提到"为了引导普通本科学校向应用技术类型高校转型发展,我省去年 1 月份启动了本科学校转型发展试点工作,确定了 5 所本科学校作为第一批试点学校,并于今年 9 月份对试点学校进行了中期评估。今年 9 月份,在学校自愿申报、专家评审的基础上,确定了 10 所学校作为第二批试点学校",并公布了第一批转型发展试点学校中期评估结果和第二批转型发展 10 所试点学校名单。2015 年 1 月,河南省人民政府在许昌召开全省本科学校转型发展现场推进会,教育部发规司副司长陈锋在讲话中指出,河南在推进转型发展方面,决心坚定、思路清晰、措施有力、成效明显,在全国发挥了引领和示范作用。

2015 年 11 月,河南省人民政府办公厅转发了省教育厅制定的《关于促进普通高等学校分类发展的指导意见》,确立了通过实施分类管理、分类指导,确定不同类型高校差异化的发展目标和发展思路,启动了实施高校分类发展计划,并明确了加强应用技术类型大学内涵建设的要求,提出从 2015 年起重点建设 10 所左右示范性应用技术类型本科院校。随即,河南省正式启动了示范性应用技术类型本科院校建设计划,在对 2 批 15 所转型发展试点本科学校评估的基础上,提出分 2 批遴选确定 10 所左右普通本科学校进入示范性应用技术类型本科院校建设计划,其中第一批示范校包括黄淮学院、许昌学院、周口师范学院、黄河科技学院等 4 所学校②。2016 年 6 月,遴选确定商丘师范学院、洛阳理工学院、平顶山学院、河南工程学院、南阳理工学院、南阳师范学院 6 所学校为河南省第二批示范性应用技术类型本科院校。之后,河南省坚持每年都对示范性应用技术类型本科院校建设情况进行年度绩效考评,并制定具体的示范校建设情况考评指标,包括学校制

---

① 中共河南省委高校工委、河南省教育厅 2014 年工作要点[EB/OL].中国教育信息化网:首页>资讯动态>工作要点>正文.http://www.ict.edu.cn/news/yaodian/n20140313_8974_2.shtml.

② 河南省教育厅 河南省财政厅关于启动示范性应用技术类型本科院校建设计划的通知[EB/OL].河南省教育厅网站:首页>信息公开导航>政策法规>规范性文件>正文.http://jyt.henan.gov.cn/2015/11-17/1662991.html.

度设计、基本条件、人才培养、师资队伍、专业建设、就业创业、社会服务、经费统筹以及示范辐射等各个方面①。

2016 年 8 月,河南省教育厅、河南省发展和改革委员会、河南省财政厅联合印发《关于引导部分本科高校向应用型转变的实施意见》,明确了转型发展要坚持统筹规划原则、分类推进原则和示范带动原则,要求学校要明确类型定位,制定发展规划,"明晰学校的转型发展思路,确定转型发展目标定位,制定学校转型发展规划和推进改革的时间表、路线图,将学校类型定位和转型发展战略通过学校章程、党代会、教代会决议的形式予以明确"。

2019 年 6 月,河南省在平顶山学院召开河南省应用技术类型本科院校建设工作现场推进会,全省 37 所应用型本科院校负责人参加会议,共同学习 2019 年河南省本科高校向应用技术类型本科院校建设工作的指导意见及要求,集中展示河南省高校转型发展和示范性应用技术类型本科院校的建设工作三年来的成果,总结、交流示范校建设工作经验,推动下一阶段应用型本科院校建设重点工作。会议透露,推动高校转型发展以来,河南省财政累计投入专项资金 4.7 亿元,为高校的转型发展提供了经费支持②。

第二节　转型、转型发展和高等学校转型发展

转型本身应该是一个现代汉语词汇,一个政治学、经济学或者社会学的词语,厉以宁在经济学研究中进一步提出了转型发展的概念。转型发展后来被借用到了高等教育研究中去,至少在 2013 年中国教育科学研究院发布的《地方本科院校转型发展研究报告》中,转型发展成为主题词。2014 年国务院发布的《关于加快发展现代职业教育的决定》中进一步明确引导普通本科高等学校转型发展,转型发展成为高等学校发展的一个政策性导向。

---

① 河南省教育厅关于开展示范性应用技术类型本科院校建设情况年度绩效考评工作的通知[EB/OL].河南省教育厅网站:首页>信息公开>文件通知>正文. http://jyt.henan.gov.cn/2019/09-21/1658497.html.

② 彭华,陈振华,李元明,冯阔."谋改革、推转型、促发展"努力写好河南高等教育"奋进之笔"——河南省应用技术类型本科院校建设工作现场推进会召开[EB/OL].央广网:河南频道>教育. http://hn.cnr.cn/hngbjy/20190623/t20190623_524660778.shtml.

一、转型

转型是一个现代汉语词汇。商务印书馆 1979 年版的《辞源》就没有"转型"一词，上海辞书出版社 1979 年版的《辞海》也没有"转型"一词，商务印书馆 1996 年版的《现代汉语词典》（修订本）也没有转型一词。

"转型"最初可能是一种政治学、经济学或者社会学的词语，这在《大辞海》中的相关词语中有所体现。在《大辞海》官方网站，以"转型"为搜索词进行"词条"搜索，一共有 9 条数据，包括转型国家、转型投资、经济转型、文明转型、转型政治学、转型经济学、文化转型理论、转型大爆炸理论、农村社会结构转型等词汇①。但"转型"一词并未有单独作为一个词条收录，也没有"转型发展"词条。以"转型发展"为搜索词进行"全文"搜索，仅有 2 条数据。

根据《大辞海》"经济转型"词条的解释是："一个国家或地区的经济结构和经济制度在一定时期内发生由量变到质变的过程。包括：经济体制的更新；经济增长方式的转变；经济结构的提升；支柱产业的替换等。从国际经验看，不论是发达国家还是新型工业化国家，无一不是在经济转型升级中实现持续快速发展的。我国从'九五'计划开始即提出了经济转型问题。""文明转型"词条的解释是："从不同文明之间的关系看，指一种文明转向另一种文明。从同一文明内部看，指由于生产技术和社会组织方式发生了重大变革，而使人与自然、人与人的关系及相关的文化价值体系发生根本性变化。具有多种路径：(1)通过生产技术的变革，一种文明自发、自然地转向另一种文明；(2)落后文明主动向先进文明学习，引进先进文明的生产技术，自觉或不自觉地转型为新的文明形态；(3)采取新文明形态的人群以人口扩张、人口迁徙来实现；(4)以武力征服的方式来实现。前两种路径主要是针对社会文明的转型，后两种路径主要是针对不同民族文明之间的转型。"以上转型相关词条的含义有助于我们理解"转型"的含义。

关于"转"。上海辞书出版社 1979 年版的《辞海》中对"转"（zhuǎn）的释义有 7 种，包括：①转运；②转移，辗转；③转入；④转动；⑤转换，转变等②。我们理解的"转型"之"转"当以"转换，转变"的意思最近。商务印书馆 2016 年版的《现代汉语词典》（第 7 版）对"转"（zhuǎn）的释义有 2 种：①改换方向、位置、形势、情况等；②把一方的物品、信件、

---

① 大辞海网站．"转型"[EB/OL]．[2020-10-05]http://www.dacihai.com.cn/search_index.html?_st=1&keyWord=%E8%BD%AC%E5%9E%8B&p=1.

② 辞海编辑委员会．辞海[Z]．上海：上海辞书出版社，1979：3067.

意见等传到另一方①。我们理解的"转型"之"转"当与第一种释义接近。

关于"型"。《辞海》的解释是：①铸造金属器物的模子；②式样，类型。②《现代汉语词典》(第7版)的解释是：①模型；②类型。③ 两种经典辞书的解释基本一致。

所以，我们据此对"转型"的大致理解是：改变、转变、转换事物的类型、结构、形态、模式、方向等。在不同的语境、情景下理解可以有一定的差异。

二、转型发展

前面已经介绍，《大辞海》中并没有"转型发展"的词条，转型发展是一个近年来逐渐"热"起来的组合词组。

关于发展。《辞海》的解释是：哲学名词。指事物由小到大、由简到繁、由低级到高级、由旧质到新质的运动变化过程。事物的发展是量变到质变的辩证统一，是事物内部矛盾斗争的结果。④《现代汉语词典》(第7版)对"发展"的解释是：①事物由小到大、由简单到复杂、由低级到高级的变化；②扩大(组织、规模等)；③为扩大组织而吸收新的成员。⑤

转型发展最初在经济学研究中使用。比较早地使用"转型发展"并产生较大影响的是著名经济学家厉以宁教授。1994年12月，厉以宁开始比较系统地提出"转型发展理论"⑥，"转型发展是指一个国家既要实现体制的转变，又要实现经济的发展，转型发展国家面临体制转换和经济发展双重任务"⑦。1996年出版《转型发展理论》一书⑧。后来，转型发展逐渐成为国家治理中一个经常使用的词语。

根据上面对转型和发展的解释，以及经济学、政治学中转型发展的含义，我们对"转型发展"的理解包括：事物通过改变、转换类型、结构、形态、模式、方向等实现由小到大、由简单到复杂、由低级到高级的运动变化过程；既通过改变、转换实现发展，又在改变、转换过程中实现发展；不是在原来类型、形态上的发展，是转型过程或转型之后的发展。

① 中国社会科学院语言研究所词典编辑室.现代汉语词典(第7版)[Z].北京:商务印书馆,2016:1720.
② 辞海编辑委员会.辞海[Z].上海:上海辞书出版社,1979:1219.
③ 中国社会科学院语言研究所词典编辑室.现代汉语词典(第7版)[Z].北京:商务印书馆,2016:1468.
④ 辞海编辑委员会.辞海[Z].上海:上海辞书出版社,1979:1122.
⑤ 中国社会科学院语言研究所词典编辑室.现代汉语词典(第7版)[Z].北京:商务印书馆,2016:352.
⑥ 李言.转型期阵痛不可避免——厉以宁提出"转型发展理论"[J].华夏星火,1995(09):27-28.
⑦ 厉以宁.转型发展理论[J].经济研究参考,1997(45):5.
⑧ 厉以宁.转型发展理论[M].香港:同心出版社,1996.

三、高等学校转型发展

高等学校转型发展主要是通过办学类型、办学职能、办学定位以及与此相关的培养目标、人才规格、教学模式等的改变、转变，实现在新的类型、形态上的发展过程。

普通高等院校向职业院校转型发展的理论基础是高等教育分类理论，无论是从高等教育发展规律来看，还是从社会发展需求来看，高等学校都必须实行分类发展。正是高等学校需要分类发展，才有了不同类型学校之间的转型发展。当前，我国高等教育体系发展存在着不适应高等教育自身规律、不适应社会发展需求的实际问题，普通高等学校与应用技术院校的发展，在数量上、质量上都存在着不平衡现象，部分普通本科院校面临向应用技术院校转型发展的现实需要。

在这一转型发展过程中，现代职业教育体系也面临扩大和完善。就世界教育发展史来说，不论是高等教育体系，还是职业教育体系，各个国家都不可能完全相同，即便是一个国家教育的不同发展阶段，其职业教育体系各要素的比例及构成也不可能完全相同。就我国近年来提出的"现代职业教育体系"而言，有别于传统的"职业教育"，简单地说就是把传统的职业教育人才培育目标从初、中等技术人才扩展到高级技术技能型人才，"现代职业教育体系"的教育层次拓展到包括中职学生到博士生的几乎全过程的专业教育，即从所谓的"狭义职业教育"扩展为"广义职业教育"。部分普通本科院校转型应用技术院校不仅扩大了职业教育规模，更增加了职业教育的层次和内涵，因此，必须在此基础上进一步构建现代职业教育体系理论，建立起完善的现代职业教育体系。

本课题研究的主要内容是高等学校办学职能的转型发展。从高等学校职能演进的视角，考察部分普通本科院校向应用技术院校转型发展的历史逻辑，这是认识应用技术院校转型发展的前提，是形成应用技术院校转型发展"行为自觉"的基础。高等教育的功能由单一功能向多元功能的转变既是经济社会发展的要求，也是高等教育自身历史演进的一种必然，更是高等教育未来发展的一个趋势。一定意义上可以说，转型发展是转型高校三大职能的重新诠释和建构。从职能扩展的视角，普通本科院校向应用技术院校转型发展，不仅是形式上的转型，而且是职能上的转型，这种转型发展不是增加或减少某一职能，而是在高等学校基本职能的基础上赋予新的内涵、调整新的方向、确立新的侧重。"不同层次、不同类型的高等学校，对于这三个职能以及每个职能的任务可以有所侧重，也应当有所侧重，可以根据自己的特点，选择适当的活动范围。"[①]"应用技术院校转型发

[①]　潘懋元.高等学校的社会职能[J].高等工程教育研究,1986(3):11-17.

展的过程既是调整职能侧重的过程,也是职能重构的过程。就高等学校三大基本职能侧重而言,应用技术院校相对更加侧重人才培养和社会服务;就三大职能的内容重构而言,应用技术院校转型发展就是转到突出应用型人才培养上来,转到直接服务地方经济发展上来,转到以应用技术研究为主上来。"①

---

① 刘刚,邵帅.部分普通院校向应用技术院校转型发展的历史逻辑——基于大学职能的视角[J].河南科技学院学报,2020(06):35-39.

第二章

追本溯源：早期大学及其主要职能

高等教育发展有其自身的历史逻辑。自诞生之日起,大学的社会职能就一直在随着社会的发展而不断拓展和转型,引领和适应着人类社会的进步与发展,体现了大学与社会经济发展相适应的属性。在经济社会发展新常态下,当前备受关注的应用技术院校转型发展既是经济社会发展的现实要求,也是高等教育发展的历史选择。"高等学校的社会职能,是高等教育与社会发展关系的一个基本问题,也是办好高校首先要明确的一个问题,在当前教育改革实践中,有现实意义。"①从大学职能演进的视角考察部分普通本科院校向应用技术院校转型发展的历史逻辑,是认识应用技术院校转型发展的前提,是形成应用技术院校转型发展"行为自觉"的基础。考察高等教育发展史可以发现,高等教育的功能由单一功能向多元功能的转变既是经济社会发展的要求,也是高等教育自身历史演进的一种必然,更是高等教育未来发展的一个趋势。一定意义上也可以说,转型发展是转型高校三大职能的重新诠释和建构,为此我们以早期大学及其职能作为研究的起点。

第一节　大学之义及最早大学之争

大学职能伴随大学产生而产生,随大学发展而发展。讨论大学职能也当从大学演变的历史入手,以大学职能演进为切入点逐步展开讨论。

早期大学,何谓"早期"? 关于最早的大学颇具争议,其背后的实质是大学起源问题。大学起源无外乎欧洲现代大学起源和中国古代大学起源的争议。这其实涉及大学定义或者说标准问题。论述谁是最早的大学,应当从含义入手,而这又是一个很大很基础性

---

① 潘懋元.高等学校的社会职能[J].高等工程教育研究,1986(03):11-17.

的课题。大学太"大",所以我们无意也无力对大学定义进行新的论证,而是首先从权威典籍对大学的定义论起。

在权威典籍《辞海》中,"大学"是"实施高等教育的学校。大学分综合大学和专科大学或学院。……中国西周的辟雍、汉代以后的太学以及晋代以后的国子学等都属于大学性质,……在外国,古老的大学迄今还存在的有公元859年创立的摩洛哥非斯城的加鲁因大学……欧洲大学开始于十二世纪……"[①]。《简明不列颠百科全书》对"大学"的定义是:"高等学府,通常包括一所文理学院、研究生院和专业学院,并有权授予各个学科领域的学位。"[②]从这些以及其他各种关于大学的定义,我们可以对大学有一个大致的理解:大学是一个教育机构,通过实施高等教育培养人才;同时大学又是一个学术机构,有权授予各个学术领域的学位;现代大学还有社会服务职能,直接介入社会生活;等等。

按照这样的一般性定义和解释,我们认为从教育的层次而言可以把大学的起源追溯至中国古代,因为当时的教育已经具有高等教育的属性。但同时也必须认识到中国古代大学与现代大学有着质的区别,最根本的一点就是专制与自由的区别——中国古代大学是政府的一部分,主要是为统治阶级培养官僚的场所;而欧洲中世纪大学则从行会发展而来,强调教学自由以及后来的学术自由,主要是未来职业人员的学习场所。

实际上,中国古代典籍中早就有"大学"一词,但最初的"大学",不是专指教育和学术机构,"大学"最早的含义是博大的学问和修养,即"大学之道,在明明德,在亲民,在止于至善"。这与现代大学既有联系也有区别,可以看作是现代大学的一种追求,但并非现代大学的含义。

中国历史悠久,高等教育源远流长。从20世纪80年代后,在我国高等教育学界基本认可中国高等教育起源于夏商时期,同样也认为柏拉图(Plato,公元前427—前347)创办的学园等也是高等教育机构。这种对大学起源的观点或许是基于这样一种泛化的认识:"在中等教育产生前,高等教育的含义较为模糊,凡是高深研究或教学的场所,都可称之为实施高等教育的机构,包括寺院、学校、博物馆和图书馆等。"[③]董宝良先生明确提出:"我国最早在虞夏商时期就有了大学,只是名称上当时并未叫大学;虞舜时称上庠,夏禹时称东序,殷商时称右学。"[④]杜作润先生在《大学论》中专章论述"大学起源",其基本认

---

① 辞海编辑委员会.辞海[Z].上海:上海辞书出版社,1979:1429.
② 中国大百科全书出版社简明不列颠百科全书编辑部译.简明不列颠百科全书第二卷[Z].北京:中国大百科全书出版社,1985:408.
③ 贺国庆,王保星,朱文富,等.外国高等教育史[M].2版.北京:人民教育出版社,2006:1.
④ 董宝良.中国近现代高等教育史[M].武汉:华中科技大学出版社,2007:1.

可熊明安将最早的大学追溯至夏朝的东序以及后来的商周时期的右学、上庠①。季羡林先生提出，北大的历史可以从古代的太学算起，"这样计算，一不牵强，二不附会，毫无倚老卖老之意，而只有实事求是之心。既合情，又合理。倘若采用它，是完全能够讲得通的"②。

中国古代儒学经典《礼记·王制》记载："小学在公宫南之左，大学在郊。天子曰辟雍，诸侯曰泮宫。"③这里，《礼记》明确提出了"大学"的概念（古大通太，大学即太学），被认为是关于我国古代高等教育的最早记载。《礼记·王制》又载："有虞氏养国老于上庠，养庶老于下庠。夏后氏养国老于东序，养庶老于西序。殷人养国老于右学，养庶老于左学。周人养国老于东胶，养庶老于虞庠，虞庠在国之四郊。"④对此，东汉郑玄在《礼记注》中的解释是："上庠、东序、右学三种是大学，下庠、西序、左学三种是小学。大学即国学，所以养国老；小学即乡学，所以养庶老。"按照这个记载，从虞朝、夏朝、商朝就已经有了大学。这里的大学是指国家开办的既有教育职能，又有养老职能的机构。

但也有争议。因为国家开办的教育机构，不一定就是大学，更与现代大学的含义差距较远。有人就认为当时的"大学"和"小学"之分"应该是针对如下三种情况而言：办学规模的大小；教育程度的高低；学生年龄的大小"⑤。显然，办学规模大一点，教育程度高一点，学生年龄大一点不是大学的标准，据此也不能够确定学校的性质就是大学或不是大学。所以，得出结论为："殷商时代的所谓'大学'，不是以中等教育为起点，而是以初级教育为起点，这样的'大学'称不上真正意义上的大学。"其理由是"殷商时代的'右学'与'左学'，亦即'大学'与'小学'的差距至多相当于现在的中学和小学的差距"⑥。这样的结论有点武断和牵强。因为人类发展是一个向上的过程，尤其知识的积累更是几何级递增，4000年前的古人所需要学习的知识和今天人们需要学习的知识不可同日而语。当时从"左学"到"右学"，亦即从"小学"到"大学"，其知识学习或已到了当时的最高峰，相对而言，或已具备现在的大学水平。如果这样理解，则所谓的二级教育和三级教育之别并不重要，既不能说4000年前的二级教育就一定是对应现在的小学和中学，也不能说没有所谓的中等教育就一定不是大学。

---

① 杜作润，高烽煜.大学论[M].成都：四川教育出版社，2000：68.
② 季羡林.巍巍上庠 百年星辰——《名人与北大》序[J].北京大学学报（哲学社会科学版），1997(06)：73-75.
③ 陈戍国.礼记校注[M].长沙：岳麓书社，2004：92.
④ 陈戍国.礼记校注[M].长沙：岳麓书社，2004：104.
⑤ 王瑞聚.关于"最早的大学"问题[J].临沂大学学报，2012，34(03)：45-49.
⑥ 王瑞聚.关于"最早的大学"问题[J].临沂大学学报，2012，34(03)：45-49.

　　自从大学产生以来，尤其欧洲现代大学产生以来，关于大学的表述和理解，由于时代、地位、角度、立场等不同就有了千千万万种理解，在古今中外著名学者眼中，在高等教育学经典著作中，对大学进行了各不相同的解释：

　　柏林大学（柏林洪堡大学）创始者，著名的教育改革者威廉·冯·洪堡（Wilhelm von Humboldt，1767—1835）认为：大学是学者的社团，只有"独立的研究者"（教授）和"受到指导的研究者"（学生），是"带有研究性质的学校"，是受到国家保护但又享有完全自主地位的学术机构①。

　　现代重要的高等教育思想家、都柏林天主教大学首任校长、英国天主教会红衣主教纽曼（John Henry Newman，1801—1890）认为：大学"是教授普遍知识的地方"，"一方面，是心智的，而非道德性的；另一方面，是对知识的普及和扩展，而非提高"②。

　　过程哲学的创始人，英国数学家、哲学家和教育理论家怀特海（Alfred North Whitehead，1861—1947）认为："大学之所以存在不在于其传授给学生知识，也不在于其提供给教师研究机会，而在于其在'富于想象'地探讨学问中把年轻人和老一辈人联合起来，由积极的想象所产生的激动气氛转化为知识。在这种气氛中，一件事实就不再是一件事实，而被赋予了不可言状的潜力。"③

　　美国著名教育史和教育哲学家布鲁贝克（John S. Brubacher，1898—1988）认为："每一个较大规模的现代社会，无论它的政治、经济或宗教制度是什么类型的，都需要建立一个机构来传递深奥的知识，分析、批判现存的知识，并探索新的学问领域。换言之，凡是需要人们进行理智分析、鉴别、阐述或关注的地方，那里就会有大学。"④

　　美国著名教育家，曾任芝加哥大学校长的赫钦斯（Robert Maynard Hutchins，1899—1977）认为："大学是人格完整的象征、保存文明的机构，和探求学术的社会。"⑤

　　加利福尼亚大学的第十二届校长，美国著名教育家克拉克（Clark Kerr，1911—2003）认为："在维护、传播和考察永恒真理方面是无与伦比的；在探索新知识方面是无与伦比的；在整个历史上所有高等教育机构中间服务于先进文明的如此众多部分方面也是无与伦比的。"⑥

　　西方解构主义代表人物，法国著名的哲学家、思想家德里达（Jacques Derrida，1930—

①　刘宝存.洪堡大学理念述评［J］.清华大学教育研究，2002（1）：63-69.
②　纽曼.大学的理念［M］.高师宁，等译.北京：北京大学出版社，2016：1.
③　约翰·S.布鲁贝克.高等教育哲学［M］.王承绪，等译.杭州：浙江教育出版社，2002：14.
④　约翰·S.布鲁贝克.高等教育哲学［M］.王承绪，等译.杭州：浙江教育出版社，2002：82.
⑤　R.何钦思.教育现势与前瞻［M］.姚柏春，译.香港：今日世界出版社，1970：110.
⑥　克尔.大学的功用［M］.陈学飞，等译.南昌：江西教育出版社，1993：29.

2004)认为:"大学,与所有类型的研究机构不同,它原则上(当然实际上不完全)是真理、人的本质、人类、人的形态的历史等等问题应该独立、无条件被提出的地方,即应该无条件反抗和提出不同意见的地方。"①

曾任北京大学校长的著名教育家蔡元培认为:"大学者,'囊括大典,网罗众家'之学府也";"大学者,研究高深学问者也";"大学为纯粹研究学问之机关,不可视为养成资格之所,亦不可视为贩卖知识之所"②。

曾任清华大学校长的著名教育家梅贻琦认为:"所谓大学者,非谓有大楼之谓也,有大师之谓也。"③

由此可见,尽管这些大家对大学的定义或者说表述和释义已经尽成经典,但其中强调的方面或者认识的角度仍然不尽相同。这些经典的对大学的表述仍然给我们以深刻的启示,也就是我们可以从两个方面来认识和把握大学:一是含义广泛的大学。如果按照有人的观点"大学的含义本身应该是尽可能地广泛,尽可能地普遍"④,则最早的大学理所当然地起源于中国。二是现代意义上的大学。这类大学应该具有教学、科研和社会服务等职能,在社会中代表着自由、真理和知识,从这种意义上讲,大学起源于欧洲中世纪。"尽管世界各国自古以来就有种种较高水平的教育机构,例如,希腊雅典的学园、阿拉伯的'智慧馆'和中国的书院等,但是,现代大学许许多多的特征,诸如办学形式、组织原则、教学体系、学业考核制度等无疑都是从欧洲中世纪大学那里继承而来的"⑤。

我们现在研究的大学实际上是当代的大学,具有现代意义和当代特征,虽然我们无意于刻意去区别最早的大学。但作为研究的起点,我们仍然对中国古代大学和西方大学及其主要职能进行分别论述。

第二节　中国古代大学及其主要职能

研究中国古代大学,一般都引用《礼记》的记载。《礼记》一般认为成书于西汉时期,为西汉礼学家戴圣编撰,主要是对孔子弟子、再传弟子、三传弟子等诸子关于各种有关礼仪的论述汇编。《礼记》在中国古代典籍中具有很高的地位,是一部重要的中国古代典章

① 杜小真,张宁.德里达中国讲演录[M].北京:中央编译出版社,2003:61.
② 蔡元培.蔡元培全集(第3卷)[M].北京:中华书局,1984:191,211.
③ 刘述礼,黄延复.梅贻琦教育论著选[M].北京:人民教育出版社,1993:10.
④ 丁学良.什么是世界一流大学[J].高等教育研究,2001(03):4-9.
⑤ 单中惠.外国大学教育问题史[M].济南:山东教育出版社,2006:10.

制度的选集，是一部儒家思想的资料汇编，是儒学"三礼"之一、"五经"之一、"十三经"之一。《礼记》等详细记载了我国古代高等教育的起源。

一、中国古代大学多为官学

《礼记·王制》："天子命之教然后为学。小学在公宫南之左，大学在郊。天子曰辟雍，诸侯曰頖宫。"大意是：天子命令后才能够开办学校。小学设在王宫的东南，大学设在郊外。天子的大学叫辟雍，诸侯的大学叫頖宫。《礼记·学记》也记载："古之教者，家有塾，党有庠，术有序，国有学。……九年，知类通达，强立而不反，谓之大成。夫然后足以化民易俗，近者说服而远者怀之。此大学之道也。"[①]《汉书》载："古之王者明于此，是故南面而治天下，莫不以教化为大务，立太学以教于国，设庠序以化于邑。"从这些记载理解，国家开办的"学"在当时就应当是高等教育机构了。

中国古代大学最早可以追溯至什么时候，《礼记》也给予了比较详细的记载。《礼记·王制》："有虞氏养国老於上庠，养庶老於下庠。夏后氏养国老於东序，养庶老於西序。殷人养国老於右学，养庶老於左学。"对此，东汉经学大师郑玄在《礼记注》中，给出了这样的解释："上庠、东序、右学三种是大学，下庠、西序、左学三种是小学。大学即国学，所以养国老；小学即乡学，所以养庶老。""东序、东胶亦大学，在国中王宫之东。""右学为大学，在王城西郊；左学为小学，在城内王宫之东。"由此可以知道，中国古代大学最早在虞、夏时期就已经产生了，殷、周时期基本延续下来。

前文提及的《礼记》记载的"辟雍"是周天子为教育贵族子弟设立的大学，又作"璧雍"。汉武帝时期，采纳董仲舒的建议在长安建立太学，主要是在罢黜百家独尊儒术后传授儒学所用。辟雍和太学都是当时的最高学府。在唐高宗儿子章怀太子李贤等人所注本《后汉书·祭祀中》中就指出："取其四门之学则曰太学，取其四面周水圆如璧则曰辟雍。异名而同事，其实一也。"

在中国古代，凡是与皇帝直接相关或者皇帝周围的机构、人事，前面往往加"太"字，如官办大学叫"太学"、皇家医生叫"太医"、为皇帝掌管天文历法的职位叫"太史"、为皇帝及后宫服务的人员叫"太监"、皇帝老师叫"太师"，等等，古时"太学"或与民国时期的"国立大学"、西方"皇家大学"含义近似。如果这样理解，则汉代太学就是直接为皇帝和政府服务的最高教育机构，因此整体来看，汉代太学是中央官学，也是全国最高教育管理机构和最高学府。

---

① 陈戍国.礼记校注[M].长沙：岳麓书社，2004：265.

西汉以后,历代都设有辟雍,在大多数时间里,辟雍既是教化场所,也是祭祀场所,尤其到了明清时期主要"转型"用于祭祀,并成为国子监的一部分。在北宋曾一度将辟雍作为太学的预备学校。现存唯一的"辟雍"建筑在北京国子监内,有乾隆御笔"辟雍"匾。清代规定,皇帝即位后必须在此讲学一次,凸显了其"皇家"大学的地位。

公元276年,晋朝武帝时期,在太学之外又设立了国子学,国子学与太学并立,都是当时的最高学府。南北朝时期,有的设国子学,有的设太学,也有的同时设国子学和太学。后北齐改名为国子寺,隋朝国子寺总辖国子学、太学、四门学等,隋炀帝改为国子监,唐延隋制立国子监,国子监下面又分国子学、太学和四门学等,国子监具有教育管理职能。元代分设国子学、蒙古国子学和回回国子学。明清时期又统一称为国子监。明、清时期的国子监既有国家教育管理机构的性质,又有最高学府的特征。清朝时日渐衰败,成了科举考试制度下的附庸,形同虚设。1905年,清光绪时期设学部,国子监遂废。

二、部分中国古代书院也是早期大学

上庠、东序、右学、辟雍、太学、国子监等都是中国古代大学,而且都是政府官办大学。在中国古代,与官学同时存在的还有私学,私学为民间自发,多不为官府重视,但私学在唐宋时期逐渐发展出一种制度化、规范化的教育形式,这就是书院。考察书院的性质,部分中国古代书院也是早期大学。

"书院"之名始于唐玄宗时期,但中国古代"具有教学功能的书院"始于中唐之后,约在贞元、元和年间(785—820)①。书院起于唐代,发展成熟与宋代,历经元、明、清盛而不衰。书院承袭了中国古代文化中的私学传统,一般为私人或家族创办为主,以名师大儒主持讲学。书院属于私学,但不是一般的私学,是正规化、制度化的私学。私学性质的书院向社会下层平民开放,学生来源广泛、年龄参差;教学内容多以宣讲主持名师的学说为主,课程、教学简约、灵活,师生有较多的互动性、主动性和自由度,但也表现出层次不一、水平不同。总的来看,有一些书院在从事启蒙教育、初级教育,如很多家族式书院;有一些书院则在进行经典学习和学术研究,最典型的如宋代朱熹兴复的白鹿洞书院等。从宋代开始,几乎与理学的兴起相一致,部分书院才具有早期大学的性质。胡适也认为:"宋代的书院制度,很可研究。……当时书院的程度,犹如今日大学本科。"②部分书院的发展

① 李才栋.中国书院研究[M].南昌:江西高校出版社,2005:289.
② 张艺真.欧洲中世纪大学与中国古代早期书院比较[J].内蒙古师范大学学报(教育科学版),2011,24(1):42-45.

直至清末改制都显示了其大学属性，比如朱熹兴复白鹿洞书院之后，虽有兴衰，但几百年间基本保持办学不断，1910 年改制为江西省高等林业学堂；岳麓书院一千多年来除因战火或朝代更替等偶有沉寂外，一直保持文化教育连续性，1903 年改制为湖南高等学堂，后几经变迁发展成为今天的湖南大学，因而湖南大学被称为中国历史最悠久的高等学府①。部分书院具大学属性主要体现在以下几个方面：

（一）培养人才："讲明义理以修其身"

中国古代教育从来都是"大学"、小学两个层次，不像现在分大、中、小或高、中、初三个层次。朱熹一向主张按照年龄大小、知识深浅分别建立小学和大学，而教授他们不同程度的事和理。即"小学者学其事；大学者学其小学所学之事之所以"，他取《大学》《中庸》为穷理之术，而兴复白鹿洞书院就是实践其大学教育主张的一次重要试验和实践②。实际上，朱熹也确实培养了一大批理学人才，很多学生见于《宋史》，明黄宗羲编《宋元学案》列全宋学案 80 个，朱熹及其弟子占 17 个；明戴铣编《朱子纪实》列 319 人③。朱熹通过书院培养了一个庞大的理学学派队伍，对后世产生了深远影响，其书院教学质量之高堪比今日大学名校。

（二）学术研究：理学研究重镇

在宋代，书院发展成为高级私学机构，与理学相结合，成为新兴的学术研究基地。有宋一代，理学大儒多依赖书院传播思想，理学家的主要学术活动场所多限于书院，他们的思想形成、传承，理学著作的完成，理学派别的产生等大多集中于书院。比如：北宋程颐建伊皋书院并在此讲学二十年，其学术著述、传道活动和"洛学"思想体系多在此完成，伊皋书院也成为理学的策源地之一；南宋朱熹虽长期历仕，但绝大多数时间都讲学、著述书院、精舍之中，兴复白鹿洞书院、重修岳麓书院，并亲自主持书院教学活动，两个书院均成为理学重镇；从陆九渊在象山书院对其弟子的讲学中"可见，陆氏讲学，意不在于一般的教知识而已，而在于创建学派，而陆氏正是通过象山讲学而完成其'心学'学派创建的"④。书院还广泛开展学术讨论、辩难等学术活动，通过学派、书院之间的学术交流培养理学人才。从宋开始，历经元、明、清，书院始终是理学研究的重要基地。元代理学与书院的结合更加紧密，一方面是因为部分儒家学者不愿入仕，借机建立书院研究传播理学，一方面"新涌现的一批理学家如赵复、许衡、吴澄、刘因等人，不仅继承并发展了理学思

①　刘刚.试论大学校园的历史文化[J].教育评论,2006(04):85-88.
②　李才栋.中国书院研究[M].南昌:江西高校出版社,2005:20.
③　朱汉民.中国的书院[M].北京:商务印书馆,1991:18.
④　丁钢,刘琪.书院与中国文化[M].上海:上海教育出版社,1992:50-51.

想,并且利用书院从事理学的学术研究和传播活动,进一步促进了理学和书院的结合"①。明代大儒王守仁利用书院作为心学研究的学术基地,先后创办、讲学于龙冈书院、贵阳书院、江西濂溪书院、稽山书院等,形成了著名的"阳明学派"。清初大儒孙奇峰举家迁辉县苏门山下的百泉书院,讲学历25年,世号夏峰先生,一时兴起"夏峰之学","孙奇逢是明清之际著名的书院教育家,他对理学发展史的研究有许多独到之处,其学术成就受到当时学术界的广泛尊重,他的学生多达200人,出了不少贤达之士"②。

(三)藏书:大学图书馆

书院对后世的另一个重要影响是藏书,"书院由聚书、藏书开始,逐渐又进而发展了著书、编书、校书、传书等项事业,又成为学者讲学说书、士子求学读书的教育机构"③。藏书是书院的三大使命之一,也是中国古代图书馆事业的四大支柱之一,历代书院均以藏书为其重要的事业追求。因为学术与藏书互为需要,所以与政府藏书、私人藏书、寺院藏书相比较,书院藏书的最大特点就是与学术研究有关、与教学有关,同时书院藏书还制定了比较完整的收藏、借阅制度,这些都是书院与大学的近似之处,"藏书正是书院优于传统私学的独特之处,它们相当于现代大学的图书馆,是书院作为一种完备功能的教育机构的体现"④。

(四)教学形式:"导师制"对后世大学影响深远

自朱熹兴复白鹿洞书院之后,书院教学逐渐形成了一整套比较完整的教学形式,最有影响的就是"导师制"。书院讲学一般由山长负责,山长"亦称院长、教授、主讲、掌教、洞主、主席等"⑤,从这些名称也可以一窥书院与今日大学的某些传承。宋代大儒周敦颐、朱熹、陆九渊等都亲自执掌院务,亲临讲学,他们既传授知识为经师,也教育修身为人师,着重于指导学生读书、修养,对学生全面负责,类似于现在的"导师制",但不同于现在的一般教师,因为现在的教师对学生是整个学校、各科教师集体承担责任。与这种"导师制"一致的书院教学形式是"会讲",即讨论式教学,"会讲实为师生的平等讨论。作为一种新型的教学方式,它所追求的已不是词章帖括之学,而是做学问"⑥。

---

① 朱汉民.中国的书院[M].北京:商务印书馆,1991:47.
② 刘卫东.姚枢、赵复、孙奇逢与百泉书院的复兴[J].史学月刊,2002(08):125-126.
③ 李才栋.中国书院研究[M].南昌:江西高校出版社,2005:100.
④ 朱汉民.中国的书院[M].北京:商务印书馆,1991:82.
⑤ 李才栋.中国书院研究[M].南昌:江西高校出版社,2005:303.
⑥ 丁钢,刘琪.书院与中国文化[M].上海:上海教育出版社,1992:57.

三、中国古代大学的主要职能

中国古代大学"莫不以教化为大务"，但同时也兼具其他职能。教化是教育的基本功能，这也是古代教育机构能够称之为"大学"的最根本的条件。但在不同的时期，中国古代大学的职能不断在发生变化，或者说"转型"，这种"转"是在培养人才和官员基础上的转，比如养老功能不断弱化、教学内容不断拓展等。结合不同的学校类型，中国古代大学的主要职能如下。

（一）培养高级人才和官吏——"莫不以教化为大务"

在中国古代，教育的最初动机是培养有教养的贵族，其实就是培养官员。无论是早期官学，还是后来兴起的私学，其教学内容都是传授"经""书"，这些"经""书"，都是早期农耕文化贵族阶层提出或形成的社会理想、道德准则和行为方式。无论是早期奴隶社会时期，还是后来封建社会时期，教育都是维护、完善和延续统治阶层体制、秩序的重要手段和途径。

虞夏商时期的上庠、东序、右学等都是当时的最高教育机构，也是最高教育管理机关。西周时期的辟雍仍然以"行礼乐，宣教化"为主，主要教授贵族子弟礼、乐、射、御、书、数等"六艺"。这一时期的高等教育集中在官府，官府之外无书籍、无学校、无学术，史称"学在官府"。

西汉太学因为"罢黜百家独尊儒术"而兴，教授内容多限于儒家经典，培养具有儒学高深知识、儒家大一统国家观念和宗法思想的专门人才和官吏。《汉书·董仲舒传》载，董仲舒提出设立太学的初衷就是"故养士之大者，莫大虖太学。太学者，贤士之所关也，教化之本原也"。汉武帝也认为"太常其议予博士弟子，崇乡党之化，以励贤材焉"。可见，兴办太学一方面是培养官员，一方面是推行教化。太学中的太学生实行择优任官的管理原则，但进入太学并不必然可以进入仕途。太学生能够直接入仕的途径大致上有三种：一是通过考试而入官，汉代对太学实施考试的基本形式是"设科射策"，成绩较好者即可封官，这是主要途径。二是诏选入仕。如武帝时，张汤决大狱，"欲博古义，乃请博士弟子治《尚书》《春秋》，补廷尉史"。三是对于一批长期滞留太学的年老学生，朝廷怜其年老，让这些"结童入学"者，免于"白首空归"，特为他们独辟如仕的蹊径，在规定年龄以上，或为其创造例外的考试机会，优给标准，给予官职，或直接赏予官职。在汉灵帝和献帝时均有过这样的事例。

太学最初只设一个职位五经博士，既是学官，又类似于现在的学科，专门传授儒家经学《易》《书》《诗》《礼》《春秋》。后来太学中科目及人数逐渐增多，开设了讲解《谷梁传》《公羊传》《左传》《尔雅》《周官》等的课程。汉元帝时博士弟子达千人，汉成帝时增至三千人。整体来看，汉代太学是中央官学，也是全国最高教育管理机构和最高学府，其主要职能就是培养儒学人才和官员。

后来的历代太学，以及后来的国子监，主要都是培养服务封建统治的、具有儒家传统思想的专门人才和官员。但在教学内容上逐渐进行了调整，除了继续讲授儒家经学之外，唐代国子监增加了其他专门技术教育的内容，比如律学、书学、算学等学科。其中国子学、太学、四门学分别面向三品、五品、七品以上官僚子弟，律学、书学、算学则面向八品以下子弟及庶人。国子生、太学生、四门生学习儒家经典，律学、书学、算学学生则学习专门技术。这在一定程度上反映出在唐代最高学府已经出现了不同类型的学生，也说明唐代最高学府的职能在发生变化和调整。

明清时期的国子监主要培养高级人才和官员，同时也开始出现留学生。明永乐时期南京国子监人数高达9900多人，其中有不少就是当时的高丽、日本、琉球、暹罗等国派遣的留学生。清乾隆年间，国子监祭酒仿照北宋名儒胡瑗的"苏湖教法"，分经义、治事二斋教学，"严立课程，奖诱备至"，力主经世致用，曾使国子监出现"师徒济济，皆奋自镞砺，研求实学"的喜人场面。

(二)服务社会——"养三老，事五更"

虞、夏时期，"有虞氏养国老于上庠，养庶老于下庠。夏后氏养国老于东序，养庶老于西序。殷人养国老于右学，养庶老于左学"。这时候，"大学即国学，所以养国老；小学即乡学，所以养庶老"，大学既是教学研究机构，有教化职能；也是养老机构，有养老职能。

到了西周时期，这些大学从体制到职能都发生了很大的变化和"转型"，其养老作用开始有所削弱，而更强调教化功能。辟雍又称作"璧雍"，是周天子为教育贵族子弟设立的大学。汉刘向在《五经通义》中解释："天子立辟雍何？所以行礼乐，宣教化，教导天下之人，使为士君子，养三老，事五更，与诸侯行礼之处也。"这里强调辟雍仍然有养老作用，"养三老，事五更"，但更多的是教育功能，"行礼乐，宣教化"。用现代语言来说，就是教育这些贵族子弟学习礼仪、音乐、舞蹈、诵诗、写作、射箭、骑马、驾车等各种技艺，当然也是养老场所，与诸侯交往行礼的场所等。

在中国古代，养老可以视为"辟雍"的一项重要的社会服务职能。因为古代社会生产力并不发达，读书识字几乎是贵族的专利，所以具有高深知识的人稀少而且珍贵，这些学识渊博的老人是社会的宝贵财富，当时的统治者通过设立辟雍既为这些"国老"（大多是因为老而退下来的卿、大夫、士）养老，又以此作为培养人才的场所，以这种方式实现了知识的传承。

(三)祭祀礼仪等文化传承——"崇四术,立四教"

秦以前的教育主要是习六艺,即礼、乐、射、御、书、数,包括社会道德、礼仪风俗、生产技能等。从汉代开始,及至近代教学内容基本上以儒家经典为主,并逐渐形成了"四书五经"为代表的儒家经典。"四书"包括《大学》《中庸》《论语》和《孟子》,最初由宋代朱熹作集注而合称为"四书";"五经"包括《诗经》《尚书》《礼记》《易经》《春秋》。在汉代就已经提出了"五经"的概念,当时认为这五部经典都与孔子有关,都经过孔子的编辑或者修改,汉武帝设立了"五经博士"一职,专门教授这些儒家经典。

在《礼记·王制》中,记载古代教育制度的同时,也记载了当时主要的教学内容。比如《礼记·王制》:"乐正崇四术,立四教,顺先王《诗》《书》《礼》《乐》以造士。春秋教以《礼》《乐》,冬夏教以《诗》《书》。"①这说明当时"立四教",主要还是为了"以造士",培养人才。但《诗》《书》《礼》《乐》四科又是中国古代经典,涵盖了中国古代文化的精髓,以四科为内容,在当时实际承担了传承文化的使命。

当时的四科分别有不同的载体、不同的形式,如"诗"一般指《诗经》,有风、雅、颂等形式;"书"一般指《尚书》,包含有《虞书》《夏书》《商书》《周书》等内容;"礼"一般指《礼经》,其中的礼的含义在中国古代社会既是典章制度,又是道德规范,是维护统治者统治的社会政治制度,是与之相适应的人与人交往的礼节仪式,是天子、贵族等体现等级的一种行为标准和要求,在孔子以前已经有夏礼、殷礼、周礼;"乐"一般指《乐经》,包括歌、舞、律、器等。"应该说,它们分别表征了不同的知识体系。不过,虽然四科体现出知识体系的不同,但它们之所以作为大学之教的重要内容,主要原因在于它们所蕴含的教化意义,在于通过它们可以达到的'用',而不在于它们所体现的知识体系本身"②。

《后汉书·儒林列传(上)》载:"明帝即位,亲行其礼。天子始冠通天,衣日月,备法物之驾,盛清道之仪,坐明堂而朝群后,登灵台以望云物,袒割辟雍之上,尊养三老五更。飨射礼毕,帝正坐自讲,诸儒执经问难于前,冠带缙绅之人,圜桥门而观听者盖亿万计。"这段记载的大意是汉明帝即位后,亲自行礼仪,并且穿戴着专门的帽子、衣服,专用的法器、用具,专门的仪仗、仪式等,皇帝亲自在辟雍切割牲口,尊养三老五更,宴请宾客并举行射箭之礼,然后皇帝很正式地讲授儒学,各儒生都上前来请教一些问题,大臣、士大夫等绕桥门观看听讲的人不计其数。其中说明了三个问题:一是当时的辟雍仍然以教授儒学经典为主;二是虽然不再是专门的"养三老,事五更"的机构,但延续了某种仪式;三是开始更加重视礼、乐等仪仗、仪式性的形式,这种形式其实也是对古代礼仪、礼乐的传承,

① 陈戌国.礼记校注[M].长沙:岳麓书社,2004:99.
② 雷晓云.中国高等教育制度变迁及其文化透视[M].武汉:华中科技大学出版社,2007:56.

后世更逐渐演变为一种烦琐、严肃、庄重、仪式化的祭祀,并逐渐成为辟雍的主要职能,这也是一种对古代文化的传承。

书院习礼既是重要的教学组织形式,也是思想和文化教育。习礼与讲学、藏书并称为书院的三大使命,书院习礼包括祭祀和日常生活中礼仪的演习。书院一般都建有专门的祠堂等作为祭祀的场所,祭祀有严格、烦琐的礼仪,祭祀的对象包括孔子、孟子等儒学旗帜,本地名士名宦,本学统、学派的大师等。书院祭祀在朱熹等人看来是格物致和的重要途径,祭祀包含有尊师重道、崇贤敬学、继承传统、纪念先贤等诸多方面的精神和作用,有丰富的文化传统教育、思想品德教育的内涵。书院习礼还包括许多日常礼仪的内容,"学生对于师长、前辈、朋友、宾客皆有礼仪,上课、休息、告假、饮食亦都有规矩。总之洒扫、应对、进退都是习礼场合"①。这对于良好习惯的养成具有积极的意义。书院习礼也具有一定的宗教职能,尤其祭祀呈现出较明显的宗教特性。

第三节　欧洲中世纪大学及其主要职能

这里提及西方大学从中世纪大学入手,并不表明西方大学的源头止于中世纪。如果认可中国古代的辟雍、太学是大学的话,古埃及、古希腊、古罗马也同样存在大学。很多研究都认为古希腊伟大的哲学家柏拉图创办的"学园"最具高等教育色彩,被认为是世界上第一所大学。"从世界高等教育发展的历史来看,'学园'不仅可以说是希腊正规高等教育的滥觞,也是西方高等教育发展的真正源流。"②所以,"如果从广义上来理解,将'大学'与'高等教育'活动相提并论的话,那么在古希腊和罗马就存在着'高等教育'或'大学',只不过这些具有高等教育性质的学校同现代意义上的'大学'或'高等教育'相差甚远,彼此之间也没有直接的传承关系"③。而中世纪大学是近现代西方大学的"母大学",他们之间有着直接的连续性和传承性,所以这里介绍西方大学重点从中世纪大学说起。

中世纪一般指公元476—1453年的欧洲时代,这一时期的欧洲以封建制度的形成、发展和解体为主线。公元476年,西罗马帝国灭亡,标志着西欧开始进入封建时代,尽管其后的中世纪曾被称为"黑暗时代",但这一时期却孕育出了近代资本主义,开启了伟大的文艺复兴,所以中世纪具有历史的进步意义。对于教育,尤其是高等教育,中世纪的影

---

① 李才栋.中国书院研究[M].南昌:江西高校出版社,2005:302.
② 黄福涛.外国高等教育史[M].2版.上海:上海教育出版社,2008.13.
③ 单中惠.外国大学教育问题史[M].济南:山东教育出版社,2006:49.

响更为巨大。研究高等教育史,必然要研究中世纪的大学,很多人甚至认为"大学起源于12世纪"①。中世纪大学对后世高等教育的影响无与伦比,甚至对近现代世界也产生了巨大而深远的影响,"中世纪大学,与大教堂(cathedrals)、议会(parliaments)一道,被看作中世纪三个最有价值的遗产"②。

一、中世纪的大学

在中世纪的西欧,大学是逐渐形成的,当时并没有专门的创办大学的法令,所以关于早期大学的确切创建时间往往并不一致。一般认为,欧洲第一批大学出现在 11、12 世纪,最早的有意大利萨莱诺大学(1137 年)、博洛尼亚大学(1158 年)、法国巴黎大学(1150年)、英国牛津大学(1168 年)等。13 至 14 世纪意大利又产生 18 所大学;法国有 16 所大学;西班牙和葡萄牙有 15 所大学;英国于 1209 年建立了剑桥大学,以后又相继成立了 5所大学。③ 其中意大利的博洛尼亚大学和法国的巴黎大学是中世纪大学组织最具代表性的两种形式。

博洛尼亚大学位于博洛尼亚市。博洛尼亚位于意大利北部,由于地理位置的原因,这里是当时的一座重要的国际性城市,是经济社会的中心,也是一座自治的城市。1067年,建立了博洛尼亚法律学校。约 1100—1130 年,著名学者欧内乌斯(Irnerius,约 1055—1130 年)在博洛尼亚法律学校任教,推动罗马法教育远远走在了意大利其他学校的前列。"欧内乌斯成功地对罗马法作了合理的分析,使其既适合职业性的需要,又适合作为高等教育的一门专门学科而进行学术研究。"④欧内乌斯的研究及其个人的巨大声望,使得博洛尼亚法律学校声誉鹊起,一大批教师和学生从欧洲各地涌入博洛尼亚。"正是由于欧内乌斯对罗马法的学习研究以及作为教师而特有的迷人风格,使得博洛尼亚成为著名的具有革新精神的罗马法教学中心"⑤。1158 年,夫累得利克一世(Frederick I,1122—1190)敕命博洛尼亚法律学校为博洛尼亚大学。

博洛尼亚大学最大的特点是曾被称为"学生大学",学生在学校管理中曾经居于主导地位。13 世纪初,博洛尼亚大学已经发展到有学生五千余名,在当时已经是一所庞大的大学。经过学生行会组织的不断努力,学生逐渐取得了管理控制学校事物的权力,这些

---

①　贺国庆,王保星,朱文富,等.外国高等教育史[M].2 版.北京:人民教育出版社,2006:33.
②　贺国庆,王保星,朱文富,等.外国高等教育史[M].2 版.北京:人民教育出版社,2006:33.
③　陈小川等.文艺复兴史纲[M].北京:中国人民大学出版社,1986:415.
④　贺国庆,王保星,朱文富,等.外国高等教育史[M].2 版.北京:人民教育出版社,2006:37.
⑤　宋文红.欧洲中世纪大学:历史描述与分析[D].华中科技大学博士论文,2005:35.

权力包括学校会议的表决权、学费的数额、授课的时数、教师的选聘、教师的评价、教师的处罚、学期的时限等，教师能够完全控制的领域仅仅限于考试制度。

博洛尼亚大学之所以出现学生主导学校管理的局面，主要由当时学生的特点决定。第一，博洛尼亚大学的学生以学习法律为主，本身具有很强的法律意识；第二，更主要的是这些学习法律的学生要比当时其他大学的学生年龄偏大，具有较多的管理能力和经验；第三，最关键的是一部分博洛尼亚大学的学生在入校学习时已经担任了重要的社会职务，虽然是学生，但却同时有显赫的家庭背景和显要的社会地位。所以，博洛尼亚大学的学生有管理大学的条件和能力。

出现"学生大学"的现象，还有经济的原因。当时，大多数教师的收入来自于学生的学费，学生有比较大的经济权力，他们能够利用经济手段反对和抵制教师，使教师的收入受到影响。13世纪晚期，博洛尼亚市镇当局开始逐步建立有薪金的教师职位，教师的收入不再依赖于学生的学费，学生管理学校的权力也开始渐渐衰退。博洛尼亚大学由学生主持和管理大学的现象一直持续到16世纪，之后大学逐渐被控制在教皇代表红衣主教手中。

博洛尼亚大学这种以学生为主的管理模式最早被引入到1222年设立的帕多瓦大学，到了14—15世纪，这一模式又扩展到意大利相邻的法国各东方大学——巴黎大学除外，16世纪影响到西班牙、葡萄牙部分大学，后来又被西班牙、葡萄牙人输入到南美洲，直到20世纪仍然存在。

巴黎大学产生时期的巴黎与博洛尼亚不同，当时的巴黎是法兰西君主国的首都，没有自治权，但是当时法国的政治、经济和文化中心，所以很多人到巴黎求学。巴黎大学的前身是教堂学校，即附属于巴黎圣母院的大主教教堂学校。正是基于这个原因，有人才认为："巴黎大学的起源甚至可以追溯至查理大帝，正是靠了他的支持，主教教堂学校重新兴起，而某种意义上，主教教堂学校就是巴黎大学的摇篮。"①

巴黎大学以神学和人文学科著称，曾是唯名论者和唯实论者争论的讲坛，并因此成为欧洲著名的学术中心。12世纪初，著名的实在论者香浦（Guillaume de Champeaux，1070—1121）在主教教堂学校主持校务。1108—1139年，著名经院哲学家阿贝拉尔（Piere Abelard，1079—1142）多次在巴黎大学讲学，并与香浦、罗瑟林（Roscelinus，约1050—1112）等人进行过多次论战。这些学者精彩的讲学及论战吸引了大批的学生纷至沓来，"到了13世纪，随着经院哲学的繁荣，它更是成了欧洲学者云集的中心，来自各地的学者都在这里求学与讲学，不同学派与思想的论战也大都在此发生，因此，它更是享有'哲学

---

① 宋文红.欧洲中世纪大学：历史描述与分析［D］.华中科技大学博士论文，2005：39.

家的天城’(Civitas Philosophorum)的美誉”①。

巴黎大学在发展过程中善于利用教皇与国王之间或地方与国家之间的矛盾,逐步获得了许多大学的权力,并逐步走向自治与独立。当巴黎市民干扰巴黎大学时,他们求助于国王路易七世(Louis Ⅶ le jeune,1121—1180),1180年,巴黎大学得到路易七世的认可。巴黎大学还经常求援于教皇并取得教会的支持,1198年教皇切莱斯廷三世(Celestine Ⅲ,约1106—1198)赐给巴黎大学许多特权。1200年,法兰西国王腓力二世(Philippe Ⅱ Auguste,1165—1223)承认巴黎大学教师、学生社团的合法性,教师开始逐渐掌管学校事物。

巴黎大学之所以被称为“先生大学”,就是因为教师掌管校务。在这之前,学校都是由教会管理,刚开始的巴黎大学也是由教会管理,即所在地区主教负责指定教师,进行授课授权。后来随着学校规模的日益扩大,主教开始把挑选和任命教师的权力交给教会代表,即授予“执教权”。随着教师社团(行会)地位的合法,教师的权力得到提升。1215年,教皇特使为巴黎大学制定了第一个章程,教会代表对巴黎大学的控制权被取消,巴黎的教师协会获得了合法团体的资格,巴黎大学由习惯认可的大学转变为法律承认的大学,但主教仍然对学校管理有很大的权力。1231年罗马教皇以谕令肯定巴黎大学拥有结盟权和罢课权,具有授予学士、硕士、博士学位的专一权等,标志着巴黎大学最终摆脱了主教的控制。与此同时,国王也承认了巴黎大学的法人资格,巴黎大学完全摆脱了被监护的地位。

这一时期,巴黎大学也得到巨大的发展,“巴黎大学最鼎盛时期师生达5万多人,号称与教皇和皇帝一起并为欧洲三足鼎立的势力,因此,在当时就有‘罗马有教皇,德国有皇帝,法国有知识’这种说法”②。

巴黎大学又被称为欧洲大学的“母大学”,很多欧洲著名大学都与巴黎大学有亲缘关系。1167年,由于英法两国国王发生争执,部分在巴黎大学求学的英国学生和学者回到英国,1168年在牛津创办了牛津大学,12世纪末获得正式承认,被称为“师生大学”。1209年,部分牛津大学师生因骚乱逃到剑桥,遂在剑桥创办剑桥大学,1218年获得国王认可。1231年,部分巴黎大学师生迁移到奥尔良建立了奥尔良大学,吸引了来自法国、德国、洛林、勃艮第、诺曼底、都兰、苏格兰等国家和地区的大批学生。

巴黎大学对后世大学的影响极大。“自亚里士多德(Aristotle,公元前384—前322)以来,没有一个教育机构能与巴黎大学所造成的影响相比拟。三个世纪以来,它不但吸

---

① 溥林.中世纪的大学及其成就[J].锦州师范学院学报(哲学社会科学版),2003(03):54-57.
② 溥林.中世纪的大学及其成就[J].锦州师范学院学报(哲学社会科学版),2003(03):54-57.

引了最大量的学生,并且招来了心智最敏捷最突出的人士,阿贝拉尔、索尔兹伯里的约翰、玛尔伯特马格努斯、不拉班特的西格尔、托马斯·阿奎那、圣波拿文都拉、罗吉尔·培根、邓斯·司各脱、奥康的威廉等人,几乎构成了从公元1100—1400年的哲学史。"①

二、中世纪欧洲大学的主要职能

如果以12世纪欧洲中世纪大学的出现为考察起点,大学的职能经过了两次大的变化。中世纪的大学产生伊始,其职能主要是传授知识和培养社会上的思想精英。"培养人才是大学的根本","培养专门人才是基本职能"。② 中世纪大学产生的原因之一就是欧洲文化和智力水平的提高,城市和贸易的复兴,使得"社会需要大量受过训练的管理者、律师、文书、医生和牧师,他们需要在某处获得高深的训练"③。考察中世纪大学史,其职能又可以细分为三个方面。

(一)传播知识

传播知识是中世纪大学的基本职能。考察中世纪大学形成的背景,既有欧洲经济恢复、市民阶层形成等生产力因素,也有古希腊文明、拜占庭文明和阿拉伯文明等传入的文化因素。公元476年,西罗马帝国被日耳曼人灭亡,欧洲相继出现了一批"蛮族"国家,欧洲进入了一个战争频繁、生产力发展停滞、天主教对文化禁锢的历史时期。

几乎与此同时,一个横跨亚、欧、非洲的阿拉伯帝国兴起,阿拉伯帝国奉行了较为开明开放灵活的文化政策,具有较强的文化融合精神,在阿拉伯帝国内部吸收、消化、融合了古埃及文明、古巴比伦文明、波斯文明以及古希腊文明、古罗马文明等,形成了既有鲜明特点又有很强包容性的新的伊斯兰文明体系。尤其经过持续200年十字军东征,阿拉伯文明和继承了古希腊文明、古罗马文明的拜占庭文明成为西欧广为传播的知识,"特别是阿拉伯帝国创造的文明不仅影响了当时欧洲中世纪大学的课程设置和教学风格,甚至可以说推动了欧洲文明的历史进程"④。

到了10世纪,在欧洲尤其在西班牙和意大利南部,逐步形成了诸多专门翻译、介绍古希腊亚里士多德学说和阿拉伯哲学、科学的中心。西班牙的学术中心主要研究、引进阿拉伯和君士坦丁堡的知识、文明,意大利的学术中心主要翻译、引进古希腊的课本,西

---

① 贺国庆,王保星,朱文富,等.外国高等教育史[M].2版.北京:人民教育出版社,2006:40.
② 潘懋元.从"回归大学的根本"谈起[J].清华大学教育研究,2015,36(04):1-2+9.
③ 贺国庆,王保星,朱文富,等.外国高等教育史[M].2版.北京:人民教育出版社,2006:34.
④ 黄福涛.外国高等教育史[M].2版.上海:上海教育出版社,2008:39.

西里的学术中心主要介绍翻译阿拉伯文化、古希腊学术著作等。到了 12 世纪初，柏拉图、亚里士多德的诸多著作，阿拉伯哲学家阿维森纳（Avicenna，980—1037）的哲学和医学著作，古希腊欧几里得（Euclid，前 450—前 374）的几何原理，古罗马托勒密（Claudius Ptolemaeus，约 90—168）的天文学，东方的几何、天文知识，阿拉伯世界的算术、代数、几何、化学、医学、天文学著作等几乎尽数被翻译成拉丁文。通过这些学术中心翻译家们的不懈努力，盛行拉丁文的中世纪欧洲逐渐拥有了大量的学术经典著作，也开始给中世纪的教育和学术研究带来前所未有的知识传播的挑战。应对这一挑战，"毫无疑问，原先那种单枪匹马就可以驾驭所有学科的人已经不存在了。在这种情况下，大学教育应对这一挑战的最合理方式就是按学科进行分工，传授专业知识，培养专业人才"[1]。

"在这种环境中，集中发展教学和学习是很自然的。""哪里大学繁盛，哪里就可以找到教学和学习"[2]。在东西方文化传播交流的进程中，西欧逐渐形成了众多的学术研究中心，这些学术研究中心进而发展为大学或与大学有直接的关联。比如，在意大利南部沿海城市萨莱诺，是编译希腊医学和阿拉伯的医学著作的中心，后来在此发展起来最早的大学之一、以医学为主的萨莱诺大学。"英国的牛津大学、剑桥大学和法国的图卢兹大学等，它们的前身几乎都是当时西欧著名的学术著作翻译和研究中心。"[3]巴黎大学的前身是巴黎圣母院附属的一所天主教学校，当时就有很多学者是在这一类的学校中专门研习、传授古希腊文化、古罗马文化和东方传入的知识，当然也研究《圣经》方面的学问。正是在这一过程中，吸引汇聚了来自欧洲各地的很多学者、学生，这些学者、学生为了获得追求知识学术的自由，维护自身利益，与教会和地方当局进行了各种形式的斗争，逐步取得了具有现代大学原型的合法地位和权利。

由于历史的原因，在演变过程中，中世纪大学享有自治等各种特权，大学与社会之间隔着一条清晰的界限，大学一开始就是学者们的一种行会，致力于知识的传播，传播知识是中世纪大学的首要职能。"大学是历代所积累的知识的贮放中心，那里培养学者纯粹是为了传播学问。为政府和教会要职培训人员也是大学的一个重要社会任务，然而它决不能压倒知识传播这个根本任务。"[4]

中世纪大学传播知识职能，也体现了现代大学的宗旨。诚如纽曼所言："我是这样看大学的：它是教授普遍知识的地方。这说明了它的宗旨，一方面，是心智性的，而非道德

① 单中惠.外国大学教育问题史[M].济南：山东教育出版社，2006：5.
② 弗罗斯特.西方教育的历史和哲学基础[M].吴元训，等译.北京：华夏出版社，1987：159.
③ 黄福涛.外国高等教育史[M].2 版.上海：上海教育出版社，2008：39.
④ 许美德.西方大学的形成及其社会根源[J].俞理明，译.教育研究，1981（12）：81-87.

性的;另一方面,是对知识的普及和扩展,而非提高。"①

中世纪大学传播知识的职能,在传播文化、提高人类知识水平、推动教育发展方面做出了重要贡献,为当时的优秀学者提供了传播知识和治学的舞台,同时也是培育新的科学家、思想家和著名学者的苗圃。但到了中世纪后期,这种过于强调知识传播也带来了保守、停滞和禁锢。"即使英国培根提出的实验科学广泛传播时,连英国的牛津大学和剑桥大学都对之熟视无睹,大学中没有几个教授是有创造性的知识分子,科研只是大学中非常偶然的事情。""学者本·戴维指出,这时期大学缺乏一种切实的在知识上的职责,过分强调传授已有知识,墨守成规"②。

(二)为教会和国家培养人才

尽管我们可以认为传播知识是中世纪大学的首要职能,但毫无疑问"为政府和教会要职培训人员也是大学的一个重要社会任务"③。就大学与社会的关系而言,大学一定是在社会需要下发展起来的。很多学者都强调中世纪大学的特权和自治,但同时不容忽视的是这种特权和自治既是大学与政府、教会斗争的结果,也是教会、政府赋予的结果,所以大学在保持学术自由、享有一定特权的同时,也在积极为政府和教会培养人才。

中世纪大学尽管拥有特权,但毫无疑问,即便经过抵制和斗争,大学也逐渐被教皇或国王君主所控制,成为教会和政府的附庸。因为在当时,大学需要教皇或国王的保护,如果没有这些强权的保护,就可能受到当时的市民或其他势力的攻击,在恶劣社会环境下难以生存。"在13世纪和14世纪时,大多数本科生来自社会的中下层,包括骑士和专业人士、商人、自由民、手工艺者、自耕农等子弟"④。中世纪大学的学生主要是当时的"有闲阶层",他们的学习和学术活动就是为了获得特权,是为了进入上层社会有权阶层,所以既寻求特权又服从教皇或君权。所以,整体看中世纪大学,"教皇在法学教学和证书授予上保持着垄断权,任何新大学的建立都必须由教皇谕旨颁准。实际上,教皇继续期待大学不仅为教会提供合格的神学家和法学家人才,还要求大学作为一种机构,在基督教的普遍生活中发挥某种作用"⑤。大学也确实为教会和政府培养了大量的人才。

中世纪大学是社会需要的产物,是为教皇、教会、政府统治者等服务的,中世纪"大学的发展是作为对压力的惯性反应,利用教育的力量来满足社会职业、教会和政府的需

① 纽曼.大学的理念[M].高师宁,等译.北京:北京大学出版社,2016:1.

② 张慧明.中外高等教育史研究[M].长沙:湖南大学出版社,1998:241.

③ 许美德.西方大学的形成及其社会根源[J].俞理明,译.教育研究,1981(12):81—87.

④ 艾伦·B.科班.中世纪大学:发展与组织[M].周常明,王晓宇,译.济南:山东教育出版社,2017:187.

⑤ 雅克·韦尔热.中世纪大学[M].王晓辉,译.上海:上海人民出版社,2007:87.

求……它们的基本目的还是为那些有天赋的、将来以就业为目的学生增加教育机会，使他们能够在教会阶层或公民政府里，或某些法律和医学领域获得谋生手段"①。大学开设了许多职业性的科目，为大多数人提供职业活动的基本准备。中世纪大学的学生大多都是当时的"有闲阶级"，这些有闲阶级在大学从事必要的学术活动，并借此希望通过获得某种教育凭证进入有权阶层。中世纪大学按照上层有闲阶级要求开设神学、哲学、文学和法律、医学等科目，大学主要由教会代表、校长来管理，同时受到教皇、皇帝的保护，大学师生的财产享有免税权，并可以免服兵役，大学内部事务自治，"整个大学按照统治阶级要求运行，不断地用等级的教育复制着等级社会体制"②。

其实，一开始大学毕业并不是学生就业的重要条件，但由于大学毕业生受过专业训练，逐渐地大学生取得了越来越重要的社会职业。以主要培养法律学者的博洛尼亚大学为例，在 12 世纪中叶，随着司法实践的发展，法律工作开始成为一种城市居民的职业，"法律职位在当时逐渐向那些在法学院受过专业训练的人开放，而在此之前却是由那些精通习惯法的人所占据"。"虽然市长自己也有贵族血统，但他们首先是职业管理者，并曾在博洛尼亚研习过法律。他们与同样经过一些法律训练的法官、公证人和秘书组成的小团体一起，从一个城市到另一个城市。与出身地位相比，这种专家资格变得越来越重要。而且，他们也得到了更多的职位"③。于是渐渐地在博洛尼亚学习法律的教士、副主教和主教也越来越多，著名的教皇英诺森三世（Innocent Ⅲ，1161—1216）就是博洛尼亚的学生。在各级国家机构和教会机构有很多大学毕业生。"中世纪大学为满足世俗和教会的管理及统治的多方面需要而培养所需人员，在这方面它是成功的。大学的毕业生就职于各级国家机构和教会机构。他们有的担任了政府的主要官员、王室的顾问和牧师、主教、教堂的院长、教会团体的领导等，有的担任了世俗和教会法庭的法官、议会成员、高级官员、大教堂的牧师和名誉牧师、主教和副主教以及贵族家庭中的各类职务。在低一级的职业中，大学毕业生通常就职于公共的公正机构，担任学校校长、教区牧师、附属小教堂牧师、家庭教师等"④。中世纪大学主要成为满足当时社会需要的服务机构。

（三）国际交流

中世纪的欧洲没有一个强有力的统一的政权，各地基本上处于割据状态，但教会对

---

① 艾伦·B.科班.中世纪大学：发展与组织［M］.周常明，王晓宇，译.济南：山东教育出版社，2017：9.

② 张慧明.中外高等教育史研究［M］.长沙：湖南大学出版社，1998：238.

③ 希尔德·德·里德-西蒙斯.欧洲大学史第 1 卷：中世纪大学［M］.张贤斌，等译.保定：河北大学出版社，2008：271.

④ 贺国庆，王保星，朱文富，等.外国高等教育史［M］.2 版.北京：人民教育出版社，2006：51.

人民的思想有着强有力的禁锢。在此背景下,中世纪大学的"国际性"更显独特,国际化交流既是早期大学的特征,也是一项重要职能。在当时的欧洲,来自各地的学者和学生,几乎可以在全欧洲自由流动,他们自主选择心仪的大学,自主决定从事学习和研究活动,以此得到各地大学都相互承认的资格证书,并凭借这些证书得以进入上层社会。

中世纪大学的"国际化"的主要原因包括:欧洲一个时期各地政权之间相对的和平环境;基督教复兴运动;技术进步贸易发展,加上暖期气候变化使作物产量提高,人口大大增加;拉丁语是当时欧洲的通用语言。这些都为大学的创立和各地区学者、学生的学术交流、各地游学提供了可能。还一个重要原因在于大学的一个特权——"拥有到各地自由任教的权利",这种权利是指"毕业于公共讲习所的学位获得者,无需经过进一步考试就可以在其他任何大学任教。公共讲习所就是拥有了在其他任何地方任教的许可证,从而使大学教师的自由流动成为可能,也使得欧洲范围内的学术界能够超越种族和地区去追求和传播知识"。"拥有学位授予权力的大学的兴起扩展了这一做法的权限范围,即从公共讲习所毕业的硕士学位和博士学位持有者同样可以获得通用的教学证书。"①虽然实际上各个大学多是对这一权利进行了有限的支持,但在当时确实推动了学者尤其是学生的国际化流动。

中世纪大学的国际化还有历史原因。关于萨莱诺大学起源的"传说"就能够说明这个原因。萨莱诺大学是欧洲最早的大学之一,其医学学科享有盛誉,与博洛尼亚大学的法律学科、巴黎大学的神学学科齐名。据认为,萨莱诺大学是由来自4个不同国家种族的4名教师共同创立,其中包括1位希腊人、1位意大利基督徒、1位犹太人、1位阿拉伯人,"尽管这一说法现在已被作为传说而弃之。然而,这一传说却生动地指出了不同文化交融的现象"②。

中世纪大学的国际化首先是教师的国际化。萨莱诺大学起源的"传说"从一个方面说明了中世纪大学教师从一开始就具有国际化基因,其他大学也都有史料表明教师来源的国际化。比如北欧的一些主教学校,"包括诸如沙特尔(Chartres)、拉昂(Laon)、兰斯、图尔(Tours)、林肯(Lincoln)、约克(York)和赫里福德(Hereford)城市的主教学校。这些主教学校由于一支难以预料的流动教学大军迁徙,而经历了动荡不定的命运"③。巴黎大

① 艾伦·B.科班.中世纪大学:发展与组织[M].周常明,王晓宇,译.济南:山东教育出版社,2017:32-33.

② 艾伦·B.科班.中世纪大学:发展与组织[M].周常明,王晓宇,译.济南:山东教育出版社,2017:45.

③ 艾伦·B.科班.中世纪大学:发展与组织[M].周常明,王晓宇,译.济南:山东教育出版社,2017:90.

学被称为"教师型大学",其教师来自欧洲各地,以其中具有主导地位的文学院为例,文学院教师组成的强大的组织团体就是来自不同地区的4个同乡会,"即法兰西、诺曼、卡皮底和英国-德国(English-German)同乡会,每个同乡会选出自己的首领(Proctor)"①。巴黎大学的同乡会形成了独特的法人团体,拥有自己推选的首领、法规以及档案、财政、印章、节日等,至少直到15世纪中期,同乡会一直都是大学生活中的一支重要力量。

中世纪大学的国际化还表现为学生的国际化。学生国际化的一个重要体现就是在一些著名大学出现的参与学校管理的同乡会(有些译著译为"民族团"),这是一种以同一原籍为纽带,具有同胞间互助互卫性质的学生自治组织。在"学生型大学"博洛尼亚大学,学生以地域为区别形成了两个机构:"(阿尔卑斯)山里人(Citramontains,即非波伦亚人的意大利人)大学和山外人(Ultramontains,即非意大利人的学生)大学。每所大学划分为若干'民族团'(nations)"②。巴黎大学文学院的4个同乡会既是教师的同乡会,也是学生的同乡会。同乡会参与学校事务管理,尤其在博洛尼亚大学,学生拥有较大的管理权力,甚至可以迫使教师服从其管理。之所以博洛尼亚大学学生能够管理大学事务,其中一个很重要的原因是这些学习法律的学生年龄都偏大,"他们的平均年龄在18岁至25岁之间,还有一部分学生30岁以后才进入大学学习。""而且,可以肯定的是,有相当一部分为就读博洛尼亚大学法学专业的学生都曾担任过教会职务或政府职位"③。年龄和工作经验使得他们能够设计可行的大学体制并付诸实施。

---

① 艾伦·B.科班.中世纪大学:发展与组织[M].周常明,王晓宇,译.济南:山东教育出版社,2017:96.

② 雅克·韦尔热.中世纪大学[M].王晓辉,译.上海:上海人民出版社,2007:30.

③ 艾伦·B.科班.中世纪大学:发展与组织[M].周常明,王晓宇,译.济南:山东教育出版社,2017:71-72.

第三章
职能演进：高等学校转型发展的历史逻辑

培养人才是大学之根本，是大学的基本职能，科学研究、社会服务是衍生职能。"高等学校三个职能的产生与发展，是有规律性的。先有培养人才，再有发展科学，再有直接为社会服务。它的重要性也跟产生的顺序一致，产生的顺序也就是它的重要性的顺序。"①高等学校职能的演变其实就是高等学校转型发展的历史依据，及至今天，我们必须进一步准确地认识高等学校的社会职能，才能推动普通本科院校向应用技术院校科学转型发展。

第一节　大学第二职能的演进

中世纪大学的基本职能是传播知识培养人才，"培养人才这个职能是从近代大学一产生就有的，人们对它的认识也很明确。不过，早期培养人才一般只局限在培养官吏、法官、医生、牧师，后来才重视培养自然科学和社会科学人才。一直到18世纪，大学的基本职能还仅仅是培养人才"②。但随着近代科学技术的逐渐兴起，大学也逐渐适应社会的发展，承担新的历史使命，发展并形成了科学研究第二职能。

在大学发展历程中，有一个很有意思的现象，现代大学产生于分裂黑暗的中世纪，在大学产生之时也逐渐确立了培养人才第一职能。到了18、19世纪，虽然德意志民族崛起已见端倪，但德国仍然处于四分五裂的状态，甚至一度还受到法国的欺辱。在这样的历史背景下，德国大学负重前行，经过哈勒大学、柏林大学等艰难发展，德国大学竟然在逆境中取得了后来居上的发展，逐渐形成并确立了大学的科学研究第二职能。

---

① 潘懋元.高等学校的社会职能[J].高等工程教育研究,1986(03):11-17.
② 潘懋元.高等学校的社会职能[J].高等工程教育研究,1986(03):11-17.

一、科学发展的背景

在近代自然科学发展的大背景下，大学才逐步开始承担科学研究的职能。一般认为，15世纪末近代自然科学开始在欧洲产生，文艺复兴、大航海等都直接推动了近代自然科学的诞生，天文学、医学、数学、物理学相继得到迅速发展。

16世纪上半叶，波兰天文学家哥白尼（Nikolaj Kopernik，1473—1543）提出了"太阳中心说"。这一重要学说的提出与大学有一定的联系，早在哥白尼在克拉科夫大学求学时就开始孕育。哥白尼的"太阳中心说"改变了人类的宇宙观，标志着近代自然科学的诞生。恩格斯评价道："自然科学借以宣布其独立并且好像是重演路德焚烧教谕的革命行动，便是哥白尼那本不朽著作的出版，他用这本书（虽然是胆怯地而且可说是只在临终时）来向自然事物方面的教会权威挑战。从此自然科学便开始从神学中解放出来，尽管个别的互相对立的见解的争论一直拖延到现在，而且在许多人的头脑中还远没有得到结果。"[1]

比利时著名医生维萨里（Andreas Vesalius，1514—1564）创立了近代人体解剖学，他曾就教于意大利的帕多瓦大学，教授外科和解剖学，他于1543年主持解剖制作了一副人体骨骼标本，至今仍保存在巴塞尔大学，是世界上最古老的解剖学标本。维萨里被认为是科学革命的代表人物之一。

此后，在天文学、生命科学和力学等方面都取得了革命性发展。天文学革命的代表人物除了哥白尼，还有布鲁诺（Giordano Bruno，1548—1600）对日心说的传播和发展，伽利略（Galileo Galilei，1564—1642）发明望远镜验证和维护日心说，开普勒（Johannes Kepler，1571—1630）提出行星运动三定律等。生命科学革命的代表人物有维萨里创立了近代人体解剖学，塞尔维特（Michael Servetus，1511—1553）发现了血液的肺循环，哈维（William Harvey，1578—1657）建立了血液循环学说等。力学革命的代表人物有伽利略从实验中总结出自由落体定律、惯性定律和伽利略相对性原理等奠定了经典力学的基础；惠更斯（Christiaan Huygens，1629—1695）建立了向心力定律，提出了动量守恒原理等；伟大的物理学家牛顿（Isaac Newton，1643—1727）则提出了万有引力定律、牛顿运动定律和光的色散原理，与莱布尼茨共同发明了微积分，发明反射式望远镜等，牛顿被誉为"近代物理学之父"。

---

[1]　中共中央马克思恩格斯列宁斯大林著作编译局译.马克思恩格斯全集（第二十卷）[M].北京：人民出版社，1971：362-363.

这些科学成就既是自然科学发展的一场革命,也极大地推动了社会的进步,在社会和公众中取得巨大的影响,人类的知识得到了空前广阔的传播,史无前例地影响着人们的思想,改善着人们的生活。这种影响在当时以不同的方式呈现,布鲁诺以被宗教裁判所判为"异端"烧死的悲壮形式震惊世人,开普勒曾任皇帝的御用数学家,哈维曾任王室御医,牛顿在当时就有着很高的社会地位和影响,被国王封为爵士,任英国皇家学会会长长达24年,并曾任英国皇家铸币厂厂长。这些科学成就自然而然也影响到了大学,在科学取得巨大发展的背景下,大学也开始认真地审视科学革命,关注科学成就,谨慎地以此拓展课程的概念,逐步地推进课程设置多样化。同时,也开始缓慢地应对科学革命,检讨自身的使命与功能。正是在近代科学革命的推动下,西方大学不再仅仅关心知识的保存和传授,而是逐步参与知识的发现和创造。在一定意义上,近代科学革命推动了大学科研职能的开启,虽然有点被动,但今天科学研究已经成为大学的主要职能。

当时的大学主要职能是传授知识,新的科学革命的成果大多都产生于大学之外,尽管如此,这些科学家或多或少都与大学有一定的渊源。比如,伽利略曾在比萨大学任教三年,在帕多瓦大学任教十八年;开普勒在图宾根大学学习时开始学习研究天文学和数学;哈维15岁进入剑桥大学,后又到帕多瓦大学学习,24岁就获得英国剑桥大学医学博士学位,还曾担任麦尔顿学院的院长;惠更斯先后在莱顿大学和布雷达学院学习;牛顿18岁进入著名的剑桥大学三一学院,27岁被授予著名的剑桥大学卢卡斯数学教授席位(Lucasian Chair of Mathematics)。大学在当时培养了一大批优秀的科学家,对大学的科学声誉和开启科研职能也应该有一定的潜移默化的促进作用。

近代自然科学的发展,尤其是第一次技术革命的勃兴,也缓慢但不可逆转地推动大学发生了许多质的变化。比如,英国的牛津大学和剑桥大学最初的教学内容主要是古典文学与神学,17世纪末之后,牛顿的物理学、数学等最新科学成就逐渐进入大学课堂,推动大学教学内容发生了巨大的改变,大学开始设立自然科学的讲座,牛顿曾亲自担任数学讲座的教授;剑桥大学在自然科学讲座中更重视学科的分化,如从动物学中分化出比较动物学,从机械学中分化出应用力学,从生理学中分化出外科医学、病理学等。但整体来看,在19世纪以前,科学研究不属于大学的职能,大学的作用仅限于保存和传授已有的传统文化,德国的大学得以确立之后,科学研究成为大学的职能。

二、哈勒大学科学研究职能的肇始

大学第二职能的拓展始于当时封建制度最严密的德国而不是先进的英国和法国,其原因既包括非常复杂的社会环境,也包括德国社会发展的状况。由于各种原因,当时的英法大学普遍比较保守。法国资产阶级大革命胜利后,于1791年关闭了欧洲久负盛名的巴黎大学所属的学院和学校,1793年取消了全部27所大学,取而代之的是各类专科学校。英国最先爆发工业革命,为适应工业革命的需要,英国一方面对当时的文法学校进行了变革,新增实科课程等,一方面设立了大量职工教育讲习所,而大学则持续地保留着贵族风格,经济的繁荣几乎不需要大学,到18世纪50年代,著名的牛津大学、剑桥大学等都还禁止非国教信徒入学,顽固地坚持着古典的学术传统。面对时代的发展,英法以及其他欧洲历史悠久的传统大学依然固守传统,仍然崇尚由中世纪而来的陈旧的课程、教学方法,高傲地将新思想尤其是迅猛发展的近代科学排斥在大学之外。

而德国当时还没有统一,各邦分别兴办了一些大学,由于发展的需要,以及虔敬派等知识运动的影响,这些大学相对更关注国家的需要,重视实用知识的传授,在倡导独立和自由思想、科学思想等方面形成了一定的风气。在哈勒大学成立仪式上,普鲁士大臣和枢密顾问、哈勒大学董事富克斯(Paul von Fuchs,1640—1704)就提出一个德国人更关注思考更深入的问题:"世界上哪里可以找到一个没有科学就能变得强大的国家?"①在"富克斯们"看来,科学对于国家的强盛已经产生了决定性的影响。

在国王的全力支持下,哈勒大学于1694年正式成立。哈勒大学创办伊始,就提出全面推行人文主义思想,强调科学理性,倡导学术自由,设立了以近代自然科学教学为基础的"自由哲学讲座"。哈勒大学一改传统大学模式,为大学带来了清新的风气和深刻的变革,其中对以后大学发展具有重大影响的改革主要有两点:"第一,它采纳了现代哲学和现代科学;第二,它以思想自由和教学自由为基本原则。"②哈勒大学倡导现代哲学和现代科学的精神,设置了新的自然科学课程,哲学院开始取得主导地位,并代替神学院位居大学四院之首;强调科学理性和学术自由。哈勒大学改变了传统大学的教育目的、教学内容、课程设置和教学方法,从一开始就受到了学生的欢迎。从建校时的1694年到1728年,总计有18 208名学生进入哈勒大学学习,多于德国其他大学。③ 这从另一个角度反映了哈勒大学的成功。

继哈勒大学之后,1737年建立的格廷根大学也借鉴了哈勒大学的办学思想。在这些学校的共同推动下,18世纪的德国出现了大学与教会的分离,"大学由国家投资和控制。大学开始走向社会,建立起以数理为基础的现代哲学,倡导教学与研究自由的组织原则,学术研讨取代了繁琐哲学和记诵教学形式。这些虽然还不是所有大学中的共同行为,但

---

① 单中惠.外国大学教育问题史[M].济南:山东教育出版社,2006:15.
② 鲍尔生.德国教育史[M].滕大春,滕大生,译.北京:人民教育出版社,1986:79.
③ 单中惠.外国大学教育问题史[M].济南:山东教育出版社,2006:15.

都足以表明 18 世纪德国大学已出现某些现代化气息,努力表现时代对大学的要求"①。

在当时的德国,哈勒大学和格廷根大学代表新的类型的大学,这类大学推行人文主义思想,讲授和研究现代科学,倡导学术自由,开展以数理为基础的新哲学研究。但在 19 世纪之前,这一类大学并没有成为大学的主流,1806 年的德法耶拿战役则改变了这种状况,促使德国大学发生了根本性的现代化转变。耶拿战役以德国普鲁士的惨败而告终,1807 年德国被迫签署了屈辱的《提尔西特和约》,向法国割让了易北河以西的全部领土,位于易北河以西的哈勒大学、格廷根大学等 7 所大学沦陷丧失。痛定思痛,此后德国开始了深刻的持续多年的社会改革和军事改革,推动普鲁士逐渐完成现代国家的转变。改革直接影响到教育领域,当时的德国统治者认为重振德国雄风,恢复德国尊严,必须大力发展教育,加强科学研究。随后,以柏林大学的创立为标志,强调科学理性、倡导学术自由的理念在德国大学得以确立。

三、柏林大学科学研究职能的确立

一定意义上,柏林大学就是哈勒大学的重生。

1807 年,一个来自原哈勒大学的教师代表团请求国王在柏林重建大学,国王答应了请求并发布命令,规定原来给哈勒大学的经费全部拨给柏林大学。"国王写道:'亲爱的枢密顾问拜姆,由于易北河彼岸地区已被割让,国家丧失了哈勒大学,从而失去了最重要、最完备的教育机构。填补这个空缺应当是国家重建缔造时期的首要任务。法兰克福和柯尼斯堡那两所大学并不合用,因为前者基金有限。……后者则远离政府所在地。而柏林则不同,它具有一座完善的全国性的教育机构所需的一切,能以最小的开支取得最大的效果。因此我决定在柏林建立这样一所大学,并使之与科学院建立适当的联系。……我命令从中央和各省财库中原来拨给哈勒大学的一切经费都改为柏林大学的补助费用'。"②

之后,德国开始了柏林大学的筹建,进行了一系列建校咨询工作,得到了当时的著名学者如哲学家费希特(Johann Gottlieb Fichte, 1762—1814)、古典语文学家沃尔夫(Friedrich August Wolf, 1756—1824)等人的参与和支持。1808 年秋洪堡被任命为普鲁士内政部文化教育司的负责人,直接负责柏林大学的筹建和教师的选聘工作,一个有意思

---

① 张慧明.中外高等教育史研究[M].长沙:湖南大学出版社,1998:244.
② 贺国庆,王保星,朱文富,等.外国高等教育史[M].2 版.北京:人民教育出版社,2006:159.

的现象是:"无论如何可以肯定,洪堡对这一任命最初的反应是消极的。"①洪堡对于柏林大学教师的选聘取得了极大的成效,聘请了一批整个欧洲最杰出的人才。被评价为"从此再没有一位德国的教育大臣或部长可以出示一张更可值得自豪的聘任表!"②洪堡对自己的工作也充满自信和自豪,他在给国王的一封信中写道:"以事实证明,这座好不容易才办起来的大学已经在德国赢得了巨大的威信。到现在为止,受聘的人还没有一位拒绝:赖尔和萨维尼已经离经很好的职位,并拒绝他们各自政府提供帮助的一切建议。我认为现在不便聘请的一些学者都告诉我,他们将欣然前来。……根据雨果最近的来信,他很可能会来。……在蒂宾根的基尔马耶(生理学上所有既新又好的观点几乎都是来自于他那里),多年来谢绝了差不多一切大学的聘请,最近还谢绝了哈勒大学;现在甚至在还没有受到正式聘请的情况下,就已表示愿意来柏林,他来的可能性最大。甚至就目前论……这所大学里面已经有的维尔德诺、克拉普洛特、卡斯滕、路德菲、赖尔、胡斐兰、费希特、特拉尔斯、艾特尔文、奥尔特曼斯、厄曼、沃尔夫、萨维尼等人,在各自专业上都应该是首屈一指的人物了,这是任何其他大学都拿不出来的。"③1810年,第一批学生注册,费希特被任命为第一任校长。

洪堡的办学理念是柏林大学科研职能确立的思想基础。洪堡主管柏林大学只有短短一年多时间,却在高等教育史上留下了影响深远的思想。"在教育史上,洪堡是提出大学教育应当与科研相结合的第一人。"④以洪堡思想为基础,后来的柏林大学实际上是完成了一次从教学到"教学与研究相统一"的巨大转型,科学研究成为大学教师的职责,成为大学的职能。

今天来看,洪堡的思想极具光辉,但在当时洪堡的大学理念清晰但并不系统,主要体现在1809—1810年担任内务部文化和教育司司长期间的一些文章、文件中,主要有:《文化和教育司工作报告》(1809)、《柯尼斯堡计划》(1809)、《立陶宛学校计划》(1809)、《论柏林高等学术机构的内在和外在组织》(1810)等。这些文献在当时并没有系统出版,一直到百年之后的20世纪初,人们出于研究德国经典大学理念的需要,才对此进行了系统整理并结集出版。关于大学科研职能的表述,洪堡提出:"高等学校的一个独特的特征是,它们把科学和学问设想为处理最终无穷无尽的任务——它们从事一个不停地探究过程。低层次的教育提出一批封闭的和既定的知识。在高层次,教师和学生之间的关系,

①　贝格拉.威廉·冯·洪堡传[M].袁杰,译.北京:商务印书馆,1994:67.
②　贺国庆,王保星,朱文富,等.外国高等教育史[M].2版.北京:人民教育出版社,2006:159.
③　贺国庆,王保星,朱文富,等.外国高等教育史[M].2版.北京:人民教育出版社,2006:160.
④　贺国庆.近代德国大学科学研究职能的发展和影响[J].河北大学学报(哲学社会科学版),1996(04):8-16+39.

不同于在低层次教师和学生之间的关系。在高层次，教师不是为学生而存在；教师和学生都有正当理由共同探求知识。"对此，克拉克评价："洪堡提出一个有独创性和引人注目的表述。""像很多德国的理想主义一样，这个19世纪早期的表述很富于幻想。"①

实际上，柏林大学科研职能的确立经历了一个数十年的过程。1817年，哲学家施莱尔马赫（Friedrich Daniel Ernst Schleiermacher，1768—1834）起草的《柏林洪堡大学章程》得到了国王的批准，建立起以学院制、教师等级制、教授会制、讲座制和利益商谈制为主要内容的基本办学框架，从体制上确立并保证了科学研究的重要地位。1818年，哲学家黑格尔（Georg Wilhelm Friedrich Hegel，1770—1831）任柏林大学哲学系主任，1829年任校长，在他的推动下，柏林大学一时间成为德国和欧洲的哲学中心。推动柏林大学自然科学取得统治地位的是威廉·冯·洪堡的弟弟、近代地理学创始人亚历山大·冯·洪堡（Alexander von Humboldt，1769—1859），1828年，他开始在柏林大学开设著名的"宇宙"讲座。在他的倡导下学校率先开办了地理学和生理学等新学科，掀起并推动了研究自然科学的高潮。

学部制推动自然科学研究在柏林大学逐渐占据支配地位。柏林大学成立之初由哲学、法学、医学、神学四个学部组成，与传统大学相比，学部的组成、地位、相互关系尤其是课程设置和功能等都发生了重大变化。比如中世纪大学中的文学部被改为哲学部，虽然各学部地位平等，但哲学部是师资人数最多、力量最强的学部，以人数为例哲学部占57%，医学部占27%，法学部和神学部各占8%。②

当时的哲学部不仅仅是新人文主义的兴起，更是近代科学教育的兴起。当时的哲学部所学的不是今天狭义的哲学，包括了具体科学的对象，哲学和科学浑然一体，哲学更被视为全部科学之母。因为在古代，哲学研究的对象非常庞杂，涵盖了上至天文下至地理。古希腊哲学家亚里士多德认为求知是所有人的本性，所以"不论是现在的人们，还是最早期的那批哲学家，都是由于自身的好奇而开始哲学思考的，刚开始时是对自己身边不理解的东西感到好奇，进而逐渐前进，开始对更重大的事情产生疑惑，例如关于月亮、太阳与星辰的变化，有关万物的生成等"③。亚里士多德自身既是哲学家，也是科学家和教育家。随着社会的进步与发展，以实证为主要特征的各门具体的近代科学才纷纷从哲学中独立出来，柏林大学正是赶上并适应了这一社会发展潮流。

---

① 伯顿·克拉克. 探究的场所：现代大学的科研和研究生教育[M]. 王承绪，译. 杭州：浙江教育出版社，2001：19.

② 黄福涛. 外国高等教育史[M]. 2版. 上海：上海教育出版社，2008：125.

③ 亚里士多德. 形而上学[M]. 康雪，王钊，译. 北京：北京理工大学出版社，2015：5.

在19世纪中期至20世纪初期,柏林大学哲学部设立的各种研究所包括:植物园、大学栽培所、第一化学、工学、植物病理学、地理学、物理学、植物学、第二化学、动物学、古代学、地理学、理论物理学、自然学、博物学、心理学、海洋学、药学等。① 这些在今天都属于科学研究的内容。柏林大学使科学研究得到重视和发展,并为其他大学起到了示范的作用。

柏林大学科研职能得以确立的制度基础是习明纳教学(seminar)和实验教学。习明纳是讲座和研讨的结合,最初是面向部分优秀学生,把他们组成研究团队,在教授指导下对某一学术领域或新的知识进行研究。后来,由于办学规模日益扩大,学生人数日益增长,对学生人数的限制逐渐取消,习明纳从最初的一种教学形式逐渐发展成为普通的教学与研究机构,成为一种研讨班或研究所,并扩展到众多学科领域之中。据统计,柏林大学从创建初期到20世纪初,一共建有50多个研讨班和研究所,其中哲学部有28个研讨班和研究所,医学部建有23个研讨班和研究所②。"以科研为方向的研讨班成为发现、培育和训练科学才能的另一种制度,是学徒的教育能传达并推进一个学科的新的方法的另一个环境"③。

实验教学则使得学生从课堂转到了实验室,由原来仅仅从课堂上获得科学基本原理转变为也可以从实验中学习科学。后来,实验室逐渐成为教授—科学家唯一的组织工具。"在实验室内,训练程序得到开发和实施。在那里,证明科学能力的专家资格得以建立","到19世纪中叶,不管洪堡和当时的理想主义者希望什么,教学—科研实验室塞满了经验的甚至功利主义的科研,由于信奉哲学,根本不和其他科学联合,已经成为19世纪留下的几十年和整个20世纪孕育科学的组织结构的一个基本部分"④。

"柏林大学的成功不仅开启了大学的科研功能,而且使大学科研功能得到了普通的认同。"⑤柏林大学成为德国大学的榜样,不仅新建的布雷斯劳大学(1811)、波恩大学(1818)、慕尼黑大学(1826)等纷纷仿效柏林大学,而且诸如莱比锡大学、海德堡大学等古老大学也以此为模式实现了转型发展。到了19世纪中叶,以柏林大学为标志的德国大学理想和模式逐渐传播到世界各地。"随着洪堡得到合适的解释,和以科研为中心的单

① 黄福涛.外国高等教育史[M].2版.上海:上海教育出版社,2008:126.
② 黄福涛.外国高等教育史[M].2版.上海:上海教育出版社,2008:125-126.
③ 伯顿·克拉克.探究的场所:现代大学的科研和研究生教育[M].王承绪,译.杭州:浙江教育出版社,2001:27.
④ 伯顿·克拉克.探究的场所:现代大学的科研和研究生教育[M].王承绪,译.杭州:浙江教育出版社,2001:27.
⑤ 单中惠.外国大学教育问题史[M].济南:山东教育出版社,2006:20.

位制度变为大学的受珍视的核心,1900 年的德国高教系统,没有任何怀疑,是世界上有成效的科研—教学—学习连结体大量存在的唯一地方。"①应该说,大学科学研究职能的衍生,促使世界各地的老牌大学纷纷转型,即便是大学之母的巴黎大学也开始高度重视科学研究工作,"到 20 世纪初,巴黎大学再度成为著名的科学和知识中心,为法国大学和国家重新赢得了荣誉"②。

四、美国大学科学研究职能的范式

19 世纪直到 20 世纪二三十年代,美国对自己的高等教育总有一种自卑感,为了学习欧洲尤其是德国的高等教育,美国把最有前途的学生派往欧洲留学。受德国大学的影响,"留德归国后嘴边经常谈论'科学研究'的那些雄心勃勃的美国人,把这一术语与德国的理论与实践的内容凑合起来,而它在德国具有十分不同的背景。德国人的'纯学术'理想——它在很大程度上不受功利性要求的影响,对许多美国人来说变成了'纯科学'的观念,它具有这一概念在德国所常常没有的方法论含义"③。美国人认为,一所大学除非有相当一部分人力、物力专门用于研究,否则它就不可能成为一所大学。美国著名教育家弗莱克斯纳(Abraham Flexner,1866—1959)就认为现代大学的主要职能是四件事,即:保存知识和观念、阐释知识和观念、追求真理和培养学生。在这四种职能当中,弗莱克斯纳最看重科研。他说:"在最适宜的环境之中,深入研究各种物理的、社会的、美学的现象,不断探索各种有关的事物,就是现代大学最重要职能。"④

1876 年,约翰斯·霍普金斯大学创办。当时的美国热衷于德国大学模式,"这一时期,美国的教育家寻求改造现存的学士后高等教育主要有两条途径:一是建立以研究生教育为重点的新型大学;二是把英国式的学院改造成为德国式的大学"⑤。霍普金斯大学第一任校长吉尔曼(Daniel Coit Gilman,1831—1908)曾到欧洲考察教育,并在德国柏林大学学习过一段时间,他在德国大学模式的基础上进一步创新,逐步把霍普金斯大学建设成为一种以注重科学研究和创造新知识为主的崭新的大学教育模式,成为美国的第一所

① 伯顿·克拉克.探究的场所:现代大学的科研和研究生教育[M].王承绪,译.杭州:浙江教育出版社,2001:40.

② 贺国庆,王保星,朱文富等.外国高等教育史[M].2 版.北京:人民教育出版社,2006:173.

③ 伯顿·克拉克.高等教育新论——多学科的研究[M].王承绪,等译.杭州:浙江教育出版社,2001:41-42.

④ 王宝玺.高等教育价值观视野下的美国大学理念[J].黑龙江高教研究,2007(6):81-84.

⑤ 黄福涛.外国高等教育史[M].2 版.上海:上海教育出版社,2008:141-142.

研究型大学,推动并形成了迄今最具代表性的美国现代研究型大学模式。

霍普金斯大学以研究生教育为重点。受柏林大学影响,设置了以科学研究为主要目的的研究生院,不再仅仅是向学生传授知识。第一次提出把研究生教育放在首位,开设本科也主要是为了给研究生教育准备优秀人才,使授予博士学位和开展研究生教育成为一所大学区别于学院的标志。通过研究生教育,教授们能够在自己擅长的专业领域把教学与科学研究结合起来。学校要求学生把研究作为课程的一部分,并为学生提供实验室等各种支持。为了招收到成绩优异且有科研潜质的学生,学校提供助研奖学金。学习德国大学,建立习明纳教学和实验教学制度。因此,霍普金斯大学为美国培养了一大批在各个学术领域有重要影响的专家学者。

霍普金斯大学以科研为中心,把科学研究作为教授的职责。"新的霍普金斯指明了道路:把学校界定为一所以科研为中心的大学,并开始从其他地方吸引对科研和哲学博士学位非常关心的高校教师。"①学习柏林大学经验,校长吉尔曼用大量的资金聘请了一批声名显赫而且几乎都受过德国大学教育的专家学者。吉尔曼强调:"研究是我们每个首席教授的职责。他应该是同行和学生的引导者和激励者。虽然他们的科研工作可能没有挂上他们的名字,但是其成果却是他给予指导和激励所产生的真正成果。"②在霍普金斯大学,教师把科学研究作为全部工作的重点,学生则都充满了求知和探究的欲望。"这些改革先锋推崇德国大学的模式——开展科研活动,将自然科学纳入学科体系,开设博士学位课程,这些最终让教授们拥有了'学者兼教师'的双重身份。"③

在现代大学科学研究职能的确立上,霍普金斯大学影响深远,一方面对柏林大学理念在美国的传播起到了决定性作用,一方面又在此基础上创新出一种以研究生教育为典范的新型大学模式。霍普金斯大学迅速崛起,并影响哈佛大学、耶鲁大学、哥伦比亚大学和密西根、威斯康星、加利福尼亚等州立大学纷纷设立或改进它们的研究生教育,以获得完全大学的地位。"霍普金斯大学从建立开始就致力于科研和研究生培养,成为研究型大学的先驱。之后的仿效者,包括一些旧式学院也开始设立研究生院和专业学院,致力于研究、高深学问和公共服务。"④

---

① 伯顿·克拉克.探究的场所:现代大学的科研和研究生教育[M].王承绪,译.杭州:浙江教育出版社,2001:140-141.

② 单中惠.外国大学教育问题史[M].济南:山东教育出版社,2006:22-23.

③ 德雷克·博克.回归大学之道 对美国大学本科教育的反思与展望[M].侯定凯,等译.上海:华东师范大学出版社,2008:9.

④ 刘春华.吉尔曼与美国研究生教育:约翰·霍普金斯模式探析[J].高等教育研究,2012(06):85-91.

第二节 大学第三职能的确立

高等教育的发展有着自身的规律和逻辑,大学三大职能的演进也是循序渐进,逐步由单一功能向多元功能转变。这既是高等教育发展的历史规律,也是高等教育发展的一个趋势,是高等学校发展转型的一种遵循。"高等学校三个职能的产生与发展,是有规律性的。先有培养人才,再有发展科学,再有直接为社会服务。它的重要性也跟产生的顺序一致,产生的顺序也就是它的重要性的顺序。"①科学研究职能在德国大学得以确立,在美国则进一步光大。而社会服务职能则萌发于美国大学,在美国大学确立并逐步影响到整个世界的高等教育。一定程度上,社会服务职能的确立让大学开始走出"象牙塔",大学与社会的联系越来越紧密。"如果说德国的高等教育最早引进了科学教育的话,那么美国的高等教育则使科学教育占据了统治地位,并以此逐步拓展了大学的社会功能,使大学教育在为社会服务的过程中也浸透了功利和实用的特质。"②

一、赠地学院运动:美国大学社会服务职能的发端

美国独立战争时期正是欧洲技术革命兴盛之际,独立之初的美国大学仍然以学习英国、德国大学为主,但这一时期的大学不能够满足美国社会发展对各类实用人才的需要,尤其对发展经济急需的农业技术人才的需要。在此背景下,一部分人士强烈要求改革美国高等教育,有不少美国教育学者希望大学能够成为推动社会发展提供知识和人才的重要手段,开始注意并提出大学的社会服务功能,他们反对那种自由少数人才能享有的高等教育。为了推动高等教育更广泛地传播,一些民主人士最初试图推动将私立学院改造为州立大学,但没有成功。1787年,牧师曼斯·卡特勒(Manasseh Cutler,1742—1823)向联邦政府建议,划出"不超过两个完整的城镇区……永久性给予大学",资助州立大学的建设,几经讨论最终被采纳。这是最早的邦联政府通过赠地资助创建大学的举措。这之后一直到内战之前,除了佛蒙特、肯塔基、缅因和德克萨斯四州外,联邦政府为21个州创办大学保留了大量土地。"到1857年,共保留6000万英亩的公共土地,资助公立学校。

---

① 潘懋元.高等学校的社会职能[J].高等工程教育研究,1986(3):11-17.
② 张应强.论科学教育与人文教育的整合[J].高等教育研究,1995(3):50-56.

此外,赠予 15 个州 400 万英亩土地用于发展州立大学。"①

　　美国高等学校为社会服务的理念发端于赠地学院运动,而赠地学院运动的标志是《莫里尔法案》的颁布。《莫里尔法案》的立法经历了一个曲折的过程,最终立法成功主要是特纳(Jonathan Baldwin Turner,1803—1899)和莫里尔(Justin Smith Morrill,1810—1898)的奋斗。1850 年,特纳就提出以赠地资助的方式在每个州都创办州立大学,他的许多观念成为后来的《莫里尔法案》的核心内容。1857 年,身为众议员的莫里尔向国会提出赠地学院法案,1859 年在国会两院以微弱多数通过,但却遭到总统布坎南(James Buchanan,1791—1868)的否决。1861 年美国内战爆发,而且特纳的好友林肯(Abraham Lincoln,1809—1865)当选总统,莫里尔旧案重提赠地学院法案,1862 年总统林肯正式签署成为《莫里尔法案》。

　　《莫里尔法案》在高等教育史上具有划时代的意义,法案内容共 8 条,但主要内容有 4 点:①联邦政府在每州至少资助一所学院从事农业和技术教育;②根据 1860 年各州议员的名额,每位议员可以获得 3 万英亩的公共土地或相等的土地期票(下拨的公共土地面积总计 1743 万英亩);③出售公共土地获得的资金,除 10% 可以用于购买校址用地外,其余将设立为捐赠基金用于农业和技术学院的教育;④这笔资金如果在五年之内未能用完,全部退还联邦政府。

　　《莫里尔法案》极大地推动了美国高等教育的发展,尤其是州立大学的发展,创办了一批赠地学院,形成了美国现代公立大学体系。由于《莫里尔法案》适应了美国人口增长对高等教育的需求和工农业的快速发展,因而对美国经济的发展也具有较大的促进作用。《莫里尔法案》促成的赠地学院得益于地方的支持,因而也逐渐树立起为地方发展服务的思想。但同时,"《莫里尔法案》的最有意义之点是它在资助创建教授农业、机械或其他实用学科的高等院校时,并没有规定这些院校不教授其他自然学科或古典学科,从而导致产生了美国高等院校中最有影响的学校——综合大学";《莫里尔法案》的重大意义不在于赠地学院与研究生院同时存在,而在于"它们共存于同一学院"。② 著名的威斯康星大学、康奈尔大学、加利福尼亚大学、麻省理工学院、明尼苏达大学、密执安州立大学等都非常受益于《莫里尔法案》。

二、康奈尔计划:社会服务职能的康奈尔大学模式

　　康奈尔大学创建于 1865 年,得益于《莫里尔法案》的影响,成为纽约州的赠地学院。

---

① 李素敏.美国赠地学院发展研究[M].保定:河北大学出版社,2004:40-41.
② 陈学飞.美国高等教育发展史[M].成都:四川大学出版社,1989:58.

康奈尔大学创办以及形成自身特色的最大贡献者是最大捐助者康奈尔（Ezra Cornell，1807—1874）和第一任校长怀特（Andrew Dickson White，1832—1918）。1864 年，怀特任纽约州参议院教育委员会主席，主管纽约州赠地学院的创建工作。同一时期，康奈尔任纽约州参议院农业委员会主席，深感农业工业人才的紧缺。二人对于创办一所"通用课程"理念的新型大学一拍即合。在纽约州赠地资金的支持下，康奈尔捐助 50 万美元作为最大的私人捐助者创办这所大学，最终大学也以康奈尔命名。1868 年，怀特就职康奈尔大学第一任校长。

创办康奈尔大学之始，康奈尔就提出了"通用课程"的思想，康奈尔在写给怀特的一封信中提出，"我们要创办这样一所任何人都能获得任何学科教育的大学"，这成为康奈尔大学的办学指导思想。康奈尔认为他要创办的大学必须能够满足美国社会对各类专门人才的需求，强调大学的专业教育至关重要，学科设置则以实用为主，必须反映社会所需，能够实际应用。这体现的正是美国社会的实用主义思想。康奈尔在 1868 年 10 月开学典礼上指出："新的大学是满足青年人从事农场、矿山、工厂等工作的需要，满足他们从事科学研究的需要，满足他们成功地处理生活中的实际问题的需要。"[①]

首任校长怀特非常赞成并很好地执行了怀特的理念，他在就职演说中强调："康奈尔大学没有等级制度，所有的学生和所有的学科都将受到同等的尊重；学生将参加手工劳动以获得自我资助和工作经验，在所有知识领域科学研究和科学方法都是重要的；教育的真正目的将是促进个人的发展，在完整的意义上，将促进社会的进步。"怀特在讲话中还特别强调了服务社会发展的思想，他说："美国的大学结构必须适应美国的人民，适应美国的需要，适应现代社会的条件，而不是去适应英国的生活或德国的需要，或者去适应以往的时代。"[②]

康奈尔大学的办学理念和目标集中体现在怀特在 1866 年向校董事会提交的《关于大学管理委员会报告》中，这一报告也是后来被称为"康奈尔计划"的基础内容。《关于大学管理委员会报告》共 38 项，涉及治校原则、学科课程设置、教授聘任及管理、学费、学业考核、大学与州立学校系统之间的关系等各个方面。对美国高等教育具有深远影响的"康奈尔计划"主要内容如下：

1. 通用课程。

2. 学科、班级、课程之间地位平等。

①　李文英,朱鹏举.美国"康奈尔计划"的发展与影响[J].河北大学学报(哲学社会科学版),2012,37(04):22-26.

②　陈学飞.美国高等教育发展史[M].成都:四川大学出版社,1989:60.

3.科学研究。

4.通过对商业、行政管理和人际关系的研究为社会服务。

5.向下述各类学生开门:①高中毕业生;②"最有才华"的高中毕业生将得到奖学金;③优异的大学毕业生将得到研究奖金,可以在康奈尔大学或其他机构从事三年以上的科学研究;④毕业生中最卓越的学者将得到特别津贴以便继续研究"全国与世界面临的最难以解决的种种问题"。①

康奈尔大学实际上是创造了一种有别于霍普金斯大学的新模式。美国南北战争前后,高等教育发展产生了两种倾向,一种以霍普金斯大学为代表,以注重科学研究和创造新知识为主,办学目标就是专重学术研究;一种以康奈尔大学为代表,切合美国工业化发展需要,致力于创办工、农学院。康奈尔大学一方面适应时代发展趋势,满足当时的工业主义需要,开办各种社会所需的专业性和技术性职业教育,培养各种各样的新技术人才;一方面也强调学术交流,鼓励教师和学生参加各种研讨班,开展各种科学研究。康奈尔大学尤其重视教育的公平、民主和以人为本,在强调学科、班级、课程之间地位平等的同时,提出任何人都可以学习任何学科,尤其提出招收妇女和有色人种学生入学(有色人种入学在当时未能实现)的思想,这在当时具有很大的社会影响。因此,"康奈尔大学逐渐成为一所既具有欧洲大学的许多优点,又具有美国特色的大学"②。

康奈尔大学新型的办学模式成为许多学院的榜样。1869年,明尼苏达大学第一任校长福威尔(William Watts Folwell,1833—1929)几乎是完全照搬了康奈尔大学的模式,并取得了很大的成功。范海斯(Charles Van Hise,1857—1918)任威斯康星大学校长时借鉴并进一步光大康奈尔大学的社会服务理念,形成了著名的"威斯康星思想"。康奈尔大学对后世大学的影响主要包括三个方面:第一,通过建立多样化的课程,引领了美国大学人文教育与实用教育相结合的时代潮流;第二,对学术研究的加强催生了美国高等教育中研究型大学的出现;第三,明确提出了高等学校面向社会服务,为大学服务职能的确立奠定了基础。③

---

①　陈学飞.美国高等教育发展史[M].成都:四川大学出版社,1989:62.

②　陈学飞.美国高等教育发展史[M].成都:四川大学出版社,1989:61.

③　李文英,朱鹏举.美国"康奈尔计划"的发展与影响[J].河北大学学报(哲学社会科学版),2012,37(04):22-26.

三、威斯康星思想:高等学校社会服务职能确立的标志

"'威斯康星理念'决非是从威斯康星大学起源的,它有一个漫长的演变过程。"①从整个高等教育史考察,高等学校服务地方理念的形成可以追溯至工业革命。随着工业革命的发展,机器生产逐步取代手工劳动,工厂需要大批熟练工人,这为通过学校教育批量培训工人提供了可能。1823 年,乔治·伯贝克(George Birkbeck,1776—1841)创立伦敦机械学院,"其办学的目的正是适应工业革命的需要,为各种新兴行业的工人提供学习、培训的机会,让他们接受能够从事新职业的技能教育"②。伦敦机械学院为地方发展培养急需的熟练工人,一定意义上开创了服务地方的先河。20 世纪初,伦敦机械学院发展为伯贝克学院,后来又成为伦敦大学的组成部分。但大学有意识地在观念上和实践中真正确立服务地方的理念首先发生在美国。以《莫里尔法案》为标志的赠地学院运动,对美国乃至世界高等教育的发展产生了深远的影响。

1848 年,威斯康星州成为美国第 30 个州,创立之际就以立法的形式决定在首府麦迪逊市创建威斯康星大学。起初规模较小,影响也不大。《莫里尔法案》实施之后,州政府决定把根据法案所应该得到的收入全部分配给威斯康星大学,威斯康星大学由此进入了一个较快的发展时期。在发展过程中,威斯康星大学逐渐认识到,大学的发展必须与社会的发展紧密结合,只有在服务社会的基础上才能兴校强校。从 19 世纪 70 年代开始,威斯康星大学的几任校长都具有强烈的服务社会的思想。比如 1874—1887 年在任的第五任校长巴斯科姆(John Bascom,1827—1911)最先倡导威斯康星思想,他"强调州立大学必须加强社会的'精神进步的资源',州立大学是道德教育的手段和工具;强调州立大学要对州提供帮助,从事教育活动的教育人要成为州的服务员;主张建立以州立大学为核心的公立学校教育体系"③。1887—1892 年在任的第六任校长钱伯林(Thomas Chrowder Chamberlin,1843—1928)是著名的地质学家,作为校长"也是一位坚定的服务理念的倡导者,他强调教育的公共性,主张为共同体的幸福来训练个人;主张教育不能仅仅局限在学校内部,应该寻求一种超越校园范围的普遍的影响;他特别强调进行系统的科学研究,使科学研究制度化"④。应该说,他们与之后的范海斯等人共同发展和丰富了威斯康星思想。

---

①　刘宝存.威斯康星理念与大学的社会服务职能[J].理工高教研究,2003(5):17-19.
②　刘刚.技术革命与现代职业教育的生荣[J].河南科技学院学报,2014(8):65-69.
③　杨艳蕾.大学服务社会——"威斯康星理念"研究[D].南京师范大学博士学位论文,2011:17.
④　杨艳蕾.大学服务社会——"威斯康星理念"研究[D].南京师范大学博士学位论文,2011:24.

范海斯是威斯康星思想的最终定型者。范海斯一生的主要活动都集中在威斯康星州,而且几乎都与威斯康星大学密切相关。1874 年范海斯进入威斯康星大学普通科学专业学习,后转入矿业专业读书,先后获得学士学位(1880)、硕士学位(1882)和哲学博士学位(1892),也是第一个在威斯康星大学获得哲学博士的人。1879—1903 年任威斯康星大学冶金学和地质学教授,曾担任美国地质学会主席、全国科学学会主席。1903 年之后任威斯康星大学校长长达 14 年,直至 1918 年去世,是威斯康星大学在任时间最长的校长。在任校长期间,范海斯系统、完整地表达和实践了"威斯康星思想"。

威斯康星思想以范海斯的办学理念为主要内容,"威斯康星观念在范海斯任大学校长期间,内涵得到进一步丰富并最终定型,从而对美国高等教育的发展产生了显著的影响"①。其核心要义毫无疑问是服务社会,并由此确立了大学的社会服务职能,所以我们主要从以下几个方面理解威斯康星思想。

第一,州立大学必须服务于州。1904 年,范海斯就职校长的演说主题就是"大学为州服务"。他说:"教学、科研和服务都是大学的主要职能。更为重要的是,作为一所州立大学,它必须考虑每一项社会职能的实际价值。换句话说,它的教学、科研、服务都应当考虑到州的实际需要。大学为社会,州立大学要为州的经济发展服务。"②范海斯明确提出:"我认为,在最广泛的意义上,我们大家都会坚持认为大学就是州的服务人员、州的公仆,而不是只属于教师员工们的财产。在威斯康星,大学已经为州服务,并且它将继续把在每一个可能的方面为州服务作为我们的目的和宗旨。对于我来说,在我们考虑这个我们如何使大学的机会、资源和服务为州内更多人所知晓这个问题上,这是一个基本的立场。"③大学必须向全州公民及其子女提供学习语言、文学、历史、政治经济学、纯科学、农业学、工程学、建筑学、雕塑、绘画或音乐的机会。大学必须凭其在人文学科、自然学科、社会学科及实用艺术方面所推行的富有成效的教学及培训活动,把一大批具有献身精神及创业热情,且致力于社会发展与进步事业的优秀公民输送到社会中去。

第二,大学必须与州政府密切合作。范海斯主张,大学应该直接参与到州的各项事务管理中去,成为州的顾问,"我们的目的是在每一个方面都能成为州的科学顾问,从州的立法完善中大学专家提供意见,到教授们参与州内各种复杂的行政管理问题"④。大学的农业专家、科学家、经济学家、社会学家等都可以通过研究或咨询服务等,在政府部门

①　王保星.美国现代高等教育制度的确立[M].石家庄:河北教育出版社,2005:126.
②　刘宝存.威斯康星理念与大学的社会服务职能[J].理工高教研究,2003(5):17-19.
③　杨艳蕾.大学服务社会——"威斯康星理念"研究[D].南京师范大学博士学位论文,2011:33.
④　杨艳蕾.大学服务社会——"威斯康星理念"研究[D].南京师范大学博士学位论文,2011:34.

兼任职务提供各种服务。比较典型的例子,如:"梅尔,经济学教授,担任了第一铁路委员会主席,为委员会服务达 6 年之久;亚当斯,政治经济学教授,在州政府兼任税收委员会委员;卡门斯,法律教授,与麦卡西一起参与州立法改革工作,起草了大量法律文件,并创建了公民服务委员会等等。"①同时,也从社会上聘请专家大学从事教学与科研,"州政府的一些官员和专家,如资料委员会主席麦卡西,森林专家格里弗斯都曾经在大学开办专题讲座,而且分毫不取"②。大学与政府之间的密切合作是相互的,不间断而又重视实效。范海斯本人也积极参与州政府的工作,在州政府的好几个公共委员会中担任职务,"至1910 年,威斯康星大学有 35 位教授在政府部门任职,提供非政治性的服务(nonpolitical service)"③。范海斯时期大学与州政府的密切合作也得益于他和州长的个人亲密的私人关系,州长认为"聚合着专家和知识的大学要继续反映和领导州的进步主义思想,成为州的先进思想的引领者"④。

第三,大学必须发展、创新、传播和推广知识。大学要很好地服务于州,就必须发展、扩大和加强创造性工作,必须发展知识、创新知识,传播和推广知识,并使之能够解决经济、社会和政治领域的实际问题。大学必须持续不断地有新的知识发现、新的研究成果贡献给社会,发现、创新和传播知识也是服务,范海斯强调:"教授要在校外履行重要的服务,与此同时,教授们最大的服务就是自己所从事的各种创造性工作和在实验室及研讨班上所产出的新的学术成果,进而使其在明天显现出不可估量的实用价值,这被我们州内很多不同的事例所证明。很明显,威斯康星大学每年奉献给州的新知识、新发明,与州每年投入于大学的费用相比,给州带来的财富更多"⑤。大学只有发现和积累更多的知识,才能保证有更多、更好、更符合生产生活实际的知识服务人民,进而以更高的水准服务于州。范海斯认为"大学里不应该存在某些科目拥有排除其他一些科目的优先权。希腊语可以在大学里被教授,农业学、昆虫学、细菌学也都一样可以在大学里被教授"⑥。这是经济和社会发展对大学的新要求,是服务社会的需要。

第四,大学要把知识带给人民。威斯康星大学极其重视实施知识、技术的推广教育工作,强调把知识带给人民,以此作为服务社会的重要方式。范海斯提出,大学的目标就是要把知识的亮度和发展的机会带给全国各地的人民。为此,他建立了一个能够影响全

① 康健."威斯康星思想"与高等教育的社会职能[J].高等教育研究,1989(1):39-44.
② 康健."威斯康星思想"与高等教育的社会职能[J].高等教育研究,1989(1):39-44.
③ 刘宝存.威斯康星理念与大学的社会服务职能[J].理工高教研究,2003(5):17-19.
④ 杨艳蕾.大学服务社会——"威斯康星理念"研究[D].南京师范大学博士学位论文,2011:105.
⑤ 杨艳蕾.大学服务社会——"威斯康星理念"研究[D].南京师范大学博士学位论文,2011:38.
⑥ 杨艳蕾.大学服务社会——"威斯康星理念"研究[D].南京师范大学博士学位论文,2011:40.

州的知识推广部，并设立了函授、学术讲座、辩论与公开研讨、提供一般信息与福利等4个服务项目，"大学的推广部共开设和组织了几百种课程和各种各样的教育活动，包括从大学专修课程到普通教育的补习班，从理论知识研讨到职业技术培训等内容。他们为函授学生编写教科书和小册子；编辑、创作各种教育幻灯片，流动到各地放映；召开有关犯罪或其他题目的报告会；建立公共音乐机构；甚至为面包师组织专门讲座"①。几乎只要是社会需要的，就是大学应该尽力去做的。把知识传播到人民的另一个典型例子是组织流动图书馆，经常性地把最新、最好的图书或者印刷品直接送到各地社区和家庭，不仅使人民学习了解到有用的知识、技术，而且提高了人民的知识水平和文化素质，许多人民以及地区、部门由于获得了最新的先进技术而摆脱了落后面貌。

威斯康星思想不仅对美国高等教育而且对整个世界高等教育都产生了巨大深远的影响，并推动整个高等教育办学理念发生了重大转向。1952年美国总统杜鲁门评价"威斯康星思想是美国20世纪最有创造性的思想之一"②。威斯康星思想标志着高等学校第三职能的确立。"从理论上说，威斯康星观念的诞生使得美国承继于欧洲大陆的大学模式彻底摆脱了象牙塔的束缚，得以直面美国现实社会生活，使得服务成为继教学、科研之后高等教育所承担的第三职能。"③

① 康健."威斯康星思想"与高等教育的社会职能[J].高等教育研究,1989(1):39-44.
② 韩延明.大学理念论纲[M].北京:人民教育出版社,2003:141.
③ 贺国庆,王保星,朱文富,等.外国高等教育史[M].2版.北京:人民教育出版社,2006:237.

第四章

市场与行政：高等学校转型发展的现实逻辑

如果把整个社会视为一个系统，按照自组织理论，社会系统中的各个子系统之间存在着非线性的相互作用，能够产生协同动作，从而可以使系统由杂乱无章变成井然有序。高等教育是社会系统的一个子系统，必然与其他系统、其他领域进行着物质、信息、资源等各个方面的交流，高等教育转型发展也必然受到来自高等教育外部的诸多因素的影响，就当前普通院校向应用技术院校转型发展来看，外部影响因素包括政治、市场、文化、地缘等因素，但主要的是市场、政治或者说行政因素，它们共同构成了高等学校转型发展的现实逻辑。

第一节　高等学校转型发展的市场逻辑

部分普通院校向应用技术院校转型发展的主要背景之一就是 1999 年"扩招"以来，高等教育规模急剧扩张，我国以前所未有的速度迅速进入到高等教育大众化阶段，并越来越接近普及化阶段。这一过程本身就是高等教育市场化的结果，既是高等教育对市场的主动迎合，也是高等教育对市场的被动融合，这种市场对高等教育的裹挟推动体现了强烈的市场逻辑。

20 世纪初以来，高等学校越来越受到市场的推动，并逐渐发展成为兼有教学、研究和社会服务职能的社会机构。英国著名高等教育学家阿什比（Eric Ashby，1904—1992）指出："大学原来仅是培养专业人员的机关，以后又兼充了培养上流社会人士的社交教育学校、研究所、社会服务站和少数夸大其词的人心目中的社会革命酝酿所。现在所有大学不止承担一种上述职能，有些还想全部承担下来。"①

---

① 阿什比.科技发达时代的大学教育[M].滕大春,滕大生,译.北京:人民教育出版社,1983:148.

当今市场发展日臻完备,传统产业工业化完善成熟,现代科技知识化广泛应用,商品经济市场化充分发展,社会生活城市化不断整合,智能工具信息化方兴未艾。在这样的背景下,市场以前所未有的力量、力度、幅度渗透到高等教育的方方面面。从高等学校的职能考察,市场对高等学校职能扩展提出了更多、更新的要求,比如市场对高等学校的人才需求呈现出了分层、分类,对高等学校科技成果的需求强调短平快和应用性,对高等学校社会服务的需求是服务企业一线、服务地方。在市场的强大力量推动下,高等学校分类发展、分层发展越来越成为一种必须、一种急需。

一、高等教育市场化背景

就市场与高等教育的关系而言,市场从来就是高等教育的推动者,只是最初的大学向有"象牙塔"之喻,封闭、独立的大学特性让市场的力量显得比较弱势。随着市场经济的确立,市场对高等教育的影响越来越大,在欧美等地,市场甚至成为高等教育发展的主要参与者和推动者。市场对高等教育的影响和高等教育市场化有着质的区别,高等教育市场化是市场对高等教育巨大影响的结果。就高等教育市场化的实际进程来说,几乎可以追溯至高等教育起源,尤其资本主义市场经济确立后极大地加快了高等教育市场化,但真正意识到高等教育市场化并开始重视和研究则始于 20 世纪七八十年代,曾一度成为各国高等教育学研究的热点,许多观点也引起了较大的争论。"'市场化'(marketisation)是近十年来欧洲高等教育文献中出现最为频繁、最为流行的术语之一。高等教育市场化受到了前所未有的关注、争论和研究。……汇聚成欧洲高等教育发展的一股强大的潮流,使欧洲高等教育带着这一鲜明的特色进入了 21 世纪。"[1]

所谓高等教育市场化,各国研究都给出了有差异但又大致一致的定义,1997 年,有欧美主要国家参加的经济合作与发展组织(OECD)曾对高等教育市场化给出一个至今仍然被认为权威的定义:"把市场机制引入高等教育中,使高等教育运营至少有如下一个显著的市场特征:竞争、选择、价格、分散决策、金钱刺激等,它排除绝对的传统公有化和绝对的私有化。"很显然,高等教育市场化对高等教育发展有巨大的影响,是高等教育转型发展的重要的动力机制,"市场化是一种组织导向,把顾客置于决策过程的中心,它可能引发高等教育文化的转型"[2]。这种高等教育的转型其实必将深刻地影响高等教育发展的方向、定位,也当然影响当前普通高等学校向应用技术院校的转型发展。

---

①　李盛兵.高等教育市场化:欧洲观点[J].高等教育研究,2000(04):108-111.
②　李盛兵.高等教育市场化:欧洲观点[J].高等教育研究,2000(04):108-111.

高等教育市场化源于20世纪80年代欧美各国实施的公共领域的市场化改革,高等教育属于社会公共事业,所以也在改革之列。这种改革受到所谓的新自由主义的主导,新自由主义是相对传统的英国自由主义而言,其主要思想是既坚持传统自由主义思想,又强调发挥国家干预作用,积极实施国家干预。新自由主义的理论先驱是19世纪英国哲学家、教育家格林(Thomas Hill Green,1836—1882),其改革实践是撒切尔主义和里根主义。这种新自由主义的教育管理观点是强调效率、效益和经济,目标是将教育推向市场。

20世纪70年代开始,高等教育大众化与高等教育市场化实现了共振式发展。当时的西方经济危机导致各国经济发生了严重的衰退,与此同时,各国又先后进入高等教育大众化时代,为了减轻财政负担,政府不得不消减教育经费,高等教育为了生存发展,又不得不积极寻求经费来源,在这种背景下,市场化既是一种发展趋势,又是一种必然选择。市场化的高等教育必须满足市场对高等教育的多样化、差异化需求,更加接近市场的应用技术型人才成为市场的选择,应用技术院校在市场化的环境中得到更好的发展,呈现更大的活力。

对比近30年我国高等教育的发展,市场为我国高等教育选择了与西方各国大致一样的发展道路,今天的高等教育转型发展是市场化的必然逻辑。20世纪八九十年代,我国就业问题日益加重,扩招成为高等教育发展的一种有效选择,随着扩招后高等教育规模的扩大,财政负担日益加重,民办教育、一种特有的独立学院等办学形式不断出现,职业教育也在这一时期从边缘走向中心。市场资金不断进入高等教育领域,推动高等教育进一步市场化、多样化和差异化发展。

二、经济发展方式转变对高等学校转型发展的影响

改革开放以来,我国经济始终保持着很高的发展速度,创造了举世瞩目的中国经济奇迹。1978年中国经济总量占世界经济比重仅有1.8%,2019年则超过了16%,目前中国已经发展成为世界第二大经济体。从经济结构看,农业基础不断增强,工业化进程加快,第一二三产业结构日趋合理,许多工业门类从无到有、从小到大,按照联合国产业分类标准,我国拥有全部的完整的工业门类。

在看到成绩的同时,也要清醒地看到背后存在的问题。在快速发展的过程中,我们有成绩和经验,也有代价和教训。有人对1985—2011年中国总能源消耗进行的研究显示,1985年总能耗为7.67亿吨标准煤,逐年增加到1996年的13.89亿吨标准煤,年均增长率为5.08%。1997—1999年的三年间总能耗逐步下降,这与前面所述的高等教育扩招

在时间上有一致性。从 2000 年开始到 2011 年,总能耗保持快速上升,从 14.55 亿吨上升到 34.80 亿吨,年均增长率高达 7.54%。[①] 高增长、高能耗也给社会发展带来沉重的负担,有研究表明:"2004 年我国环境污染造成经济损失占当年 GDP 的 3.05%;现有治理技术水平下全部处理当年点源排放污染物需要投资占 GDP 的 6.8%,虚拟治理运行成本占 GDP 的 1.8%。这意味着至少 10% 的 GDP 增长是无效的。此外,中国平均每 1 万城市居民中有 6 人因空气污染死亡、10 人因大气污染引发呼吸或脑血管系统疾病住院;3 亿农民喝不到安全饮用水,因饮用水污染造成农村居民癌症死亡人数为 11.8 万人。2011 年来,一些大城市雾霾天数已达全年的 30% 以上,甚至达到 50%。PM 2.5 引发的雾霾天气,是经济长期粗放式增长造成的生态赤字的短期集中涌现。加之产业结构调整战略迫使污染企业从东向西、从沿海向内地、从城市向农村转移,导致雾霾在城市群间成片连区,笼罩城乡,与"美丽中国"的期望相去甚远。透支自然环境可承载能力的 GDP 高增长率,必将产生"福利门槛",只能是小部分人受益、全社会埋单。"[②]

在工业时代,自然资源富裕,工业发展几乎可以毫无节制地以消耗有限的自然资源为代价。但到了现在,自然资源日益稀缺甚至枯竭,自然资源甚至成为经济增长的制约性因素,新的发展理念要求我们必须减少甚至不要以消耗自然资源为基础。1995 年,国家已经明确提出要实现经济增长方式从粗放型向集约型的转变,但过去长期形成的重速度、轻效益、高消耗、低效率的情况一时难以从根本上转变。2003 年 7 月,时任中共中央总书记胡锦涛提出了"坚持以人为本,树立全面、协调、可持续的发展观,促进经济社会和人的全面发展"的思想。党的十八大提出:"推进经济结构战略性调整。这是加快转变经济发展方式的主攻方向。必须以改善需求结构、优化产业结构、促进区域协调发展、推进城镇化为重点,着力解决制约经济持续健康发展的重大结构性问题。"在党的十九大上,习近平总书记明确指出:"我国经济已由高速增长阶段转向高质量发展阶段,正处在转变发展方式、优化经济结构、转换增长动力的攻关期,建设现代化经济体系是跨越关口的迫切要求和我国发展的战略目标。必须坚持质量第一、效益优先,以供给侧结构性改革为主线,推动经济发展质量变革、效率变革、动力变革,提高全要素生产率,着力加快建设实体经济、科技创新、现代金融、人力资源协同发展的产业体系,着力构建市场机制有效、微观主体有活力、宏观调控有度的经济体制,不断增强我国经济创新力和竞争力。""加快建设制造强国,加快发展先进制造业,推动互联网、大数据、人工智能和实体经济深度融合,

---

① 邵庆龙.中国经济增长与三个产业能源消耗的结构调整[J].科研管理,2017(1):127-136.

② 刘惠敏.中国经济增长与能源消耗的脱钩——东部地区的时空分异研究[J].中国人口·资源与环境,2016(12):157-163.

在中高端消费、创新引领、绿色低碳、共享经济、现代供应链、人力资本服务等领域培育新增长点、形成新动能。支持传统产业优化升级,加快发展现代服务业,瞄准国际标准提高水平。促进我国产业迈向全球价值链中高端,培育若干世界级先进制造业集群。加强水利、铁路、公路、水运、航空、管道、电网、信息、物流等基础设施网络建设。坚持去产能、去库存、去杠杆、降成本、补短板,优化存量资源配置,扩大优质增量供给,实现供需动态平衡。激发和保护企业家精神,鼓励更多社会主体投身创新创业。建设知识型、技能型、创新型劳动者大军,弘扬劳模精神和工匠精神,营造劳动光荣的社会风尚和精益求精的敬业风气。"

显而易见,建设制造强国,建设知识型、技能型、创新型劳动者大军,需要一大批应用技术院校,建设和转型一大批应用技术院校是经济发展方式转变的需要,是历史的使命。部分普通院校义不容辞地向应用技术院校转型发展,既是对经济转型发展的回应,也是对经济社会发展的责任,既是社会的客观需要,也是学校自身的必然选择。

三、产业结构优化升级对高等学校转型发展的要求

经济发展方式转变是从宏观上对普通高等学校向应用技术院校转型产生影响,微观来看,产业结构的优化与升级对高等学校的转型发展提出了更直接的要求。产业结构优化的目标是提高效益,为此必须对各种生产要素进行重新配置,这些生产因素既包括物质资源、技术水平,也包括人力资本,人力资本理论认为,人力资本是产业结构优化的关键要素,能够为产业结构优化提供智力支持,人才的类型、结构、数量直接影响产业结构优化的进程。高等教育主要职能就是培养人才,当前尤其承担培养产业结构优化所需的人力资本,因此高等教育人才培养既影响产业结构优化,又受到产业结构优化的影响。从产业结构优化的视角看,产业结构优化需要一批应用技术院校来支撑,而现实中高等教育类型中应用技术院校不足,培养的应用技术人才能够满足产业结构优化的需要,因此产业结构优化也对部分普通院校向应用技术院校转型发展有要求和期待。

在经济发展新常态下,我国的产业结构优化正在形成并夯实"三二一"格局,这也契合了产业结构调整的理论规律,当前我国的产业结构优化呈现出的新的趋势主要包括三个方面:

第一,三次产业产值结构渐趋合理化。根据杨林等人对1978—2013 年的数据分析,我国第一产业的产值比重呈现出逐年下降的趋势,1978 年高达28.19%,到2013 年已经下降至10.1%。"由于中国处于工业化中期加速阶段,第二产业产值比重的变化情况略显复杂,呈现出先波动上升而又波动下降的发展态势,由1978 年的46.0%上升至1980

年的最大值48.22%,之后降至2013年的45.3%。第三产业的产值比重呈现出波动上升趋势,由1978年的23.94%上升至2013年的44.6%,以现代服务业为主的第三产业的地位日益提高。"①

第二,三次产业技术结构趋向高级化。党的十九大报告提出,"推动经济发展质量变革、效率变革、动力变革,提高全要素生产率,着力加快建设实体经济、科技创新、现代金融、人力资源协同发展的产业体系"。习近平总书记在一次讲话中指出:"产业结构优化升级是提高我国经济综合竞争力的关键举措。要加快改造提升传统产业,深入推进信息化与工业化深度融合,着力培育战略性新兴产业,大力发展服务业特别是现代服务业,积极培育新业态和新商业模式,构建现代产业发展新体系。"②这为我国产业结构优化指明了方向,确立了路线。"战略性新兴产业是以重大技术突破和重大发展需求为基础,对经济社会全局和长远发展起到引领作用,知识技术密集、物质资源消耗少、成长潜力大、综合效益好的产业,具体包括电子信息、节能环保、新能源、生物、高端装备制造、新材料、新能源等产业。"③新形势下,我国必须积极改造提升传统产业,大力发展服务业,尤其产业发展的重点必须是培育壮大战略性新兴产业,大力发展现代服务业,积极培育服务外包、会展经济、创意服务业等新兴服务新商业业态。"WTO服务贸易总协定第13条规定,除了由各国政府彻底资助的教学活动之外(核定例外领域),凡收取学费、带有商业性质的教学活动均属于教育贸易服务范畴。"④大力发展现代服务业本身也包含发展高等教育事业,所以产业结构优化升级要求部分普通院校向应用技术院校转型发展,本身也是产业结构优化的内容和进程。

第三,产业结构发展趋势呈现集群化。产业集群是一种新型的产业组织形式,"产业集群的内涵极其丰富,涉及地理空间、经济空间和行为主体之间的关系等多个层面,大量的理论研究和实际应用成果表明,产业集群(cluster)是刻画这些关系的有效工具。从已有文献看,产业集群主要侧重于研究企业和企业(机构)之间的集群关系,关注购买者和

① 杨林,陈书全,韩科技.新常态下高等教育学科专业结构与产业结构优化的协调性分析[J].教育发展研究,2015(21):45-51.

② 习近平.习近平在华东七省市党委主要负责同志座谈会上强调 抓住机遇立足优势积极作为 系统谋划"十三五"经济社会发展[N].人民日报,2015-05-29(1).

③ 杨林,陈书全,韩科技.新常态下高等教育学科专业结构与产业结构优化的协调性分析[J].教育发展研究,2015(21):45-51.

④ 刘刚.教育承诺对教学型本科院校的影响[J].河南职业技术师范学院学报,2004(02):101-103.

供应者之间的基础关系,以及与之相关的技术、市场和劳动力等要素"①。改革开放以来,中国的产业结构的显著特征之一是区域集群化。从地理空间分布看,主要分布在呈新月形的沿海地区,从南到北包括广东、福建、浙江、上海、江苏、山东、天津、河北等省市。从行业结构来看,主要集中在传统优势产业,包括化纤、纺织、服装、皮革制品、家具、金属制品、精细化工、家电等行业。经济新常态下,国家明确提出着力培育战略性新兴产业,大力发展现代服务业,构建现代产业发展新体系的目标,新兴产业进入一个千载难逢的发展机遇期。近年来,在物联网、智能电网、交通运输设备制造、电子及通信设备制造、电动汽车、电子支付、生物与新医药、人工智能等领域,我国已经形成了一批高技术含量、高成长性的产业集群,并开始形成产业链体系。新兴产业不仅需要学术型人才,也需要大批具有技术技能积累的应用技术型人才,需要一批普通院校转型应用技术院校。

第二节　高等学校转型发展的行政逻辑

在中国经济高速发展、经济规模日益扩张的同时,对具有新技术、新技能的各类应用技术人才的需求也日益突出,但普通高等学校培养的人才与社会岗位需求严重脱节,推动部分普通院校向应用技术院校转型发展是寻求解决问题的路径选择,"对于后发外生型现代化国家的高等教育改革来说,改革往往采取自上而下的方式进行,政府往往是改革的设计者、领导者和推动者"②。政府具有强烈的"行政管控"欲望去引导部分普通本科院校向应用技术院校转型发展。

一、高等教育行政化色彩

国家对高等教育进行行政干预在古今中外都是客观存在,只是程度不同而已。国家可以通过法律法规、政策规划、行政命令等间接、直接对高等学校的运行进行影响或控制,以此在高等教育中体现和强化国家的意志。如果说高等教育行政化趋势有其不合理之处,则高等教育被赋予的行政化色彩有其客观合理性。这里所说的高等教育行政化色彩主要指高等教育受到的外部的各种行政干预。

---

① 赵炳新,杜培林,肖雯雯,张江华.产业集群的核结构与指标体系[J].系统工程理论与实践,2016(1):55-62.

② 张应强.从政府与大学的关系看地方本科高校转型发展[J].江苏高教,2014(06):6-10.

　　大学从来就没有真正"自治"过，即便中世纪大学有较大的自治权力，也受到行政权力的干预。意大利著名的博洛尼亚大学建立于 1067 年，当时称为博洛尼亚法律学校，此后近百年始终希望得到行政当局的承认，直到 1158 年，神圣罗马帝国皇帝夫累得利克一世敕命博洛尼亚法律学校为博洛尼亚大学，从此得以政府承认正名并取得巨大的发展。早期的巴黎大学在发展过程中善于利用教皇与国王之间或地方与国家之间的矛盾，通过政府与教皇获得了许多大学的权力，并逐步走向"自治"。"当巴黎市民干扰巴黎大学时，他们求助于国王路易七世，1180 年，巴黎大学得到路易七世的认可。巴黎大学还经常求援于教皇并取得教会的支持，1198 年教皇切莱斯廷三世赐给巴黎大学许多特权。1200 年，法兰西国王腓力二世承认巴黎大学教师、学生社团的合法性，教师开始逐渐掌管学校事物。"①自治的权力只能是来源于行政。"学术自由""教授治校""大学自治""教学与研究相结合"等被认为是德国柏林大学的经典办学理念，但柏林大学的建立来自于普鲁士国王的命令，柏林大学的典范得益于普鲁士内务部文化和教育司司长洪堡的行政手段和先进思想。

　　"威斯康星思想不仅对美国高等教育而且对整个世界高等教育都产生了巨大深远的影响，并推动整个高等教育办学理念发生了重大转向"②。威斯康星思想的集成者范海斯主张，大学必须服务于州，大学必须与州政府密切合作，这在第三章第二节的第三部分已做分析，在此不再赘言，另由此可知，威斯康星大学受到地方政府的巨大影响并同时影响地方政府。

　　在我国，无论是清政府创立京师大学堂，还是民国时期更名为北京大学，行政干预是持续的，从未间断。1912 年，严复出任北京大学第一任校长，"由于受清朝科举制度的影响，官僚习气浓厚，仍然没有改变由政府主导的行政管理治校模式。后来，蔡元培执掌北大……但是北大并没有实现真正的学术自由与大学自治，仍然受到当时行政体制的不断干预"③。

　　新中国成立伊始，政府以"苏联模式"改造大学。对此后数十年高等教育发展产生巨大影响的 1952 年院系调整就是行政命令的一次高等学校合并重组，一次高等教育改革运动，当时教育部下发"全国高等学校院系调整方案"，自上而下地推行实施。"高等教育从此被纳入高度集中、统一管理的计划体制当中。在这样的教育体制下，培养大学生的

---

　　①　刘刚，邵帅，刘志坚.技术人文视野下高等职业院校办学理念研究[M].北京:人民出版社，2019:60.

　　②　刘刚，邵帅，刘志坚.技术人文视野下高等职业院校办学理念研究[M].北京:人民出版社，2019:82.

　　③　肖玲聪，崔海亮.中国大学教育的市场化与行政化[J].现代教育科学，2013(11):28-33.

经费完全由国家负担,而且还给学生一定的生活补贴。高校的专业设置、招生计划、培养方案、人事任免都由国家教育行政部门主管,各高校没有自主权。学生毕业后,根据国家需要进行统一分配,也没有自主择业的权力"①。这种计划性的教育体制具有很强的行政约束性,与现代大学制度有不相一致之处,但如果放在当时的时代背景看很难简单地判断对与错,这实际上是当时的国家计划经济体制所决定的,高度集中的计划经济体制要求高等教育体制也必须有计划性,国家有计划地建立了一批地质、水利、矿业、钢铁、轻工、航空、邮电等专科类院校,由于高等教育体制与国家计划经济体制的相适性,保证高等教育取得了巨大的成功,为国家建立完备的工业体系、为社会主义培养急需的建设者做出了重要的贡献。

改革开放之后,计划经济体制逐步向商品经济体制、市场经济体制转变,高等教育体制也随之发生了转变。国家逐步减少了对经济运行的干预,相应地也减少了对高等教育发展的干预,高等教育拥有了更多的办学自主权,高等教育发生了脱胎换骨的变化:

"高等教育突破了长期以来维持的小规模办学格局,在一个较短时间里步入了大众化发展阶段,并且建立起了与之相配套的基础设施,改善了办学条件;改革了免费教育制度,实行了收费制度和毕业生自主择业制度,发展了民办高等教育,构建了多渠道筹资体系;建立了新的学生资助制度,提高了教职工待遇;改革了后勤制度,兴办了科技产业和科技园,拓宽了办学空间和领域;……随着科学技术的发展,社会对高等教育的需求发生了新的变化,为了适应科学技术的发展和社会新的需求,高等教育学科专业领域得到了拓展,许多新的学科专业得到开办;传统的学科专业得到了改造,融入了高新科技内容;人才培养方式得到调整,信息技术带来了校园的数字化和智能化,多媒体技术的网络技术正日益成为新的重要的教学技术;随着新学科专业的大量设置,高等教育结构和高校组织运作方式也得到了改善;信息技术不但改变了师生员工的校园行为,而且正在将高校的边界和高等教育的边界无限延伸,形成国际化和全球化的交流网络;等等。"②

高等教育的改革与发展主要是我国经济体制改革、政治体制改革的推动,没有国家不断深化改革,就没有高等教育当前的发展局面,在一个相对短的时间里,政治或者行政化的力量对高等教育发展具有决定性影响。

---

① 肖玲聪,崔海亮.中国大学教育的市场化与行政化[J].现代教育科学,2013(11):28-33.
② 别敦荣,杨德广.中国高等教育改革与发展30年[M].上海:上海教育出版社,2009:3.

二、创新驱动发展战略对高等学校转型发展的推动

国家发展战略是国家意志,是行政力量的选择,也依靠行政力量实施。我们赞成"国家发展战略属于国家战略范畴,是一国最高决策层对一定时期内国家发展的基本目标、实现途径和保障措施等重大问题的总体设计。涉及经济、政治、安全、社会、科技、文化诸多领域。一国的国家发展战略集中体现了该国执政者的时代观、国际观、国家观、发展观和利益观。它所确立的国家发展的基本目标,指引着一国在一定时期内发展的总体方向和基本路径,规约着该国对内对外政策的选择"[①]。具体的国家发展战略可以有很多,比如我国的区域经济发展战略主要有:京津冀协同发展战略、长三角一体化发展战略、海南全面深化改革开放发展战略、粤港澳大湾区建设发展战略、长江经济带发展战略和"一带一路"倡议等;专门领域国家发展战略有科教兴国发展战略、人才强国发展战略等。2012年党的十八大以来,创新驱动发展战略成为国家战略,这一战略的实施推动了创新型国家建设,推动了高等教育改革。创新驱动发展战略需要高等教育为支撑,需要高等教育培养一大批适应战略需要的各类创新型人才,因此对高等教育分类发展、转型发展提出了很高的要求。

2012年,党的十八大明确提出实施创新驱动发展战略,这是在长期实践中总结形成的一项重大的长期的国家战略。改革开放初始,国家就提出科教兴国战略。2006年1月全国科学技术大会上,胡锦涛同志提出用15年时间把我国建设成为创新型国家,为全面建设小康社会提供强有力的支撑;2月,党中央、国务院发布《国家中长期科学技术发展规划纲要(2006—2020年)》,提出到2020年我国进入创新型国家行列。2012年9月,党中央、国务院发布《关于深化科技体制改革、加快国家创新体系建设的意见》,提出到2020年进入创新型国家行列,新中国成立100周年时成为世界科技强国;11月,党的十八大报告首次提出实施创新驱动发展战略,到2020年进入创新型国家行列,强调:"加快形成新的经济发展方式,把推动发展的立足点转到提高质量和效益上来,着力激发各类市场主体发展新活力,着力增强创新驱动发展新动力,着力构建现代产业发展新体系,着力培育开放型经济发展新优势,使经济发展更多依靠内需特别是消费需求拉动,更多依靠现代服务业和战略性新兴产业带动,更多依靠科技进步、劳动者素质提高、管理创新驱动,更多依靠节约资源和循环经济推动,更多依靠城乡区域发展协调互动,不断增强长期发展后劲。"

[①] 王存刚.国家发展战略对接与新型国际关系构建——以中国的"一带一路"战略为例[J].中国战略报告,2016(02):305-322.

到 2019 年,我国研发经费投入达到 2.17 万亿元人民币,占 GDP 2.19%,相当于欧盟国家的平均水平;科技进步贡献率达到 60%;发明专利授权数量首次居世界首位,被引用的国际科学论文数量位居世界第二。[①] 早几年,对外技术依存度就已经远低于 30%。按照我国科技规划确定的到 2020 年建成创新型国家的 4 个评价指标,即 R&D 经费支出占 GDP 比重 2.5% 以上、科技进步贡献率 60% 以上、对外技术依存度 30% 以下、发明专利年度授权量和国际科学论文被引用数世界前 5 位[②],目前我国已经基本达到创新型国家的目标,只是研发投入略低。按照世界知识产权组织发布的全球 126 个国家创新指数(GII)排名,中国 2017 年排名第 22 位,2018 年 17 位,2020 年 14 位,连年进入创新型领袖国家群体。[③] 这表明创新驱动发展战略取得了巨大的成功。

创新驱动发展战略把创新摆在了提高社会生产力和综合国力的战略支撑地位,国家发展全局的核心位置。所谓创新不仅仅是技术创新,还包括管理创新和制度创新,"技术创新是指将一种新产品、新工艺或新服务引入市场,实现其商业价值的过程;管理创新是指将一种新思想、新方法、新手段或新的组织形式引入企业或国家的管理中,并取得相应效果的过程;而制度创新则是指将一种新关系、新体制或新机制引入人类的社会及经济活动中,并推动社会及经济发展的过程"[④]。

创新驱动发展战略的核心内容与应用技术院校的办学特征有很大的契合性。应用技术院校培养目标定位于技术技能型人才,这种技术技能型人才以"策略性、创造性地解决生产服务的具体问题"为导向,不但要具有应用现成知识的能力,还应具有开发性、设计性研究的能力,要能够策略性、创造性地解决具体的生产服务问题,满足具体情境下的生产服务需要。应用技术院校教学过程强调技术教育内容,体现为生产、管理与服务的工艺、方法、规则、制度等知识系统,生产现场进行管理、决策、调试的过硬生产技术技能。应用技术院校办学实践注重开展高效的技术技能积累,即在生产和创新实践中获得的技术知识的沉积和技术能力的递进,技术知识又包括可用语言、文字、符号表征,或通过学习、交易等获得的信息知识和难以用文字、符号等表征,不易复制、转移、传播的暗默知识,如管理经验、技术秘诀等;技术能力包括各种各样在生产和创新过程中发展起来而又复为生产和创新所需的能力,如技术选择和消化吸收能力、技术研究开发能力、技术系

① 曹和平.迈向创新型国家前列,中国该如何干[N].环球时报,2020-11-10(015).
② 刘春雨.2020 年我国全面迈入创新型国家行列——基于创新型国家评价体系的视角[J].宏观经济管理,2017(1):34-37.
③ 曹和平.迈向创新型国家前列,中国该如何干[N].环球时报,2020-11-10(015).
④ 成思危.论创新型国家的建设[J].中国软科学,2009(12):1-14.

统使用能力——包括设备操作、维修、生产管理与调度等①。"创新驱动,转型发展,根本要靠人才"②,培养应用技术人才是创新驱动发展战略的保障,是应用技术院校的任务。

创新驱动发展战略核心内容与应用技术院校办学特征的契合性,要求应用技术院校必须服务国家战略需要。"当今社会发展,传统产业工业化完善成熟,现代科技知识化广泛应用,商品经济市场化充分发展,社会生活城市化不断整合,智能工具信息化方兴未艾。在这样的背景下,'美国几乎每所院校的办学宗旨都不光包括教学与研究,还包括服务——这一义务我们今天比以往任何时候都更需要'。"③我国的高等学校也必须首先为社会主义建设服务,为国家发展战略服务,部分普通本科院校向应用技术院校转型发展的过程就是服务国家发展的过程,服务社会的过程,这一过程既有被动的适应,也有主动的发展。

三、教育政策对高等学校转型发展的导向

在我国,政策对高等教育的影响和控制尤其明显,高等教育每一次的重要转型都深刻地受到教育政策的导向,从通过合并实现专科类型办学转型综合性办学、从精英化教育转型大众化教育、从普通高等教育转型应用技术教育无不体现政策的导向。

政策引导部分高等学校从专科类型办学向多科类型办学转型。20世纪90年代开始的高等学校合并潮既是当时高等教育管理体制改革的一项重要内容,又是地方政府申请"211"大学的一种冲动。1992年之前,高等学校合并已经进行,1993年1月,国务院批转的原国家教委《关于加快改革和积极发展普通高等教育意见》中透露,"国务院已原则批准'211工程'计划(面向二十一世纪在全国重点办好一百所大学)"。地方政府闻风而动,时任江西省的省长三进清华,诚邀中国科学院院士潘际銮出任新合并组建的南昌大学校长,1993年5月,江西大学和江西工业大学正式合并为南昌大学,在全国引起较大反响,由此掀起了大规模的合并潮。在全国有较大影响的有:1994年,原四川大学与成都科技大学合并组建四川联合大学,曾因新校名引起多方争议,1998年恢复四川大学校名;1994年,天津对外贸易学院并入南开大学;1995年,北京农业大学和北京农业工程大学合并组建为中国农业大学;1998年,浙江大学、杭州大学、浙江农业大学、浙江医科大学合并组建新的浙江大学;1999年,中央工艺美术学院并入清华大学,上海农学院并入上海交

---

① 刘刚.部分普通本科院校向职业院校转型之思[J].高等教育研究,2015(04):61-66.
② 赵兰香.人才是创新驱动转型发展的根本[J].成才之路,2014(07):7.
③ 刘刚,邵帅.部分普通院校向应用技术院校转型发展的历史逻辑——基于大学职能的视角[J].河南科技学院学报,2020(06):35-39.

通大学;2000年,北京医科大学并入北京大学,上海医科大学并入复旦大学,吉林大学、吉林工业大学、白求恩医科大学、长春科技大学、长春邮电学院合并组建新的吉林大学,武汉大学、武汉水利电力大学、武汉测绘科技大学、湖北医科大学合并组建新的武汉大学,华中理工大学、同济医科大学、武汉城市建设学院合并组建华中科技大学;2001年,中山医科大学并入中山大学等。据统计,1992—2002年,高校合并达275次,612所高校合并组建为250所,减少近6成①。时任国家教委副主任的周远清指出:"通过合并,中国又重新拥有了文、理、工、农、医等各学科门类齐全的综合性大学。可以预计,经过10年左右的发展,通过合并组建一些综合性、多科性大学,将会引起中国重点大学格局的变化。从这个意义上说,合并是一项战略性措施,适当组建一批多科性、综合性大学,包括几所高层次的综合性大学,对中国的高等教育势必产生深远的影响。"②

高等学校合并潮实际上是一次专科性院校向综合性、多科性院校的转型发展,高等学校通过合并实现办学类型的转型发展,得益于政策的及时跟进和引导。1994—1996年连续三年分别在上海、南昌、北戴河召开了三次高教管理体制改革座谈会,总结经验明确思路,提出了"共建、合作、合并、协作、划转"五种改革形式。1998年,原副总理李岚清在扬州召开的全国高等教育管理体制改革经验交流会上,提出将"共建、合作、合并、协作、划转"调整为"共建、调整、合作、合并"的八字方针,合并仍然是高等教育管理体制改革的重要方针。③ 1999年,第三次全国教育工作会议,发布了《中共中央国务院关于深化教育改革全面推进素质教育的决定》,提出:"今后3年,继续按照'共建、调整、合作、合并'的方式,基本完成高等教育管理体制和布局结构的调整。"2002年大规模的高等学校合并告一段落。

政策引导高等教育从精英化教育向大众化教育转型。1998—2008年,我国高等教育又经历了一次以扩招为标志的从精英化教育向大众化教育的转型发展。1978年到1998年的20年,我国高等教育以一个非常平稳的速度发展,无论是招生规模还是校均规模,无论是高等学校数量还是在校生总数,20年间变化区间很小。1978年高等教育毛入学率1.56%,20年后的1998年才提高到9.76%④,仍然处于精英化教育阶段。20世纪90年代中后期,我国经济出现通货紧缩,1997年亚洲金融危机爆发,对外贸易深受影响,扩大内需、促进消费成为推动经济发展的主要支撑。在这一背景下,1998年12月,亚洲开

① 别敦荣,杨德广.中国高等教育改革与发展30年[M].上海:上海教育出版社,2009:40.
② 周远清.加速高教管理体制改革势在必行[J].中国高等教育,1998(02):3-5.
③ 李从浩.改革开放以来中国高等教育管理体制改革的回顾与启示[J].现代教育科学,2007(1):121-123.
④ 别敦荣,杨德广.中国高等教育改革与发展30年[M].上海:上海教育出版社,2009:3.

发银行经济学家汤敏和夫人左小蕾联名向国务院领导提交了《扩大高校招生量一倍的建议》,提出在3至4年内使高校招生数扩大一倍[①]。中央随后予以采纳,把建议变为决策,轰轰烈烈的扩招拉开帷幕。1999年6月,第三次全国教育工作会议通过了《关于深化教育改革全面推进素质教育的决定》,其中明确提出"通过多种形式积极发展高等教育,到2010年,我国同龄人口的高等教育入学率从现在的9%提高到15%左右"。2002年我国高等教育毛入学率正式突破15%的界限,提前8年实现了从精英化教育转型高等教育大众化的目标。2007年10月,教育部权威发布:2006年全国普通高校招生540万人,是1998年108万的5倍;高等学校在学人数2500万人,毛入学率为22%。我国高等教育规模先后超过俄罗斯、印度和美国,成为世界第一[②]。此后,持续10年的高等教育扩招告一段落。我国高等教育从精英化教育转型大众化教育有深刻的经济背景,有汤敏夫妇建言的契机,但最直接最有力的推动还是行政决策的"一声令下",政府决策决定了这次转型的深度和广度。

政策引导部分普通本科院校向应用技术院校转型。高等教育大众化的提前到来,让高等教育结构存在的问题日渐突出,高等教育同质化现象制约了高等教育质量的提高,尤其是越来越不适应经济社会发展的需求,这主要在地方院校中表现得尤为明显。高速发展的中国经济急需一大批应用技术人才,需要一批应用技术院校。2013年年初,教育部开始着手前期调研论证工作,"组织了15个省份35所地方本科高校及研究机构,开展了以1999年新建本科高校为重点的地方高校转型发展课题研究"[③]。这次调研最终形成了《地方本科院校转型发展研究报告》[④],成为制定应用技术院校转型发展政策的理论依据。

2013年6月,教育部指导成立了应用技术大学(学院)联盟,鲁昕副部长出席联盟成立会议,在讲话中要求联盟要按照建设现代职业教育体系和推进高等教育分类管理的要求,学习借鉴发达国家举办应用技术院校的经验,对地方高校转型发展提出政策建议,发挥对外交流与合作桥梁纽带作用,加快地方高校转型发展,加快调整人才培养结构,成为打造中国经济升级版的重要支持力量。[⑤]此后,河北省、湖北省等也先后成

①　别敦荣,杨德广.中国高等教育改革与发展30年[M].上海:上海教育出版社,2009:4.

②　中央政府门户网站.教育部:高等教育为现代化建设服务能力不断增强[EB/OL].2007-10-13. http://www.gov.cn/gzdt/2007-10/13/content_775751.htm.

③　张墨宁.地方高校开启"二次转型"[J].南风窗,2014(16):37-39.

④　焦新.课题组解读《地方本科院校转型发展研究报告》[N].中国教育报,2013-12-31.

⑤　张宝敏.应用技术大学(学院)联盟和地方高校转型发展研究中心成立[N].中国教育报,2013-06-29.

立了应用型高等学校联盟。应用技术大学（学院）联盟的目标是："按照建立现代职业技术教育体系、推动高等教育分类管理、服务现代产业发展的要求，促进联盟成员的转型改革、合作交流、学术研究，推动建立产教融合和协同创新机制，加强与国外同类大学及其协会组织的合作交流，探索中国特色应用技术大学办学体制，推动高等教育分类办学和特色发展。"①到 2016 年，应用技术大学（学院）联盟成员单位已发展到 159家，联盟成为转型院校沟通交流的重要平台，很好地推进了部分普通院校向应用技术院校的转型发展。

2014 年 2 月，国务院总理李克强主持召开国务院常务会议，部署加快发展现代职业教育，会议确定了加快发展现代职业教育的任务措施，提出"引导一批普通本科高校向应用技术型高校转型"。这是国家最高层面决策会议第一次提出了普通本科院校向应用技术院校转型发展的明确政策导向。2014 年 3 月，教育部副部长鲁昕的一次讲话掀起了高等学校转型的热潮，她指出："中国现有 2500 多所高等院校，改革完成以后，将有 1600 ~1700 所学校转向以职业技术教育为核心。调整的重点是，1999 年大学扩招后'专升本'的 600 多所地方本科院校。这些地方高校，将逐步转型做现代职业教育。"②一石激起千层浪，600 所高校转型职业院校的说法引起了巨大的社会反响，客观上对普通本科院校向应用技术院校转型发展起到了推波助澜的作用，经过后来的政策引导，转型发展很快为社会各界所了解、理解。就在 2014 年 3 月，中共中央、国务院印发的《国家新型城镇化规划（2014—2020 年）》明确提出"引导部分地方本科高等学校转型发展为应用技术类型高校"。2014 年 5 月，《国务院关于加快发展现代职业教育的决定》中强调"加快构建现代职业教育体系""引导普通本科高等学校转型发展。采取试点推动、示范引领等方式，引导一批普通本科高等学校向应用技术类型高等学校转型，重点举办本科职业教育"。进一步确定了转型发展的目标和定位是应用技术类型高等学校。2014 年 6 月，教育部等六部门印发《现代职业教育体系建设规划（2014—2020 年）》，进一步明确什么样的学校需要转型发展，提出"引导一批本科高等学校转型发展。支持定位于服务行业和地方经济社会发展的本科高等学校实行综合改革，向应用技术类型高校转型发展。鼓励独立学院转设为独立设置的学校时定位为应用技术类型高校"。同时对推动转型发展进行了部署，指明了转型发展的方向和任务，强调"积极推进以部分地方本科高等学校为重点的转型发展试点，支持一批本科高等学校转型发展为应用技术类型高等学校，形成一批支持

---

① 应用技术大学（学院）联盟网站.应用技术大学（学院）联盟章程［EB/OL］.http://cms2.huanghuai.edu.cn/s.php/cauas/item-view-id-26497.html.

② 鲁昕.教育改革突破口在现代职业教育［J］.中国发展观察,2014(04):10-11.

产业转型升级、加速先进技术转化应用、对区域发展有重大支撑作用的高水平应用技术人才培养专业集群"。

2015 年 3 月,中共中央国务院发布《关于深化体制机制改革加快实施创新驱动发展战略的若干意见》,提出要构建创新型人才培养模式,"以人才培养为中心,着力提高本科教育质量,加快部分普通本科高等学校向应用技术型高等学校转型,开展校企联合招生、联合培养试点,拓展校企合作育人的途径与方式"。10 月,教育部、国家发展改革委、财政部印发《引导部分地方普通本科高校向应用型转变的指导意见》,是针对部分普通本科高校转型发展的专门规范性文件,对转型发展的意义、思路设计、主要任务以及相关措施、保障机制等进行了全面、完整、详尽的规划,标志着国家层面的关于部分普通本科院校转型发展的政策设计已经成熟、完备。政府成为推动部分普通高等学校向应用技术院校转型发展的直接动力。

第五章

现实困境:转型发展可能的难题

有学者认为高等教育正在走向一个高速发展后的平台期,或者说一个对前一阶段大众化进程种种问题的反思阶段——"后大众化"时代。[①] 作为平台期的后大众化阶段与高速发展的大众化阶段相比,除了高等教育发展速度的差别外,最关键的还在于,大众化阶段由于规模急剧扩张所带来的黄金时代表象,到了后大众化阶段由于人们对于规模扩张模式的质疑而难以维持,问题集中激化,高等院校组织在目标、功能、机制等方面难以得到社会认同,危机凸显。虽然2019年高等教育毛入学率已达51.6%,进入所谓的"普及化"阶段,但是仍然不可避免各种矛盾冲突与发展障碍。因此,"普及化"阶段的另一面就是"后大众化"阶段,前者代表我国高等教育"量"的增长,后者代表我国高等教育"质"的拷问。新世纪以来,在社会转型和高等教育深度大众化的背景下,与教育部直属高校相比,几乎所有地方高校都面对着不同程度的危机和挑战。地方高校作为最先面临各种困境的高等教育机构,2014年前后向应用技术大学的转型被写入国家发展战略。目前据不完全统计,全国约有20个省(市)出台转型"方案"或"实施意见",已经推动了约300所地方高校实施了应用技术大学的转型发展。然而,从具体实践来看,地方本科院校转型发展在现实中遭遇了改革的定位、内涵、路径策略和前景等困境,亟待破解所面对的难题,才能顺利进行。

第一节 转型发展定位的困境:高等教育与职业教育

本科院校的转型发展从根本来说指的是本科院校办学定位的转变与继续发展。所

---

① 杨移贻.后大众化阶段高等教育的审视[J].深圳大学学报(人文社会科学版),2009,26(05):144-148;王洪才,曾艳清.后大众化与我国高等教育发展战略选择[J].华中师范大学学报(人文社会科学版),2010,49(03):133-138.

谓办学定位,简单来说就是本科院校对于要办成什么样的学校的初步规划,是办学目标的一个概括性体现。2014 年国务院印发的《关于加快发展现代职业教育的决定》提出要"引导一批普通本科高等学校向应用技术类型高等学校转型",这里的应用技术类型就是指办学定位。然而,本科院校的办学定位不是一朝一夕一蹴而就的,是在长期的历史发展中形成的,虽然因为不适应经济社会的最新发展而亟待改革,但是这种改革必然要遭遇重重阻力。而要深刻理解改革所面对的阻力和转型发展定位的困境,就必须回到历史中去。

一、我国普通本科院校办学定位的历史困境

办学定位的前提是高等教育体系的初步建立,只有当一个体系初步建立起来后,其中所包括的多种多样的学校才需要明确自身的位置,各司其职,合理运行。新中国成立初期,中国高等教育体系在旧中国高等教育的传承和苏联高等教育的模仿的基础上逐步建立起来。然而,当时的高等教育"规模小,培养学生数量少;学校类型结构不合理,文重工轻,师范缺乏;学校人才培养的层次结构比例不协调;多数院校分布在沿海地区和大城市,地区结构布局不合理……"[①]。1951 年教育部提出《全国工学院调整方案》,决定把工学院从综合大学中剥离,成立单科性或多科性工业大学。1952 年,教育部提出"以培养工业建设人才和师资为重点,发展专门学院,整顿和加强综合大学"的方针,进行全国范围的院系调整。专科教育得到大力发展,而在本科教育中,以各种专门学院为主,综合性大学较少。中央对高校组织的任务定位、功能目标进行基本规制:"专门学院和专门学校又分为多科性和单科性两种,它的任务是根据国家的需要,培养各种专门的高级技术人才。综合大学的任务,主要是培养科学研究人才和中等学校、高等学校的师资。"[②]院系调整后,中国许多省份都有一所综合性大学并设有工、农、医、师等专门学院。本科院校的人才培养模式也进行了强有力的统一规制。1952 年 9 月《人民日报》社论对旧中国高等教育制度提出批评,认为其院校设置是盲目的,只能培养不切合实际的所谓"通才"。而在努力实现工业化的新中国,更需要大量的合格的各种专门人才,尤其是"工业建设的专门人才",因此要以培养专才为目标,制定并运行统一的专业标准和课程体系,形成计划性较强的专业教育模式。1956 年,高教部颁发《中华人民共和国高等学校章程草案》规定,

---

① 董鲁皖龙.扎根中国大地 奋进强国征程[N].中国教育报,2019-09-22(1).
② 纪宝成.中国大学本科生、研究生学科专业设置研究[M].北京:中国人民大学出版社,2006:19.

高等学校的基本任务是"培养具有一定的马克思列宁主义水平、实际工作所必需的基本知识、掌握科学和技术的最新成就和理论联系实际能力"的对祖国和社会主义事业忠诚的高级专门人才,明确了所培养的人才应具备的基本知识、能力以满足实际工作需要为第一位,显示出为专门化职业领域人才培养服务和向工业应用方向发展的趋势。[①] 在这种实用主义知识观支配下,中国高校在专业结构上以发展工科专业为主,并出现了高等教育职业化的趋向,高等院校不仅以行业部门和职业对口为依据设置专业,而且还在专业课程方面加强与职业所需知识和技能的对口性,缩小课程中理论知识的涉及面,让学生更早开始高度专业化的学习,使学生能尽快学有所用,有效地为国家经济建设服务。可以看出,中国本科院校从诞生伊始就带有鲜明的应用特点,并具有一定的职业化趋向。

改革开放后,本科院校定位逐渐发生了转变。在邓小平提出"尊重知识、尊重人才"理念的指导下,在对西方发达国家高等教育体制的学习中,不仅逐步设置了学术委员会等具有一定学术权力的新型管理机构,而且学术道德和学术规范开始得到尊重和重新树立。地方本科院校出台了很多关于如何建设学术道德的文件,强调按照学术规范要求来提高人才培养的质量,开展科学研究活动。在20世纪90年代的院校合并热潮后,很多地方本科院校开始突破单一的学科格局,大力发展新学科,试图改变原有的专门学院的身份。与之相应,20世纪90年代以来,专才教育模式开始转向重视综合素质教育的通专结合模式。到了20世纪90年代中期,一些高校根据"普通教育基础上的宽口径专业教育"的指导思想,开始建构一种将普通教育与专业教育融为一体的整合型教育模式。国家层面所进行多次的高等教育专业结构方面的调整和规制,综合体现出本科教育这种人才培养定位的转变。

1978年,教育部颁布《关于做好高等学校专业设置和改造工作的意见》,逐步增加财经、政法、轻纺、食品等专业的招生比重,并适当增加了文科的招生比重。1987年国家教委颁布了《普通高等学校本科专业设置暂行规定》,减少了工科专业的数量,大幅增加了文科专业的数量。1990—1992年就开始本着拓宽口径、增强适应性的原则进行了本科专业目录的修订工作,1997年进行的本科专业目录修订工作,进一步从过去强调"专业对口"转为强调适应不断变化的社会需求,减少专业种类,拓宽专业口径,增强适应性。从2012年开始,教育部颁布实施新的《普通高等学校本科专业目录(2012)》和《普通高等学校本科专业设置管理规定》,专业类别从修订前的73个增加到92个,而专业数量则从修订前的635种缩减到506种。总体说来,更加注重拓宽专业口径,"以宽为主,宽窄兼顾",并设置综合性交叉学科专业和战略性新兴学科专业。地方高校可以根据专业目录

---

① 万力维.控制与分等:大学学科制度的权力逻辑[M].南京:南京师范大学出版社,2006:129.

自行设置本科专业，也可以申请设置尚未列入目录的新专业。

经过一系列的调整，过度狭隘的强调专业对口的倾向得到一定纠正，但是总体来说，地方本科院校以培养专才为目标的专业教育模式并没有发生改变，其所蕴含的实用主义知识观也依然对知识的生产与传播发挥着决定性作用。地方本科院校的专业口径始终偏窄，专业划分过细，与现代科学技术发展的综合化、整体化趋势明显不符合。而2013年左右，由于大学生就业难等问题，很多地方本科院校被认为是偏于理论型，一味地模仿研究型高校的办学模式，在学科专业的设置上沿着多学科、综合型的路径发展，产学研合作教育不深入，重点培养学术型的人才，与地方产业结构脱节，服务地方经济发展能力较低，不能适应市场需求。即使是在转型发展政策出台以后，很多地方本科院校定位于应用型，却基于办学历史和学科积淀，并没有彻底放弃综合性学科建设、理论型课程和人才培养模式。总之，特殊的发展历史造成了这样一个困境：是综合性的高等教育还是应用性的职业教育，本科院校的定位始终摇摆其间，从而为当前的高等教育改革带来了根深蒂固的障碍。

二、市场化冲击对我国普通本科院校办学定位的负面影响

改革开放以来，市场化给高等教育领域带来较大冲击，要求本科院校定位要进一步适应市场需求，特别是就业市场的需求。这种冲击有一定积极意义，但我们也要看到，在这样的冲击下，本科教育中的实用主义知识观不仅得到了强化，并且在工具理性的主宰下更趋向于短期功利主义。为什么会出现这样的困境？要回答这个问题，我们须深刻理解中国的市场化变革自身的特殊性。

随着中国计划经济向市场经济的转型，市场经济体制改革目标的确立和经济对专门人才迅速增长的需求，对原有的同计划经济相适应的高等教育体制造成巨大冲击，带来了高等教育宏观管理体制、经费投入与管理体制、高校内部管理体制、招生与毕业生分配体制等多方面具有市场化特色的强调效率的变革。在1985年的《关于教育体制改革的决定》、1986年的《高等教育管理职责暂行规定》、1993年的《中国教育改革和发展纲要》等文件及1994年的"共建、合并、划转、协作、合作"五种改革的推动下，高等教育分权改革不断被推向深入，中央和省、自治区、直辖市两级管理，以省级政府为主的管理体制被确定下来，省级政府的教育决策权和统筹权得到扩大。与此同时，高等学校被赋予了更多的办学自主权。地方高校不仅在经费支出、人事管理、人才培养活动安排上具有了一定程度的自主空间，而且可以根据专业目录自行设置本科专业，甚至可以申请设置尚未列入目录的新专业。在学生就业方面，2001年随着扩招政策的实施，高校毕业生开始实

施"自主择业",地方高校建立了专门的就业服务机构,促进学生就业。

虽然市场化行为的出现是中国高校对市场经济社会发展的一种主动适应,在市场机制作用下高校办学形式更加多样化,但市场化行为的增多使得高校的办学更容易陷入功利主义倾向,教育理念与市场理念、人文导向与职业导向、公益目标与经营目标之间的矛盾往往使高校难以合理定位①。而中国高校组织的特殊性和保守性,缺乏自主管理和调节能力,与市场化的要求有矛盾冲突,出现了许多乱象。在大规模扩招的政策下,一些地方本科院校为应付突然扩大的招生,放松了在教师教学和设施配备等方面的要求。还有媒体文章指出,从招生录取到后勤基建,从物资采购到科研经费,从校办企业到学术诚信,"腐败重灾区"几乎涵盖了高校所有关键领域和环节。② 在地方本科院校的教师考核和科研奖励等活动中也常被长官意志、人情关系等严重干扰,在学术研究领域也出现了功利化和泡沫化的趋向。一些地方本科院校缺乏学术诚信的氛围,对学术失范行为容忍度较高。一些青年教师备课不认真,教学内容陈旧,教学过程中照本宣科,育人意识淡薄。

市场化对本科院校定位的负面影响需要政府进行调控。20 世纪 90 年代末开始学者们对高等教育市场化的弊端及其政府调控展开广泛讨论:一些学者们对政府调控持支持态度,例如有学者认为经济转型期劳动力市场并不规范,高校在办学过程中有可能根据非理性的预期和各种扭曲的市场信号,在学校层次定位和专业设置等方面进行偏离政策目标的选择,因而需要政府加以干预调控。③ 也有学者对此持有异议,认为政府虽有必要采取各种措施宏观调控高等教育的规模结构,但政府调控也存在着失灵问题,由于很难准确预测未来特别是中长期内经济社会发展和就业岗位对高等教育毕业生的需求总量及需求结构,如果政府部门决策失误又强制推行到位,对国家会带来很大损失;另外考虑到高等教育所具有的非经济的外部性,单纯根据劳动力市场需求所计划出来的最佳规模,对社会的全面发展也不一定是最适宜的。④ 有学者提出在社会主义市场经济条件下的政府调控不同于计划经济条件下通过行政命令和直接行政管理的手段进行的调控,应该是承认市场供求规律的基础性作用的前提下,通过政策、投资、质量监控、信息服务和

---

① 别敦荣,郭冬生."象牙之塔"与"无形之手":大学市场化矛盾解析[J].江苏高教.2001(5):21-24.

② 龚洋浩.高校缘何腐败频发[N].中国纪检监察报,2015-04-27(4).

③ 陈良焜.在向市场经济体制过渡条件下 高等教育规模结构的宏观调控[J].高等教育论坛,1996(4):14-21.

④ 丁小浩.高等教育的个人需求和政府的宏观调控[J].高等教育研究,1998(4):39-42.

立法手段去调节高等教育的发展,使之更好地促进社会经济发展和社会公平。[①] 而在政府主导的高等教育发展模式下,本科院校也难以找到真正适合自己的定位。我们还要看到,我国高教政策具有不稳定性,政策热点不断转移。我国本科院校自主权有限,受政府政策导向影响较大,而政策存在的不稳定性,也导致普通本科院校在办学定位上的矛盾。

从当前中国的实际来看,完善的高等教育市场并不存在,高校在面向市场时信息往往并不全面和准确,更是需要进行长期的研究、甄别与适应,人才培养的供求平衡也只能在长期波动中大致实现。在这样的现实条件下,要求地方本科院校进行整体性变革是不切实际的,高校及其利益相关者必须慎之又慎。

三、普及化阶段对我国普通本科院校办学定位的挑战

2019 年,我国高等教育毛入学率超过 50%,进入高等教育普及化阶段。在这一阶段,本科院校只有在自身定位上办出特色和高水平,才能实现高等教育发展和社会发展的良性互动。但是,普及化阶段的高等教育仍然不可避免各种矛盾冲突与发展障碍。从大众化后期一直延续到普及化,各国高等教育质量问题受到空前重视,并且均进入剧烈变革时期。大众化进程中,无论发达国家还是发展中国家,其高等教育随着规模的迅速增长都先后面临了多重危机,这些危机大致可以分为外来危机和内在危机两种。外来危机是指金融危机、经济改革、适龄人口规模减小或者技术进步等对高等教育的发展带来的挑战和风险。如 20 世纪 60 年代在联合国教科文组织推动下,亚非拉的很多发展中国家提出了雄心勃勃的教育发展目标,却在 20 世纪 80 年代开始的世界性经济萧条冲击下受到威胁和考验,加上高等教育规划和决策传统方法的失败。学者们对此进行了反思,认为这些国家忽视了规模扩大的预后效果和政治因素的影响,使得高等教育投资成为一种高冒险的行为。"从政治责任的观点来看,教育政策的制定者会把人们的注意力集中在人力培训的技术性问题上,从而使自己不负有任何责任。这样,他们就可以把高等教育的危机归因于外部不可控制的经济力量上,不管是有意还是无意地,他们不把潜在的危险性纳入考虑之中,当局总是把目前所面临的一系列问题,诸如资源日益减少、较差的培训和研究质量,毕业生就业难等描述为所制定的策略是不可预测的、不幸的、不合理的、偶然性的,所以出现了当前的负面效应。"[②]20 世纪 80—90 年代,随着高校规模的扩

① 闵维方.社会主义市场经济条件下高等教育运行机制的基本框架[J].高等教育研究,2001(4):28-34.

② 钱民辉.发展中国家高等教育的危机——焦点、问题、限制和改革[J].外国教育资料,1994(06):49-54.

大、社会责任的增加、政府补贴的减少等,多国高等教育面临财政危机。部分经济合作和发展组织(OECD)国家对此进行了积极的应对,并在完善政府拨款方式、引导高校拓宽资金来源渠道、重新定位政府与高校的关系等方面开展了卓有成效的工作。2002—2003年OECD组织一个高校财务管理与治理研究项目小组以澳大利亚、爱尔兰、荷兰、瑞典、英国、德国、日本和美国8国经验为基础,出版了题为《危机边缘:确保高等教育可持续发展的未来》的研究报告,探讨高等教育政策及拨款环境的变化对高等学校在财务管理方面提出的要求,以及这些变化对高等学校的财务可持续发展能力的影响。[①] 2008年在经济危机冲击下,曾经被奉为大众化经典的加州高等教育由于政府财政预算大幅削减而引发了高等教育的财政危机。一些学者对此进行研究,发现加州高等教育面对巨大的财政压力和持续扩大的学生规模转向学术资本主义,成为"服务—收费"的积极实践者。[②] 德兰迪(Gerard Delanty)认为,在知识社会中知识已融入了处于社会深层的认知结构中,在这种社会条件下,大学应主动引领变革,扩展自身能力以反映广泛的社会需求,并以此来巩固大学在知识社会中的合法性。[③] 美国学者加姆波特(Patricia J. Gumport)认为,研究型大学的合法性基础在20世纪最后25年间发生变迁,公立研究型大学已经超出最初的"赠地"理念而基于"社会服务"和"知识中心"寻求新的合法性,并在产业逻辑下进行学术重构。[④]

对于中国高等教育,有学者认为这一时期所面临的关键问题是结构与体系问题:高等教育质量被认为普遍下降,高等教育体系内部层次类型划分模糊,很多高校因盲目追求升格而出现定位混乱、功能趋同等现象。[⑤] 由于这一时期的结构问题,中国高校间非合作博弈与无序竞争现象会给高等教育系统发展造成难以承受的效率损失,因此必须建立合理有序的分工协调制度和多元评价制度,促使高校合理定位,办出特色。[⑥] 很多学者认为地方高校发展困境的主要根源就在于定位不清、办学雷同,不能满足时代需要,为区域

① 王正青. 部分OECD国家高校财务危机与治理[J]. 教育发展研究,2007(23):66-69.

② 潘建军. 当经典遭遇危机:美国加利福尼亚州高等教育向何处去[J]. 比较教育研究,2016,38(11):90-97,103.

③ 杰勒德·德兰迪. 知识社会中的大学[M]. 黄建如,译. 北京:北京大学出版社,2010:1.

④ 帕特丽夏·J. 加姆波特,李春萍. 大学与知识:重构智力城[J]. 北京大学教育评论,2004(04):54-65.

⑤ 杨移贻. 后大众化阶段高等教育的审视[J]. 深圳大学学报(人文社会科学版),2009,26(05):144-148.

⑥ 冒荣,宗晓华. 合作博弈与区域集群——后大众化时代我国高等教育发展机制初析[J]. 高等教育研究,2010,31(04):35-40.

经济建设和地方社会发展培养适应性人才。[①] 因此应加强对地方高校合理定位的研究,政府也应对地方高等教育进行结构调整。有学者指出,当前中国地方大学发展面临的问题包括教育规模的迅猛扩张与教育资源积累严重滞后之间的矛盾、单一的办学模式与多样化的社会需求之间的矛盾、高等教育大众化进一步发展的要求与地方政府和地方高校管理水平之间的矛盾等,其根源在于在对传统高等教育管理模式的路径依赖下,地方高校的发展模式仍然是被动式和封闭式的,因此,必须加快政府职能转变,引导地方大学主动、开放式发展。[②]

受多种外部因素的影响,同时也在内部因素的作用下,地方本科院校内部的分化日益加剧。有的高校要资源有资源,要声望有声望,要实力有实力;有的高校虽然难以与中央高校比肩,却能够在高等教育系统中找到自己的立足之地;有的高校虽然能够勉强维持生存,却谈不上发展前景,只能算是生存着;有的高校既缺乏环境支持,也缺乏资源,已经陷入生存困境,更糟的是,短期内看不到摆脱困境的希望。也就是说,在社会转型和高等教育深度大众化的背景下,与中央高校相比,几乎所有地方高校都面对着不同程度的危机和挑战。这种危机和挑战表现为组织对环境的适应性不强。地方本科院校作为最先面临各种困境的高等教育机构,2014 年前后向应用技术大学的转型被写入国家发展战略。从政策实际来看,多省在转型方案中提出要优化本省高等教育结构,并实行分类指导和多元发展,促使各高校科学定位,特色办学。2019 年《中国教育现代化 2035》等政策文件中提出要“持续推动地方本科高等学校转型发展”。这就意味着对于地方高校而言,合理定位与转型仍是未来一段时间内的关键性事件。许多地方高校或主动或被动地走上了转型发展之路。但对于办学定位的新探索与转型发展之路并不平坦,围绕定位与转型产生的迷茫和争议越来越多。尤其是在政策的强势引导下,有些地方本科院校并没有经过科学论证而盲目定位。因此,对于这些地方本科院校的转型发展而言,无论是地方化,还是综合性,或是应用型,都可能成为新的发展陷阱。

第二节　转型发展内涵的困境:技能与科学

对于本科院校而言,转型发展从表面上看是其办学定位的改变和转型,但这种改变和转型如果要落到人才培养的实际就是课程和教学的改革。地方本科高校在转型发展

① 柳和生,程肇基.影响地方高校发展的三大因素及相关对策[J].江苏高教,2009(1):63-65.
② 张应强.高等教育现代化的反思与建构[M].哈尔滨:黑龙江教育出版社,2000:140-141.

中通常都将"培养应用型人才"作为学校的办学定位,但却不同程度地存在办学定位与人才培养实际不契合的现象。其主要原因在于部分高校课程设置没有真正实现围绕职业技能及岗位需求构建,体现的仍然是科学知识的自身逻辑,难以适应应用型人才培养的需求。在应用型的办学定位下课程教学该如何改革,才能实现这种应用性呢?要回答这个问题,需要从我国本科教育的发展历程,分析长期以来所存在的弊病和当前的本科院校课程改革面临的现实矛盾。

一、应用性追求下我国本科教育长期以来存在的弊病

对应用性的追求贯穿了我国大学本科教育整个的发展历史,虽然我国本科教育很多时候也强调学术规范,但是专才教育模式及与其相适应的实用知识体系的建立对几乎所有的本科院校影响至深。普通本科院校,尤其是地方高校通过在文化-认知层面建构一种实用主义知识观,并将其融入专门人才的培养中去,来适应传统工业化社会的大机器生产需求。在这种实用主义知识观的主导和支配下,以技术知识为主的学科在本科院校获取了合法性,工科专业始终占比较大,发展较快,而人文教育长期被忽略,或在政治实用主义要求下被思想政治教育取代。在人文课程不断边缘化的同时,在科学技术类的课程中又出现了新的争议,即实用技能与科学理论知识哪个更重要?在实用主义知识观的支配下,本科高等教育出现了职业化特征,不仅以行业部门和职业对口为依据设置专业,而且还在专业课程方面加强与职业所需知识和技能的对口性,缩小课程中理论知识的涉及面,让学生更早开始高度专业化的学习,使其能尽快学有所用,有效地为国家经济建设服务。

新中国成立后的第一次高等教育会议上,费孝通指出:"在否定旧教育的教条主义的过程中,又发生了另一种偏向。那就是借口为实际服务,而抹杀有系统的理论研究的重要性,把教育工作和科学工作降低为只见树木不见森林,只问此时此地不问长远需要的倾向。这就成了狭隘的实用主义了。"[①]这种实用主义知识观对中国高等教育的发展影响深远,对此的批判也一直延续到了20世纪末21世纪初。有学者曾批评这种实用主义知识观支配下的专才教育模式,认为由于苏联模式的影响,文理分割,重理轻文,重专业教育轻通识教育,加上过于集中统一的管理,使普通高等本科教育带有较强的职业教育特征[②]。也有学者认为,随着社会和科技的发展,中国高等教育过分专业化的弊病开始逐渐

---

① 费孝通.费孝通文集　第6卷 1949—1956[M].北京:群言出版社,1999:217.
② 文辅相.素质教育:社会与教育发展的必然[J].高等教育研究,1997(06):8-11.

显露出来,过分强调教育的"工具意识",注重科学教育,强调狭窄的专业教育,注重人才培养的批量生产,最终导致培养的人才知识面偏窄、人文底蕴薄弱,不能适应社会的发展和变化[①]。

总体而言,我国本科教育中的实用主义知识观给本科院校的发展带来了很多弊病。由于专业划分过细,专业口径狭窄,抑制了专业知识面的广与博,使得许多本来就有着紧密联系而又不宜割裂开来的专业知识,被专业的细分和专业课程的设置而人为割裂开来,造成所培养的人才难以从整体上把握客观知识,也无法在生活中整合经验。

二、经济社会新挑战下本科院校课程改革面临的现实矛盾

随着经济的飞速增长,发达国家工业部门的就业比重不断下降,服务业部门就业比重迅速增加,信息技术产业开始成为带动经济增长的关键部门。基于产业部门这种变化,学者们提出知识经济、后工业化社会等理论。这些理论都强调在新型社会中高等教育的轴心地位,强调新型社会对大量接受过高等教育的高素质人才,特别是高科技人才的需求。发达国家高等教育从大众化阶段进入普及化阶段。而进入 21 世纪以后,尤其是金融危机以来,欧美很多国家的失业率都保持在较高水平。大学毕业生面临着的就业压力越来越大,且由于信息化时代的发展和知识更新速度的加快,大学毕业生既无法进入衰退产业,又因知识或技能水平不够难以进入新兴产业,因而产生了高等教育的信任危机。2008 年金融危机以后,美国开始了"再工业化"的历程,即重新重视制造业,回归实体经济。为了复兴制造业,美国重视职业教育与培训的作用。从工业化到后工业化和再工业化的变化,带来了欧美国家新的职业主义浪潮。

职业主义浪潮与20世纪后半期知识论的革命相呼应。知识论的革命指的是吉本斯(M. Gibbons)所说的知识生产模式2。在模式2中,知识是跨学科流动的,专家学者不再享有掌握知识的特权,现代大学也失去了知识生产领域的垄断地位。知识生产以问题解决为基础,而不是以学科和范畴为基础,使得知识的等级划分,如基础知识还是应用性知识,其界限已越来越模糊。因此,模式2也被称为以知识的应用者为主导的顾客模式或市场模式。在知识生产模式产生革命性改变的同时,新的知识传播模式也在兴起。大众化乃至后大众化时期,高深知识的界限开始模糊,大学教育目标从培养学术型人才转向培养受过训练的劳动者,随着教育目标的转变,教学的内容与形式也发生了相应的变化。根据"操作主义"知识观和彼得·贾维斯(Peter Jarvis)的实践知识观,新的知识传播模式

---

① 樊平军.知识视野中的中国大学专业设置研究[M].北京:北京师范大学出版社,2011:72.

以个体对实践的学习为主导,从而越来越远离了传统的知识传播方式即"教学与科研相结合"的方式,而越来越走向"教学与生产相结合"的方式①。而根据建构主义知识观和连通主义知识观,一种与互联网和信息技术结合更为紧密的名为 MOOCs(massive open online courses)的新兴网络教育模式在全世界快速发展,学生日益成为学习的主导和控制者,一切资源以学生为中心进行集聚,从而实现了真正的"学习自由"。MOOCs 在扭转了工业化社会"教授主义"对学习本义的偏离和异化后,也要求学习者必须承担学习的责任。"这包含作为独立、自主的学习者所必需具备的智力、学习技巧和意识的培养。"②

在新的知识生产和传播模式下,应用型本科教育与中等职业教育在课程教学上有了截然不同的特征。有人认为"应用型本科教育的专业课程设置必须体现高级应用型人才的培养规格",不仅是层次高,还要更具有复合性。"其课程结构既不能完全以学科知识为体系,也不能完全以岗位标准为体系,而是以行业科技为主要体系标准。行业科技体系分化与整合的复杂性,反映了课程设置的复合性。"以德国的应用科技大学、法国的大学校为例,应用型本科教育课程教学体系虽然以应用性为主要特征,重视实践教学和生产实际问题解决能力的培养,但是它们都强调基础课程知识的学习,强调"把培养学生的理论修养、专业能力和实践才能较好地结合起来",因此,一要注重专业基本理论知识的系统性、基础性,注重夯实学生的理论基础,以此保证学生具备较宽厚的基础理论知识;二要加强专业课程,主要进行专业深化和拓宽专业面的教学,提升学生的专业素质,将基础理论与专业理论有机结合,使学生"精专"与"博通"并举;三要突出实践课程,强调培养学生知识和技术的应用能力,强调培养学生解决实际问题的专业能力;四要注重以通识课程为主的综合素质拓展课程,注重学生综合素质的培养。③ 然而,正如申家龙曾指出的,职业教育功能是多元的,但是职业教育课程与教学不可能是万能的,它其实是具体的,是由具体机构实施的,受教育对象的基础、实施时间、实施条件等具体条件的约束。④虽然这里主要指中等职业教育的课程,但也适用于高等职业教育的课程,适用于应用型本科教育。要实现既依托学科,又面向应用,既要重视基础理论知识,又要重视技术技能,应用型本科教育的课程与教学就必须经过更加科学和优化的设计,实现更卓越的创新。

而与经济社会新挑战的要求相比,当前本科院校课程改革所面临的现实矛盾就是,

---

① 毛亚庆.高等教育发展的知识解读[J].教育研究,2006(07):24-29.

② 韦默.以学习者为中心的教学 给教学实践带来的五项关键变化[M].洪岗,译.杭州:浙江大学出版社,2006:65.

③ 史秋衡,王爱萍.应用型本科教育的基本特征[J].教育发展研究,2008(21):34-37.

④ 申家龙.职业教育课程的理想、现实与选择[J].职业技术教育,2006,27(04):55-57.

加强创新驱动型经济的发展要求与我国本科教育长期形成的专业教育模式不相匹配,本科院校的办学理念和人才培养模式,以及这种培养模式下的课程教学实际之间产生深切的冲突。一方面,中国仍处于向后工业社会或知识社会转变的过程之中,知识生产和传播模式尚未发生根本变革,无论知识社会还是学习型社会,距离公众都还很遥远。另一方面,当前我国的本科教育还不适应产业结构升级的要求,人才培养和科学研究对创新驱动型经济的贡献还很薄弱,大学毕业生规模庞大但创新型人才较少,科技成果虽多但转化率低,这导致大学毕业生就业难的现象较为突出,同时新技术、新业态、新模式等新经济的发展又严重受阻。

三、固有利益格局下本科教育难以实现创新和变革

在长期的实用主义知识观支配下,本科院校在自身发展过程中已经形成一种固化的利益格局,而对能够触动其固有利益的真正创新进行排斥。在这种利益格局下,专业壁垒森严,而新兴的、交叉性的、综合性的学科专业发展缺乏强有力的支持,导致地方本科院校的人才培养往往因不能及时反映新兴学科和交叉学科的发展而逐渐滞后。

改革开放以来,高等教育领域围绕着培养“通才与专才”曾展开了三次大规模的辩论,虽然综合素质教育有所强调,但总体而言,高等教育管理体制仍未进行根本变革,长期以来形成的实用主义知识观也未得到根本改变,与之相适应的课程体系和教学制度已深深扎根在地方高校大多数教育工作者乃至教育行政部门领导者的心理定式中,新的课程体系、新的教学管理模式很难获得充足的发展条件。地方高校的专业口径始终偏窄,专业划分过细,与现代科学技术发展的综合化、整体化趋势明显不符合。

本研究通过对7所地方本科院校相关教师和管理人员的访谈,发现人才培养方面如何体现应用性的问题困扰着很多地方高校,课程和教学方面的创新并不顺利。

某地方本科院校的 L 处长指出:“创新创业活动必须在专业知识和专业能力的基础上来进行。教代会上一些老师提意见,认为有物理系学生去搞地摊、搞个送餐就说是创业,这样是乱来,会干扰正常的教学。”

Y 老师提出对实践教学的担忧:“行业高校在划归地方后,与行业企业的联系就变弱了,现在的校外实习基本都靠学生自己联系,这直接导致毕业生质量下降,作为一名老教师对此很忧心。”

Z 老师作为骨干老师,为我们讲述了该校“项目制”实践教学模式曾遇到的一些困难:“主要还是领导和一些老教师不认可,他们觉得你搞项目制,你不是按一堂一堂课去讲的,你讲的理论知识跑哪儿去了,你能带着学生到处跑,你啥意思。你进行师生角色的

转换,你锻炼学生,让学生来讲,然后有些老教师就觉得你是不想讲课,是偷懒,确实阻力很大。后来我们做了几个事情,第一个是我们对F县做城区规划设计的时候,签了一个合同,二十万的一个合同项目,那是我所知道的我们学校的第一个合同,设计学院院长带着我们去签的,我们在现场汇报,这个转变了很多校领导的观念,算是一个比较大的冲击。第二个就是我们为我们学校那个新建校园做的规划设计,然后包括礼堂都是我们做设计的,已经成为我们学校的标志。所以说咱们学校要往应用型这块转的话,我们学院算是一个实验田。"

在双创教育方面学校内部也存在争议,T主任指出:"我们是下一步准备做这个创业学院,把所有的创业教育拉到创业学院里边去,因为我们现在这个科技园管委会呢,它不具有教学的职能,它是一个行政部门,你看我们开展一些创业教育也就是创业沙龙、创业培训、讲座,给你什么创业大讲堂之类的就是这样的,但是你真正纳入到这个教学体系当中去,那就要有专门的创业训练来做,因为我们现在没有这种职能,我们上这些课教务处不承认。"

如何加强应用型人才培养,实施创新创业教育,在目前仍属探索阶段。大学生创新创业园的Y老师认为,创业园最初的定位是第二课堂,承担着部分实践教学,现在正向着承担创新创业教育的功能建设。但代表既有教育教学模式的教务处对创业园的功能并不认可,在创业园进行的双创教育能否代替教学、与教学到底如何结合等方面始终有质疑,在教育部相关文件出台后,质疑声音没有了,但深层认知上的障碍仍未消除,经常成为创新创业园改革上的阻力。Y老师指出:"创业园原本并没有开课权力,改革以后现在完全承担了双创课程体系,等于由虚拟到实体,应建设自己的包括基础课、必修课、选修课在内的课程体系,进行专门的师资培养,并有相应的经费预算,这样有利于在团队孵化和创新意识教育等通识课之间贯通。而目前创业园仅能开设双创教育中的一门课,其他的如职业规划等课程在其他部门那里,教学原有秩序仍未打破。双创教育与专业教育的结合的确比较难,应是教务处要求各院系都有双创方案,但现在由创业园推动,等于是介入其他人的地盘,工作不好开展。此外,还有一些制度上的障碍,例如对于教师究竟能否开公司,教师自己的企业能否入驻创业园、创业园中如果让企业免费使用场地、是否会造成国有资产流失等问题,亟待相关制度建设来解决。其实,从根本来讲还是一个思想解放的问题。'应用'转型落地不容易,主要就是指这种思路难落地,双创教育仍在摸索过程,各校都知道该做,但不知究竟该怎么做。总体上,校领导与各院系是支持的态度,但的确作为地方高校而言不一定都有搞高科技项目的能力,目前双创教育还是无力的一种状态,有一些做法属于忽悠,实际上缺乏清晰的思路。"

第三节 转型发展路径策略的困境：自主与合作

实现转型发展的路径策略，实质上是转变本科院校与行业企业的关系。高校与行业企业本质来说是两种不同性质的社会组织，它们之间进行合作，要受组织性质的制约和政府的调控。而中国高校和行业企业由于特殊的成长环境而具有独特性质，因此它们之间合作关系的发展就面临了一定程度的困境，即如何划定组织行为的边界，在充分体现组织自身自主性的同时发展可持续的合作？要回答这些问题，就必须在回顾我国高校与行业企业进行校企合作的历史演变的基础上，深入比较和分析高校与行业企业的组织性质差异，以及它们之间的利益诉求冲突。

一、我国高校与行业企业合作关系的历史演变

我国 20 世纪 50 年代曾借鉴苏联模式，建立了一大批专门学院，这些专门学院是由当时中央各行业部委兴办而形成，因此在管理上也常由行业部门进行管理，涉及农业、林业、地质、交通、水利、矿产、电力、石油、化工、建筑、通信等领域。20 世纪 90 年代开始，这些专门学院由原行业部委划转地方政府或教育部管理，行业办学的定位被动摇，与行业企业之间的联系也趋向松散。然而，行业企业对于优秀人才和知识产权的需求随着市场经济体制的完善而越来越旺盛，本科院校必须进行深入的体制机制改革，以适应行业企业的需求。

在本研究对某地方本科院校的调研中，一位从教 30 年并获得过省级教学成果一等奖的 Y 老师提出了老教师对于实践教学的担忧："行业调整对教学影响是巨大的，在下放地方以前，学校与行业的联系非常紧密，当时我校虽然在同类部属院校中排名不靠前，但是以动手能力强为显著特点，与名校比毫不逊色。但是下放地方以后，与行业企业的联系相对减弱，现在的校外实习基本都是学生自己联系的，学校和行业都不管了，这就使得我们的毕业生质量有所下滑。作为一名老教师对此很忧心。在急功近利的大环境下，我愿意在教学上进行投入，一方面把工程教育认证的最新要求、纺织行业发展的新常态等方面的新理念新内容融入教学中，另一方面加强与企业的合作，从备课环节起就常跟企业联系，关注市场和技术的发展趋势，如对于实验室的一台新型纺机，我要跟纺机的研发厂家和使用厂家联系，看的越多就会觉得市场日新月异，我们了解得太少，所以希望青年教师在教学上多投入一些，可能不会像发文章一样能较快见到效果，但这是我们教师的

天职。在这里,我想对现在的青年教师提个意见。工科老师的实践能力一定要提高,现在的培养方式是在本科时打下工科知识的基础,但到了硕博阶段都研究某一具体专业方向去了,可能对行业整体不熟悉,在从教前需要下工厂了解生产一年,去讲专业课才有底气,否则上课就会效果不好,对本科生讲不清楚。另外,学校的实验室设备相比企业来说很落后,一般来说这些设备从它被研发出来进入生产应用,但进入教材作为教学内容,已经经过了几年时间,这样的教材再使用个五六年,肯定就滞后了,而企业设备更新特别快,像我们这样的条件又怎么能引领生产,所以老师需要经常去企业了解最新的设备和工艺,不能光照本宣科。学生是我们的产品,其质量好不好,需要企业来评价,企业没有经济效益而不愿意参与,学校或者老师本人就应该走出去请进来。现在至少我这门课从大纲到产品设计,都是和企业紧密合作的,我专门吸纳了企业的两个高级技术人员进我的教学团队。而有的老师却根本不考虑这个,仍然讲企业已经淘汰了的技术内容,在这方面学校也没有相应的激励措施,讲好讲坏一个样。像我这样通过私人关系跟企业合作,或者请人来学校讲课录像,作为微课成果共享,都是需要付出时间、精力、人情甚至资金上的成本的,有时还需要承担一些风险,如学生操作最新设备时的安全问题,等等,学校都缺乏相应的激励,也不重视。即使被列入精品课程,给一点课程建设经费,但是跟我的投入相比差距比较大,现在都是凭借一份老师的责任心来做事,如果我退休了呢,这个精品课,这个教学模式,就很难再维持下去,所以学校还必须建立一个具有持续性的机制出来。"

我国 2013 年左右的"2011 计划"和 2014 年左右的部分普通本科院校向应用技术大学转型政策是近年来通过校企合作,建立国家创新系统和促进应用型人才培养的重要项目。这些项目对高校而言具有以下重要意义:

一是从外部看,增强了高校主动服务经济社会发展的意识,避免出现和加深不同组织单位的界限泾渭分明,不利于协同创新和人才培养等问题。这些项目实施以来,广大高校积极思考,主动出击,到经济和社会发展的一线去凝练重大需求、寻找重大任务,服务国家、地方和行业发展的意识有了明显的转变,这种变化有可能引发高校发展方式的改变。

二是从内部看,深化了高校科教结合的机制体制。通过这些项目使得高校的改革可以在更大的范围、更深的程度上、更加有效地进行起来。这些改革不仅对高校教学与科研工作和创新能力产生了影响,而且对高校的发展模式、发展理念都产生积极的影响。

然而,我国公办高等教育的整体质量不够高,尚不能高质量地满足行业企业等用人单位对人才和知识产权的需求。在原有的行业办学体制已不再适应当前社会发展,行业企业对于人才和知识产权的新需求又迫切需要表达的情况下,重建或创新校企合作机制,便成为大势所趋。近些年各地方本科院校积极建立产业学院,就是新业态新趋势下校企合作机制创新的重要举措。例如,武夷学院根据应用型办学定位,结合区域特色,积极培育并初步形成具有闽北地域特色的办学特色,通过 2011 协同创新项目与福建圣农集团合作共建圣农食品学院、与福建太阳电缆股份有限公司合作共建太阳电缆学院、与福建省旅游发展集团有限责任公司共建中旅学院、与武夷山市政府共建朱子文化学院、与台湾中华海峡两岸教科文交流学会共建玉山健康管理学院、与香江集团等大型茶企共建武夷山茶学院等六大产业学院。

二、企业与高校的组织性质差异

经济学理论中,一般将企业视为一个投入资源、产出产品的单位,或是创造新技术、新产品、新市场、新的商业模式和生产方式的专门组织。行业企业作为市场经济的微观主体,其一切行为服从于经济利益最大化这一目标。行业企业必须先保证营利目标的实现,其次才是公益目标和社会声誉目标,这是资本的营利性质决定的,是无可厚非的。而大学作为最早的高等学校组织,产生于中世纪西欧行会组织,以学者雅克·勒戈夫的解释,即精神的手工业者自发组织起来的一种社会团体。最初这种团体只是求知人自发聚集在一起共同学习、交流的松散的组织,在与地方政府、教会等的冲突和斗争中,逐渐形成了必要的制度和规章,从而使大学变成一种相对自主和自治的规范的社会组织。18 世纪,德国兴起了大学改革运动,科学正式进入大学的知识殿堂;19 世纪以柏林大学的创办为标志,知识的传播与创新成为大学的根本使命。柏林大学的创办者洪堡认为,知识的传播与创新,即教与学和研究活动的前提是学术自由和多元化。因此,他倡导"自由的、不受限制的"研究自由和教学自由,而这种自由的观念逐渐成为大学理念的内核,并表现为大学城内学术人员的一种精神气质,作为遗传基因被一代代传递下去。20 世纪,以美国威斯康星大学为代表的服务型大学成为新的潮流,从而强调大学组织的社会责任的理念逐渐成为高等教育哲学的主导思想。20 世纪 80 年代以来,世界高等教育经历了程度不一的"市场化"运动,将市场逻辑引入高等教育,让竞争和价格机制引导高等教育机构响应市场的需求,其中就包括了高等教育机构的科研活动。美国哈佛大学校长博克曾感慨现今大学已全面参与到商业化浪潮。这种商业化或企业化趋势被美国学者斯劳特等人称为"学术资本主义"。在市场创新的活动中,大学组织的传统学术目标转变为市场机制下的效能目标。为满足市场需求,高校组织在与行业企业等其他社会组织进行人才培养与科学研究、社会服务等方面的合作,从而整合各种资源,达到最优配置。尤其是高校与行业企业的合作,高校组织的资源优势在于突出的人才优势,行业企业的资源优势在于雄厚的资金优势。以高校人才优势和企业资金优势为依托的教学、科研、生产、经营多位一体的科技开发和应用模式,有利于充分集聚人力、物力、财力资源以加强科学研究项目和复合型人才的培养。

然而,在高校与行业企业的合作中,行业企业的各种决策仍由投入与产出、成本与收益的对比关系来决定。行业企业等用人单位主要利益诉求是获得优秀人才或科研成果的知识产权,以谋取更多利润。校企合作是行业企业为表达利益诉求而在体制内重建的机制,具体来说即行业企业等用人单位通过校企合作的各种途径,如根据企业需求调整专业和课程设置,为教师提供挂职锻炼等机会,实行订单培养模式,为高校提供横向科研项目及资助,以及共建行业二级学院、教学与就业实习基地、协同创新中心等方式,参与到人才培养和技术研发的过程中,实现产教融合,以表达和保障行业企业的自身利益,促进传统企业转型升级。有学者认为,企业参与校企合作的行为是一种人力资本投资行为,企业投入人力成本、管理成本和原材料成本等,通过筛选和聘用到适合的高技能人才、优先获取知识产权来提高企业未来的生产效率,获得收益。[①] 而基于不同的组织性质和利益诉求,在具体的校企合作中,经常出现"学校热、企业冷"的现象。换句话说,行业企业并不一定热衷与高校组织进行合作,而往往倾向于从其他渠道来满足自身对于人才和技术的需求。

一般来说,导致行业企业参与校企合作的积极性降低的因素主要在于:投资期限和收益期限之间存在明显的时差;基于校企合作的风险,如激励风险、人力资本贬值风险,以及所培养学生流失风险、合作有效性风险等,行业企业的收益充满不确定性。高校作为学术机构的性质与职能。高校的第一职能是知识的探索和传播,不仅学术活动的信息难以准确获取,而且其成本和收益难以准确计量和评价,因此,无法像企业一样对高校做真正的成本-收益分析。传统的高校组织是一个"松散结合系统",处于"有组织的无序状态":高校作为一个正式组织,必须遵循一定的价值规范,体现其秩序、稳定的一面,但高校组织作为一个以专业学术人员为主体的专业组织,要求发挥专业研究人员的主动性和创造性,尽量打破组织中的僵化成分,解除对创造性能力的束缚,因此秩序的背后存在着无秩序,组织成员之间、组织各部分之间是一种松散关系。组织内部管理权力结构中,学术权力占据重要位置。学术部门、行政部门与行业企业、消费者的判断标准往往存在分歧,也是出于同样的原因,在与其他组织的合作中往往难以准确计量学术成本,且难以确定合作收益,合作效率不高。尤其是对于中国为数众多的地方本科院校而言,历史积

---

① 程培堽,顾金峰.校企合作的企业决策模型——基于成本和收益的理论分析[J].高教探索,2012(5):117-123.

淀较为薄弱,自主管理能力不高。由于营利性质的差异,中国高校与行业企业所实施的具体战略与方案、计划等差别很大,市场机制的适用性也是有限的。例如,高校的人才流动并不完全依赖于价格和竞争机制,而是更多地依赖于行政的计划配置,即通过金字塔式的层级命令来完成资源配置。高校长期以来以职称等学术评价和晋升机制来衡量和配置人力资源,现有的学术评价和晋升机制中以教学和科研的工作量作为主要的绩效指标,对于教师们所从事的跨院系跨学科等创新活动往往不能进行合理而充分的认可与评价。另一方面,由于缺乏相应的法律法规保障,高校的学术成果进行商业转化后的收益分配往往引起众多纠纷,一旦处理失当,便会严重影响高校和企业各自优势的发挥。如何在这样的差异基础上达成战略认同,以进行科技创新和人才培养的协同活动呢? 如何在高校组织与企业组织的目标和战略多样性的基础上寻求共性呢? 这些都是校企合作亟待解决的现实问题。

三、校企合作的利益诉求冲突

在校企合作的具体实践中,既存在自下而上自发形成的校企合作,也存在自上而下由政府推动形成的校企合作。这使得校企合作机制的利益相关群体不仅行业企业一家,还有高校、政府部门、学生等群体,因此校企合作机制所表达的利益诉求经常是复杂的、多元的,甚至彼此冲突的。

由政府由上而下推动的校企合作,往往导致行业企业的利益诉求表达出现扭曲和失真,最终使得校企合作作为一种利益表达机制出现形式化的趋向,或者说,成为行业企业和高校共谋套取政策红利的工具。以近年来开展得较为红火的产业学院为例,其中大多也没有完全独立运行,往往依附于高校,大部分师资均来源于高校,实践经验较少,而企业师资虽然在技能操作方面具有一定的优势,但是缺少相应的教学方式方法,导致教学效果不明显。[①]

此外,我国高等教育改革发展道路在不断探索之中,政府所出台的政策在复杂多变的利益诉求下往往处于不稳定状态,地方本科院校校长及相关负责人也常常发生变动,其所主导的具体政策也随之变动,这就导致行业企业承担的风险提高。在以上因素的影响下,行业企业通过收益和成本的反复权衡,如果发现参与校企合作的收益不足以弥补成本,就丧失了参与合作的意愿和动机。因此,在注意拓宽校企合作以促进行业企业利益诉求表达的同时,还要减少政府的直接干预,制定和完善相关法律法规,规范校企合作

---

① 汪慧琳.产教融合背景下高职院校产业学院建设的实践探索[J].科技风,2021(06):69-70.

参与各方的行为,注意通过税收激励等手段,既合法又合理地降低行业企业参与校企合作的成本与风险,提高行业企业的积极性。

中国企业也要努力建立健全以资本为纽带,产权明晰、权责明确、管理科学的现代企业制度。在建设科学的领导体制与组织管理制度的同时,也要建立知识管理战略,建立有效的激励机制,鼓励组织成员进行知识创新,在将最前沿的科技理念运用在企业的生产与经营实践的基础上培养具有创新意识的应用型人才。具有创新意识的应用型人才应该具备以下几个方面的素质:博、专结合的充足的知识储备;以创新能力为特征的技术开拓与应用能力;创新精神和创新意识为中心的自由发展的个性;积极的人生价值取向和崇高的献身精神;国际视野、竞争意识和国际竞争力。这样的人才不能仅在象牙塔中进行培养,而必须由高校组织和企业组织在协同创新活动中协同培养。这就需要企业处理好短期与长期、合作单位之间的利益关系。而这些关系的调整应在行业企业的动态发展中实现。

第六章

理念创新:向应用技术院校转型必须树立新发展理念

考察高等教育发展的历史逻辑和现实逻辑,解决普通高等学校转型发展面临的现实困境,都需要高等学校的理念创新,需要确立符合自身和社会发展需要的发展理念。就高等教育发展的普遍规律来看,经典大学理念是永恒的,但不是仅有的,每一个时代都需要适应社会发展创新发展的理念。这些新兴的大学发展理念既是一种理性思考,也是一种制度体现,具有强烈的时代特征和体制特征,随着所处历史时代的变化、经济社会的发展、文化背景的差异、学校类别的不同等不断变化和创新。这种变化和创新不是另起炉灶,而是对经典大学理念的诠释和发展,"只有'经典'大学理念和'新兴'大学理念的互补、互动、相辅相成与相得益彰,才能真正构成完整的、内外协调的'大学理念'"①。大学发展理念的创新同时也要因校而异,不同类别、不同层次大学的理念创新有着巨大的差别。

"创新、协调、绿色、开放、共享"的五大新发展理念既是对国家当代发展问题的经验总结,反映了对中国经济社会发展规律的深刻认识和把握;又是结合实际的理论提升,是关于发展观念的又一次理论创新。当前,在我国经济进入新常态发展的新时期,高等教育也进入了以质量提升为核心的内涵式发展阶段,新发展理念对高等教育的发展具有深刻的指导意义,是高等学校理念创新的遵循、方向和着力点。

五大发展理念是一个联系的整体,必须系统地、全面地认识和落实。习近平强调:"这五大发展理念相互贯通、相互促进,是具有内在联系的集合体,要统一贯彻,不能顾此失彼,也不能相互替代。哪一个发展理念贯彻不到位,发展进程都会受到影响。"②我们在讨论转型发展树立新发展理念时,结合转型发展,分别从创新发展、协调发展、绿色发展、

---

① 韩延明.大学理念论纲[M].北京:人民教育出版社,2003:356-357.
② 习近平.习近平谈治国理政(第二卷)[M].北京:外文出版社,2017:205.

开放发展、共享发展五个方面进行阐释，但在具体工作中又要全面系统、统筹兼顾、整体协同地贯彻落实五大发展理念。

第一节　树立创新发展理念　提供转型发展不竭动力

高等学校转型是为了发展，转型本身就是一种发展。发展是一个持续的递进的不断变化的过程，既是量的积累，也是质的变化。发展需要动力，发展的不竭动力之源就是创新。

一、创新发展理念的含义

一般认为，西方出现的创新一词首先是作为一个经济学概念出现。美国经济学家约瑟夫·熊彼特（Joseph Alois Schumpeter，1883—1950）提出的"五种创新"理念影响广泛，因此也被认为是现代创新理论的奠基人。熊彼特在《经济发展理论》著作中首次提出"创新理论"，后不断完善，其"创新理论"最大特色就是强调生产技术的革新和生产方法的变革在经济发展过程中的至高无上的作用。其基本观点包括：创新是生产过程中内生的；创新是一种"革命性"变化；创新同时意味着毁灭；创新必须能够创造出新的价值；创新是经济发展的本质规定；创新的主体是"企业家"；等等。

对"创新"一词的理解也在不断创新。创新理论本身也是一个动态的、不断发展的理论，无论西方还是中国，人们对创新的认识始终在不断深化、不断清晰。在如今的语境中，创新已经是一个涉及范围十分广阔的词语，已经被认为是影响人们经济、政治、文化等所有社会生活各个方面的重要因素。人们对于创新概念和含义的研究和理解更多是普遍意义上的创新，也即哲学意义上的创新，而不仅仅是经济学意义上的创新。如果从更宽泛的意义上理解，创新一词在古代中国典籍中早已有之，"客观地讲，我国传统哲学中确实包含了许多创新思想，而且也有不少有关创新的方法，只是这些观点不被当时的统治阶级所认可，没有成为社会的主流意识，进而未能对现实产生太大的影响"[①]。对比中西方关于创新的思想，"西方哲学对创新问题的论述涉及方方面面，而且，西方哲学不像我国传统哲学那样要求许多事情应去体悟，西方哲学注重逻辑性、理性，讲究分析，注

---

① 师英杰.中西方创新思想的历史渊源追溯［J］.理论月刊,2014（1）:55-58.

重外在制度的规范,所以,其中不少有关创新的方法已程序化,成为了规则"①。

　　这种哲学意义上的创新也是提出高等教育创新发展理念的理论基础。大学本身就是创新的产物,并且始终在不断创新。所以,美国著名高等教育学家克拉克认为:"在维护、传播和考察永恒真理方面是无与伦比的;在探索新知识方面是无与伦比的;在整个历史上所有高等教育机构中间服务于先进文明的如此众多部分方面也是无与伦比的。"②在高等教育发展历程中,形成了许多永恒的经典的大学理念,但经典大学理念不应该是仅有的,高等学校也需要适应社会发展创新办学理念。潘懋元指出:"经济的发展、社会的进步以及大学职能的扩展,尤其是大学从远离社会的'象牙塔'走向社会的中心,高等教育日益受到外部关系规律的制约,社会也日益要求大学为经济、政治、文化、科学的发展提供有效的服务。根据19世纪以前高等教育发展历程所总结的经典的大学理念,已不能全面反映社会与高等教育关系的新进展,也不能满足人们对高等教育改革与发展的新追求。因此,20世纪以来,尤其是世纪之交,人们不断地提出许多新兴的大学理念。"③正是基于这样的认识,结合高等学校转型发展的实际,我们提出高等教育创新发展理念的含义主要从以下三个方面理解。

(一)创新发展是一个从量变到质变的渐变过程

　　马克思主义辩证法告诉我们,任何事物都具有质的属性和量的属性,是质与量的统一。质是一事物区别于他事物的规定性,是分析认识事物的基础,是实践的起点;量是关于事物的规模、大小、高低以及运动快慢、颜色深浅等可以量化的规定性,是衡量事物的程度数量或状态形式,量是认识的精确化,能够更加准确地认识事物。量变是指事物在数量上、程度上的变化,是事物数量的增减和空间排列结构、秩序的变化。量变是连续的、渐进的、不显著的变化,是发展过程中相对静止的变化,量变的过程保持了事物的质的相对稳定性。质变是事物质态的转变,是显著变动的状态,是明显的、突发的突变,是飞跃。量变和质变既相互区别又相互联系。量变是质变的基础,质变依赖于量变,量变积累到一定程度,就必然地引起质变,没有量变就没有质变。质变是量变的必然结果,量变依赖于质变,任何事物的量变都不可能是永续的,其结果必然是质变。质变完成终结量变,同时又开辟新的量变,新的量变又积累导致新的质变,周而复始循环往复,推动事物无限发展。质量互变规律深刻揭示了事物的发展规律,高等学校创新发展也是一个从量变到质变的渐变过程。

---

①　师英杰.中西方创新思想的历史渊源追溯[J].理论月刊,2014(1):55-58.
②　克尔.大学的功用[M].陈学飞,等译.南昌:江西教育出版社,1993:29.
③　潘懋元.多学科观点的高等教育研究[M].上海:上海教育出版社,2001:11.

高等学校创新发展首先是量变的过程。高等学校创新发展是一个艰苦的探索过程，一个持续积累的过程，一个不断提高的过程，一个不断量变的过程。在社会发展领域，十一届三中全会以后，我国制定了著名的"三步走"的发展战略，其中的"第一步""第二步""第三步"，就是我国经济建设的三个不同发展阶段的量变的过程。很多高等学校在制定发展规划时，也都实施了分步走的发展战略，强调逐渐的、持续的量变过程。比如，北京大学在制定一流大学建设方案时，提出的建设目标也是分三个阶段："到 2020 年，将北大整体建成世界一流大学，若干学科处于世界一流大学前列；到 2030 年，使北大整体水平处于世界一流大学前列，一批学科处于世界一流大学前列；到 2048 年，将北大建设成为顶尖的世界一流大学，主流学科全面位于世界一流大学前列。"[①]

平顶山学院 2014 年被列为河南省整体转型发展试点高校，2016 年入选河南省十所示范性应用技术类型本科院校，紧紧抓住国家推进地方本科院校转型发展的战略机遇，以示范校建设为契机，制定了建设高水平应用型大学"三步走"战略，即：经过 5 年左右的努力，到"十三五"末，学校综合办学实力显著提升，进入全省示范性应用技术类型本科高校先进行列；经过 10 年左右的努力，基本实现建成特色鲜明、优势突出，服务区域经济社会发展能力强的应用型大学的奋斗目标；经过 15 到 20 年左右的努力，全面实现建成特色鲜明、优势突出，服务区域经济社会发展能力强的应用型大学的奋斗目标，进入全国应用型大学先进行列。高等学校的创新发展都强调量的积累过程，循序渐进扎实推进，为以后的质的突破打下坚实的基础。

高等学校创新发展又必然要有质变和突破。高等学校创新发展一定是在量变积累的基础上实现质的突破，质的突破才是完成了创新发展。创新发展是一个过程，这个过程是渐进的，渐进的过程就是量变的过程。高等学校不断地创新发展就是在不断地进行量的积累，当量的积累到了一定的程度，就会取得突破性发展，这种突破性发展就是发展过程中的一种质变。然后在突破后的新的发展平台上继续新的量的积累，进入新的量变到质变的发展周期。高等学校质变性发展的表现可以有多种多样，可以是办学层次的突破，比如从专科升为本科、从学院升为大学、建成一流大学等；可以是学科建设的突破，比如获得硕士、博士学位点授权等；可以是办学质量的突破，比如从专科性院校向综合性院校转型、从普通院校向应用技术院校转型等。高等学校创新发展的质变可以是全局性的突破，也可以是局部性的突破，比如国家级重大项目的突破，重点教学团队、科研团队的突破等。在局部，这些突破是长期量的积累形成了局部质的突破；在全局，这些突破则是

① 学科建设办公室.《北京大学一流大学建设高校建设方案（精编版）》正式发布[EB/OL].北京大学新闻网：http://pkunews.pku.edu.cn/xwzh/2017-12/28/content_300847.htm.

全局的量的积累,与其他量的积累到一定程度将促成全局性质的突破。高等学校创新发展必须要不断地进行量的积累,进而形成质的超越、飞跃和突破。

(二)创新发展是一个辩证的否定的过程

任何事物的发展都是一个波浪式前进、螺旋式上升的过程,事物的内部既有肯定方面,也有否定方面,事物的肯定方面和否定方面既相互依存又相互斗争。这种相互作用的关系就是事物的内部矛盾,事物的内部矛盾是引起事物发展的关键因素。在事物发展过程中,当事物的否定方面战胜了肯定方面,否定方面转变为主导地位,则事物的性质就发生了根本的变化,事物就实现了自我否定,实现了发展。辩证的否定认为,在这一发展过程中,事物实现了对旧事物的否定,但不是简单地完全的抛弃,而是扬弃,是有肯定的否定,是有保留的克服。当事物实现了自我否定,否定方面转变为主导地位,则原来的否定方面就变为了新事物的肯定方面,实现了否定之否定。所以,事物的发展往往要经过两次否定,在这种发展过程中,事物不是简单地重复,而是在更高的层次上的重复;不是简单地循环,而是由低级到高级的发展。

高等学校创新发展是一个发展的过程,也是一个辩证的否定的过程。高等学校创新发展就必然要对过去办学中的理念、体制、机制、教学内容、课程体系等各个方面进行必要的改变甚至是否定,但这种改变或否定不是彻底的完全的否定,是在原来基础上的改变或否定,是保留原来有益的东西,在此基础上的创新发展。完全的另起炉灶式的发展不是辩证的否定,也不是创新发展。

应用技术院校转型发展是一个创新发展的过程,也是一个辩证的否定的过程。转型一定是在原来基础上的适当的转型,要考虑学校原来的校风学风、学校传统、办学基础、学科特点、队伍结构等各个方面,要对这些方面进行必要的梳理总结,要在现有条件基础上进行适当的改变、转型,而不是彻底抛开原来的传统、基础、条件完全重新开始,那样就不是转型而是新建。当经过一段时间的转型发展后,学校会在原来基础上形成新的校风学风、学校特色、学科特点等,这就是实现了辩证的否定,实现了转型发展、创新发展。

(三)创新发展是内因与外因的辩证统一

唯物辩证法认为,任何事物的发展,甚至是产生和灭亡,都是内因和外因共同作用的结果。内因是事物发展的内部矛盾,是一事物区别于他事物的内在本质,是事物存在的基础,是第一位的;外因是事物发展的外部矛盾,是第二位的,对事物发展能够起到加速或者延缓的作用,甚至在一定的条件下能够起到决定性作用。"外因是变化的条件,内因是变化的根据,外因通过内因而起作用。"①尽管外因对事物发展能够起到加速或者延缓的作用,甚至一定条件下有时能够引起事物性质的变化,但最终外因都必须通过内因才能起作用。

高等学校创新发展是内因与外因的辩证统一。高等学校创新发展有外部因素影响,包括经济社会因素、政策因素、行业发展因素等,这些都对高等学校发展具有重要影响,有时甚至是决定性影响,但这些因素最终还要通过高等学校的内部因素起作用。高等学校创新发展的内部因素有很多,主要包括历史与文化、校风与传统、资金与资产、学科结构与基础、研究平台和积累、仪器与设备、教师结构和水平以及学校核心竞争力、领导战略决策能力等,这些是决定高等学校创新发展的决定性因素,第一位的因素,高等学校首先要通过改善、改变这些内因才能够取得真正意义上的创新发展。

应用技术院校转型发展是一个创新发展的过程,也是一个内因与外因的辩证统一的过程。转型首先是内部因素的转型,比如以现有条件为基础,逐步推进办学理念的转型、办学定位的转型、学科结构的转型、学术重点方向的转型、师资结构的转型等。必须充分重视外部因素对转型的重大影响,比如当地经济社会发展水平的影响、国家和地方政策的影响、区域高等学校发展水平的影响等,这些影响最终都落到了对内部因素的影响上,并通过内部因素表现出来。以转型政策为例,最初是政策导向,这对应用技术院校转型是具有约束性的,但具体到转的方向、转的程度、转的快慢等都取决于高等学校自身,取决于高等学校领导根据自身实际进行的具体决策。

二、创新发展理念居于应用技术院校转型发展的核心地位

(一)创新是引领应用技术院校转型发展的第一动力

马克思主义唯物辩证法认为,发展"不是同一事物的简单重复,而是新事物的不断产生和旧事物的不断灭亡"②。发展是事物上升的、向前的、进步的运动,是由小到大、由简到繁、由低级到高级、由旧物质到新物质的运动变化过程。所以,发展本身就具有批判和革命的性质,具有创新的意义。创新发展理念基于并丰富了马克思主义社会发展动力论,是对"科学技术是第一生产力"重要思想的创造性发展,创新是引领发展的第一动力。从人类社会发展历程考察,社会文明的每一次进步都离不开创新推动,国家的每一次强

① 毛泽东.毛泽东选集 第 1 卷[M].北京:人民出版社,1991:302.

② 李秀林,王于,李淮春.辩证唯物主义和历史唯物主义(第三版)[M].北京:中国人民大学出版社,1990:125.

盛都源于创新,创新始终都是贯穿其中的不竭动力。英国抓住了工业革命的创新机遇,成为日不落帝国;美国抓住了第二次工业革命的机遇,成为世界第一强国。

高等学校要实现发展同样需要不断创新,转型院校创新发展是国家建设民族复兴的需要。当前,中国特色社会主义进入新时代,站在新的历史起点上,中国正迈向实现中华民族伟大复兴的历史新征程,党的十九大提出了 12 个强国目标,包括航天强国、科技强国、海洋强国、交通强国、网络强国、贸易强国、制造强国、质量强国、文化强国、教育强国、体育强国、人才强国,其中就有教育强国。教育强国是大势所趋,建设教育强国就需要加快高等教育多样化发展,构建完善的高等教育体系,为此就需要进一步调整高等学校结构,完善高等教育类型,推动部分普通本科院校向应用技术院校转型。当前,我国急需应用技术人才,在当前我国发展正处于摆脱"中等收入陷阱"的关键时期,需要一批应用技术院校培养大批具有创新意识和专业技能的应用技术人才。

转型院校创新发展也是国际竞争的发展趋势。从世界范围来看,以数字化、信息化为特征的新一轮技术革命正迅猛发展,各国为此展开了激烈的竞争,比如美国不惜以国家力量在全球范围内打压以华为为代表的中国新技术企业。在这场深度、广度前所未有的新技术革命背景下,谁能够占据优势,谁能够领先一步,谁就能够占据主动,谁就更有可能取得领导地位。新技术革命需要科学理论创新,同时也需要技术创新,科技进步导致生产过程技术含量不断增加,产业升级转型需要高层次技术技能人才的支撑,需要大量应用技术型人才。近年来,世界主要大国纷纷制定创新发展战略,如 2012 年美国发布了《先进制造业国家战略计划》,2013 年德国政府采纳了机械及制造商协会等机构提交的《保障德国制造业的未来——关于实施工业 4.0 战略的建议》,我国则于 2015 年印发了《中国制造 2025》全面推进实施制造强国的战略文件,其中就明确提出"完善多层次多类型人才培养体系,促进产业转型升级"。我国需要部分普通本科院校转型应用技术院校,培养适应国际竞争的应用技术人才。

(二)创新发展是应用技术院校转型发展的关键

在高等教育发展历程中,创新同样贯穿始终。一批新兴大学因为创新而发展,因为创新而后来居上,比如,因为科学研究职能的创新,德国柏林大学兴起;得益于赠地学院运动的创新,康奈尔大学、威斯康星大学迅速崛起;因为朱九思的改革创新,华中科技大学得以成为一流大学;因为经济特区的创新,深圳大学大有后来居上的趋势;等等。所以,创新发展同样是应用技术院校转型发展的关键。

创新引领转型发展首先是办学理念、办学定位和办学方向的创新。院校转型首先是理念转型,理念转型首先是树立创新发展理念。创新发展理念一方面本身就是一种理念,一方面是转变办学理念的过程。创新发展理念需要解决办学定位、办学方向等大学治理的根本性问题。就转型院校而言,需要解决培养目标问题,相比较普通高等教育,应用技术院校更侧重于为国家和社会经济发展服务。虽然为国家社会服务目标与个人成长目标有一致的地方,但也有冲突和矛盾,应用技术院校更加强调国家和社会目标,这种冲突和矛盾主要表现在专业选择、职业发展等方面。创新发展理念还要求转型院校在办学价值方面创新转型,传统的普通高等院校更崇尚教授治校、大学"自主权"等价值观,而应用技术院校则强调服务社会、共同合作,这一定程度上需要转型院校更深入地融入社会发展,而不是独善其身。

创新引领转型发展是对转型院校办学体制机制的引领。现有的普通高等学校管理体制基本上是教育行政管理,分教育部直属、省属、市属以及民办等;在治理机制上,公办院校基本上是自我管理,国家给予一定的办学自主权。但应用技术院校则需要改变现有的管理和治理机制,2015年教育部、发展改革委、财政部在《关于引导部分地方普通本科高校向应用型转变的指导意见》中明确提出"建立学校、地方、行业、企业和社区共同参与的合作办学、合作治理机制",不仅可以共同办校,而且可以共建共管二级学院,甚至还提出"支持行业、企业全方位全过程参与学校管理、专业建设、课程设置、人才培养和绩效评价"。这对转型院校的治理机制是巨大的冲击,必须在创新理念的引领下予以改变。

创新引领转型发展是对转型院校科技文化创新的引领。高等学校本身就具有科学研究和文化传承的职能,但不同类型的学校其科学研究的重点和方向不同。传统的普通本科院校更强调高深知识的传授,比如,英国红衣主教纽曼就认为大学"是教授普遍知识的地方","一方面,是心智的,而非道德性的;另一方面,是对知识的普及和扩展,而非提高"[①]。美国当代教育家克拉克认为:大学"在维护、传播和考察永恒真理方面是无与伦比的;在探索新知识方面是无与伦比的;在整个历史上所有高等教育机构中间服务于先进文明的如此众多部分方面也是无与伦比的"[②]。与普通本科院校不同,应用技术院校则更强调应用知识和技术技能的学习,强调技术技能积累,"普通本科院校向职业院校转型,必须在开展力所能及、切合实际的应用研究的同时,积极开展高效的技术技能积累"[③]。转型院校树立创新发展理念必须对科学研究和文化传承的重心和方向予以调整转型。

① 纽曼.大学的理念[M].高师宁,等译.北京:北京大学出版社,2016:1.
② 克尔.大学的功用[M].陈学飞,等译.南昌:江西教育出版社,1993:29.
③ 刘刚.部分普通本科院校向职业院校转型之思[J].高等教育研究,2015(4):61-66.

第二节　树立协调发展理念　促进转型发展行稳致远

发展不能顾此失彼、此消彼长,发展必须是共同发展,必须是补齐短板、缩小差距,必须是统筹兼顾、综合平衡。"协调既是发展手段又是发展目标,同时还是评价发展的标准和尺度。"①协调发展理念对高等学校发展具有现实的指导意义,指导高等学校既要与社会发展相协调,又要实现高等教育体制相协调,还要实现高等学校内部发展相协调。应用技术院校转型发展树立协调发展理念就是要实现高等教育与社会发展协调、高等学校类型结构协调、内部发展协调。

一、协调发展理念的含义

协调发展理念的提出主要是针对社会发展领域的问题,经过 40 余年改革开放的发展,我国经济社会取得举世瞩目的巨大成就,但同时也存在一些重大关系失衡,比如区域发展不均衡、城乡发展不平衡、经济发展与环境保护不协调等。针对这些问题,国家提出协调发展理念,就是强调"把协调发展放在我国发展全局的重要位置,坚持统筹兼顾、综合平衡,正确处理发展中的重大关系,补齐短板、缩小差距,努力推动形成各区域各领域欣欣向荣、全面发展的景象"②。协调发展理念是在对我国经济社会发展规律深刻领悟和洞悉的基础上,对马克思主义关于平衡发展理论的进一步丰富、发展和升华。

所谓协调发展理念,简单理解其本义就是在发展过程中要妥善处理好全局与局部、整体与部分、内部与外部、现在与未来、局部与局部等许多复杂的关系,实现最优平衡、共同发展。在社会领域协调发展可以表现为国家与地方、全国与行业、城市与农村、东部与西部、行业与行业、部门与部门、经济与环境等诸多纷繁复杂的关系协调发展;对应用技术院校转型来说,协调发展可以表现为整个高等教育与应用技术教育、普通高等院校与应用技术院校、应用技术院校之间、应用技术院校与国家需要、应用技术院校与地方政府、应用技术院校与企事业单位以及应用技术院校内部的部门之间、职能之间、不同队伍之间等诸多关系的协调发展。解决这些互相交织复杂的关系存在的不协调问题,就需要以协调发展的理念协调各个方面的尺度、结构和比例。

---

① 习近平.习近平谈治国理政(第二卷)[M].北京:外文出版社,2017:205.
② 任理轩.坚持协调发展——"五大发展理念"解读之二[N].人民日报,2015-12-21(07).

（一）协调发展包括转型发展与社会发展的协调

协调发展包括内部与外部的协调,对于转型院校来说就是转型发展与社会发展的协调。转型发展虽然是部分高等院校办学类型的转型,但这一转型离不开社会发展的大环境,必须与社会发展相协调。就整体来看区域经济发展状况决定着部分院校是否转、怎么转。我国区域经济发展本身就具有不平衡性,东南沿海、主要城市群等经济发达地区需要大批应用技术技能型人才,需要应用技术的转化和支撑,因此地方经济需要一批普通院校转型,而且也有条件、有实力支持部分院校转型。在经济发展的基础上,部分院校也才有转型的积极性、主动性,因为在当前高等院校看重排名,而大学排名更注重人才培养层次和科学研究成果的背景下,一部分普通本科院校对于转型本身就存在很多疑虑,甚至不敢、不愿转型。在经济发达地区,地方具有的条件和能够给予的优惠是转型院校能够转、愿意转的关键,而且地方经济发展基础也直接影响转型的方向。以深圳技术大学为例,其定位就是"应用型高等学校",虽然不是转型院校,但作为一所新建的公办本科高等学校,2019年第一次独立招生,在招生的六个省份均高于一本线(高优线/自招线)录取,其中广东省理科投档线进入前十①。其原因主要就是得益于深圳特区经济发展水平的支撑,如果放在中西部地区不可能出现这种现象。

（二）协调发展包括转型发展与高等教育发展的协调

协调发展包括整体与部分的协调,对于转型院校来说就是转型发展与高等教育发展的协调。改革开放以来,我国高等教育取得巨大的发展,高等教育从精英教育进入大众化阶段,改革了免费教育制度,实行了缴费上学制度,就业制度从统包统分、双向选择逐步改革为自主择业,结合经济社会发展需要和科技发展趋势对专业和学科设置进行了大量调整、改造,拓宽了产学研合作办学的形式,对高等学校管理体制进行了改革,等等。在这一发展进程中,各个学校也都在抓机遇、促发展、上台阶、寻突破。在这一背景下,我国高等学校在办学层次上正在重新组合分化,一方面是原来的"211""985"、现在的"双一流"建设推动我国出现和将要出现一批高水平大学,一方面是庞大的普通院校是我国高等教育的基础,但其中任何一所学校主体又都有着强烈的突破性发展的冲动。就国家高等教育目标而言,需要一流大学提升整体水平,需要普通院校保证需要;就高等学校目标而言,"在当前的教育体制和社会观念下,要让大学更具影响力,走研究型大学之路是不二选择"②。

① 深圳技术大学.学校简介[EB/OL].http://www.sztu.edu.cn/xxgk/xxjj1.htm.
② 陈星,张学敏.转型的忧思:地方普通本科院校向应用型转变的理念冲突[J].湖南师范大学教育科学学报,2016(6):103-110.

具体大学的发展总是置身于大学整体发展也就是高等教育发展之中，转型院校既要对全国高等教育发展基本情况进行分析，找准自己在全国高等教育中的位次、作用、类别、定位等，更要对区域高等教育发展状况进行研究，因为大多数转型院校都是区域性地方大学，由于"双一流"等重点高校以先发优势占据优势资源、优势地位和优质生源，使得发展中的地方性院校发展步履维艰，应用技术院校转型发展同样面临这些问题。所以，面临国家资金、资源优先满足双一流大学需要，科技创新更多集聚于普通院校，高层次人才更愿意从事高水平研究，地方政府更愿意合作名校等现实境况，既需要国家和地方协调转型发展与高等教育发展的平衡，更需要转型院校通过树立协调发展理念，找准定位、提高质量、突出优势、转型升格、借机发展、突破上位。

（三）协调发展包括转型院校自身发展的协调

协调发展包括局部与局部的协调，对于转型院校来说就是各种内部关系的协调。高等学校是一种特殊的社会组织，其中的内部关系错综复杂，主要有党政关系、校长教师学生关系、管理部门与院系关系、部门利益关系、人财物关系、教学科研关系、行政权力与学术权力关系等，这些关系都需要达到某种程度的协调与平衡，才能促进学校的正常发展，一旦失衡则会减缓或阻碍学校的发展。以人财物的关系为例，三者失衡将直接影响学校转型发展。

人财物是办学成本中重要的三大资源，因此绩效考核也主要是围绕三大资源进行细分和考核。三大资源彼此支撑和联系。考察人力资源必须要考量人力资源的数量和质量，人力资源一方面消耗财力资源和物力资源，一方面创造财力资源和物力资源；财力资源为人力资源和物力资源发挥辅助作用，但是人力资源和物力资源正常运行的根本性保障；物力资源在人力资源占有、消耗下才能发挥最大作用，是财力资源的物化表现。转型院校作为一般性院校往往在三大资源方面存在短缺，缺高层次人才，缺办学资金，缺设施设备等，协调关系有时会捉襟见肘。在我们调研中，某河南省转型院校就存在很现实的失衡问题，一方面该校极度缺乏相关学科高层次人才，一方面资金又极度紧张。如何用好有限资金在校内不同群体中存在很大争议，是重金建平台给待遇引进人才，还是保民生保待遇维持现状，成了一个艰难的选择和协调。但越是如此，转型院校越需要树立协调发展理念，努力协调好各方关系，争取寻求突破发展。

二、协调发展理念促进转型院校各项职能新平衡

（一）学校转型的过程是三大职能协调平衡的过程

不同层次、不同类型的学校，其职能侧重有所不同，三大职能的发挥也有差异。在教

育部本科教学水平评估中,高等学校被分为教学型大学、教学研究型大学和研究型大学三种类型,不同类型的学校其职能地位和侧重不同。一般来说,"双一流"大学大多都是研究型大学,他们更强调科学研究职能,以高水平的科研成果促进教学和社会服务;绝大多数地方院校属于教学型大学,侧重人才培养职能,以培养合格的各类人才服务社会;介于二者之间的部分院校是教学研究型大学,兼顾人才培养和科学研究职能,以此促进社会服务。在普通高等学校,一般认为三大职能的关系主要是教学与科研的关系,而社会服务是教学和科研的自然延伸,居于从属地位;甚至在教学与科研的关系中,"由于种种原因,研究型大学甚至一般高等院校普遍存在'重科研,轻教学'的现象,将基本职能同衍生职能倒置"①。

(二)社会服务一定程度上成为应用技术院校的基本职能

作为一种新型的高等学校,应用技术院校转型发展要"把办学思路真正转到服务地方经济社会发展上来,转到产教融合校企合作上来,转到培养应用型技术技能型人才上来,转到增强学生就业创业能力上来"②。其职能更加侧重社会服务,其人才培养、科学研究都是围绕社会服务来建设和发展。虽然人才培养是高等学校的基本职能,但一定意义上,对于应用技术院校来说社会服务成为基本职能。在教育部《关于引导部分地方普通本科高校向应用型转变的指导意见》中,明确提出"确立应用型的类型定位和培养应用型技术技能型人才的职责使命",在科研方面要求"提升以应用为驱动的创新能力。积极融入以企业为主体的区域、行业技术创新体系,以解决生产生活的实际问题为导向,广泛开展科技服务和应用性创新活动,努力成为区域和行业的科技服务基地、技术创新基地"。

(三)在转型发展中形成三大职能的再平衡

转型院校树立协调发展理念就要进一步平衡、规范三大职能的侧重,要在转型过程中逐步强化社会服务职能,在转型发展中形成三大职能的再平衡、新平衡。协调发展本身就是重点论和两点论的统一,协调发展的题中应有之义就是既要全面发展又要重点发展。所以转型院校要以社会服务职能为主线,引导建立应用型技术技能型人才培养模式,以区域经济发展实际需要和产业行业技术进步驱动教学内容改革,更加专注于学生应用技术技能的培养,积极推动产教融合、协同育人,通过建立校企一体、产学研一体的大型实验实训实习中心等,培养适应区域经济发展的应用型技术技能型人才;科学研究以应用技术研究和技术技能积累为驱动,通过校企合作、校地合作等协同创新方式加强

① 潘懋元.从"回归大学的根本"谈起[J].清华大学教育研究,2015(04):1-2,9.
② 中华人民共和国教育部.关于引导部分地方普通本科高校向应用型转变的指导意见[EB/OL].http://www.moe.gov.cn/srcsite/A03/moe_1892/moe_630/201511/t20151113_218942.html.

应用技术研究,推进技术技能积累,促进先进技术转移、应用和创新。

三、协调发展理念推动部分学校转型　实现高等教育补短板

(一)我国高等教育发展存在不均衡

协调是发展平衡和不平衡的统一。当前我国高等教育发展既有基本满足人民接受高等教育需要的相对平衡,也有发展上的不均衡,存在明显的短板,这种不均衡或短板主要表现在地域上、类型上两个方面。在地域上就是北京、上海、武汉、西安等部分地区优质高等教育资源优裕,西部等部分地区优质高等教育资源匮乏,而且当前还有进一步集聚的趋势。近年来,深圳、杭州、青岛等经济发达城市新建或吸引了一大批高水平大学或研究院,导致研究型大学呈现新的集聚趋势。而更多的经济欠发达地区既吸引不来,也建不起来高水平大学,这种高水平大学的不均衡一时难以缓解。在类型上的不均衡就是综合性普通院校多,应用技术院校少,高等学校同质化普遍。多年以来,我国普通院校的"崛起"几乎都是沿着"学院—申硕—申博—升大学—省重点—省部共建—双一流"的路子发展起来,综合性、研究型几乎是所有普通院校的追求目标,导致的结果就是目前从类型上看应用技术院校太少,所以教育部提出来600多所院校转型的目标。

(二)以部分院校转型实现高等教育补短板

部分普通本科院校向应用技术院校转型,实际上是补短板,是推动我国高等教育发展更加均衡的一种实践路径。树立协调发展理念就是要推动部分院校转型发展,以部分院校转型实现高等教育补短板。习近平指出:"协调是发展短板和潜力的统一……协调发展,就要找出短板,在补齐短板上多用力,通过补齐短板挖掘发展潜力,增强发展后劲。"[①]

转型发展一定程度上是对区域优质高等教育不均衡的补短板。高水平大学向经济发达地区集聚已经是一个趋势,经济欠发达地区难以追赶,这既是高等教育发展的不平衡,又是高等教育与经济发展的不平衡。虽然在应用技术院校的发展上,经济发达地区也有一定的优势,但整体来说各个地区基本上在一个起跑线上同时起步,经济欠发达地区相对更容易保持甚至领先一步,一定程度上拥有优质的应用技术院校资源也是对高等教育发展不平衡的补短板。

转型发展是对高等教育办学类型不均衡的补短板。当前,我国经济发展进入新常

---

① 习近平.习近平谈治国理政(第二卷)[M].北京:外文出版社,2017:206.

态,经济结构持续优化,产业升级不断加快,第三产业比重不断提高,消费拉动经济增长作用进一步增强,由此导致人才供给与需求呈现结构性矛盾。高等教育同质化满足不了经济社会发展对应用型技术技能人才的需求,一大批普通院校向应用技术院校转型就是要为生产服务一线培养大量紧缺的应用型人才。部分院校转型发展就是对高等教育办学类型不均衡的补短板。

第三节　树立绿色发展理念　保持转型发展价值取向

绿色是大自然的底色,绿色体现生机代表生命。绿色发展理念是对人类经济社会发展规律认识的深化,是对马克思主义人与自然理论的丰富和发展,是指导我国包括高等教育发展在内的社会发展的基本理念。绿色发展理念体现了开发与保护相统一,资源与环境的统一,和谐、持续、效率相统一,涵盖了环保、节能、低碳、循环等各个方面。转型院校树立绿色发展理念就是要在转型发展中保持人与自然和谐统一的价值取向和发展路径。

一、绿色发展理念的含义

绿色发展理念的提出有着深刻的时代背景。人类发展史就是对自然资源的利用和开发史,近代以来,随着技术的飞速发展,对自然资源和环境的开发和利用呈几何级增长。过度开发利用导致自然资源枯竭、动植物种群灭绝、土地沙漠化、水资源短缺、臭氧层破坏、海洋污染、气候变暖、恶劣天气频发等诸多生态灾难,给人类的生存、发展和进步带来了巨大的威胁。人类共同面临的环境问题迫使人类不得不对自身的发展方式进行深刻反思和调整。

1972 年联合国在瑞典斯德哥尔摩第一次举行关于人类环境的国际会议,通过了《联合国人类环境会议宣言》,号召各国政府和人民为保护和改善环境而奋斗,开创了人类社会保护环境的新事业。1982 年联合国大会通过《世界自然宪章》,强调"人类是自然的一部分,生命有赖于自然系统的功能维持不坠,以保证能源和养料的供应;文明起源于自然,自然塑造了人类的文化,一切艺术和科学成就都受到自然的影响,人类与大自然和谐相处,才有最好的机会发挥创造力和得到休息与娱乐"。1992 年联合国大会通过《联合国气候变化框架公约》,申明"应当以统筹兼顾的方式把应付气候变化的行动与社会和经济发展协调起来,以免后者受到不利影响,同时充分考虑到发展中国家实现持续经济增长和消除贫困的正当的优先需要"。2015年联合国巴黎气候变化大会通过《巴黎协定》，旨在为全球应对气候变化行动作出安排。

绿色发展理念也是理性反思我国经济社会发展实际得出的科学结论。今天，中国经济已经位居世界第二大经济体，创造了人类历史上前所未有的发展奇迹。与此同时，我国也积累了一系列矛盾和问题，"其中，一个突出矛盾和问题是：资源环境承载力逼近极限，高投入、高消耗、高污染的传统发展方式已不可持续"①。人口多、人均资源少、经济发展快、人民追求美好生活是现阶段我国社会的重要特征，绿色发展理念科学把握这些特征，既是国家层面调整经济结构、转变发展方式、实现可持续发展的必然选择，也是包括教育发展在内的各个行业产业落实新发展理念的实践形式和必然要求。

人类社会存在广泛的生态环境问题，高等教育的发展也是如此。与半个世纪以前，甚至与20年前的大学相比，今天的大学已经是获得了长足的进步，这一点毋庸置疑。但是，我们也不得不承认，如今的校园已很难称为学子的乐园。区域的封闭、空间的无序、组合的失调、人群的拥塞、秽品的污染、人文精神的衰退、学术品格的变质、学术个性的受扼、创造力的匮乏、心理的脆弱、道德约束的松弛、校园暴力等，几乎所有现代文明的弊端都能在校园中找到它们的踪迹。

1997年，清华大学在我国首次提出创建绿色大学的办学理念。所谓绿色大学"就是用可持续发展理念作指导，立足学校长远发展来组织和实施学校当前的各项工作，保持学校持续发展潜力的大学"。绿色校园是绿色大学的一个重要组成部分，"所谓绿色校园就是采取先进的技术和严格、科学的管理手段，对校园内的空气、噪声、废水排放、垃圾处理等进行综合监测和治理，形成一个清洁优美、生态良性循环并与校园文化融为一体的校园环境；它比搞好校园卫生（只讲卫生而不讲垃圾如何最终处理）和校园绿化（只讲绿化植树，而不讲合理治理校园中的其他与校园环境有关的问题）有更丰富的内容，需要更复杂的技术手段和更高的理论指导"②。这实际上就是高等学校绿色发展理念的最初萌发。在这种物质环境生态概念基础上，进一步拓展增加结构单元，伸延空间维度，就建立起一个更广意义上的我们现在提出的高等学校绿色发展理念的概念。

在转型院校，转型本身就是改变，就意味着容易产生动荡。如何在转型中激发广大师生的生机、活力和潜能，如何保持传承大学精神、学校传统，如何建设绿色学科专业体系、加强大学生绿色发展理念教育，如何建设绿色校园、实现师生与学校和谐永续发展，是绿色发展理念的应有之义。确立绿色发展理念是转型院校的理想追求和价值引导，转

---

①　任理轩.坚持绿色发展——"五大发展理念"解读之三[N].人民日报.2015-12-22(07).
②　张远增.绿色大学评价[J].教育发展研究,2000(05):16-19.

型院校要确立绿色发展理念,为广大师生得以实现其精神创造和知识创造的最大自由,为学校的健康发展铺平道路。转型院校树立绿色发展理念要做到两个统一。

(一)绿色发展要坚持主体发展和环境发展的统一

人是学校发展的主体,转型院校绿色发展的出发点和归宿最终都应该归结到"人",这既是教育本质的逻辑要求,也是大学办学主体发展的要求。教师和学生是大学的主体,主体的发展就是满足主体需要的过程。马克思认为,人的现实需要决定人的发展内容,人具有需要才进行有意义的活动,也才可能追求自身的发展,所以需要是人发展的动力,"人们首先必须吃、喝、住、穿,然后才能从事政治、科学、艺术、宗教等等"①。但同时,人不仅有生存的需要,还要在此基础上,满足社会生活中的政治、科学、艺术等活动的需要。人的发展过程就是需要得到满足和为满足需要而活动的循环过程。需要的复杂性决定了人的发展的多面性、向上性,逐步向上走向自由全面是人的发展的永恒追求。所以,主体发展要求转型院校要树立绿色发展理念,进而不断满足主体发展的需要。

在转型过程中,转型院校树立绿色发展理念就要尊重教师、尊重人才、尊重知识,要充分信任教师,积极主动地为教师创造转型过程中需要的工作条件,尤其要为高层次人才搭建良好的转型发展平台。结合转型实际,建立有效的激励机制,提出合理的人才标准、人才考核评价办法、人才待遇、人才激励和退出机制等,积极改善广大教师的待遇,充分调动广大教师工作的主动性和积极性。要保证教师在转型过程中的话语权,通过教授会、学术委员会、教代会等广泛听取教师的意见和建议,突出教师的主人翁地位,努力做到教授治校、专家办学。

在转型过程中,转型院校树立绿色发展理念就要尊重学生的选择权,为学生的自主学习选择提供便利条件,帮助学生学会选择,引导和培养学生的选择能力。尊重和发展学生的创造性,转型教学要能够培养学生的创造精神,尤其在应用技术方面的创造能力。在应用技术人才培养中要尊重和发展学生的个性,要在基于学生差异性的基础上,尊重和发展学生的个性。

在转型过程中,转型院校树立绿色发展理念就要建设与学校转型、人的发展相一致的物质文化。物质文化是可以通过看、用等感知的具有物质实体的文化事物,是校园文化的物质载体。人们对一所大学的第一感觉往往是从物质文化感受到的,所以才有一踏入北大的校园"立刻就感受到浓浓的文化味"。校园物质文化给人的认识是感性的,但这种感性能够最快地让人感知。久而久之,这种感性就会根植于人们的脑际,形成人们的

---

① 马克思,恩格斯.马克思恩格斯全集(25 卷)[M].北京:人民出版社,2001:594.

思想认识。对转型院校环境发展的感知来自于各种不同的物质文化载体,当我们先后来到一所大学的文化广场、图书馆、教学楼、学术报告厅、体育馆、报廊、宿舍、花园等地方,就会先后感受到校园中不同时空所蕴含的文化意味,进而感知整个学校的文化氛围。转型院校坚持主体发展与环境发展的统一,就要构建适应转型发展的绿色生态,构建人与自然和谐发展的生态系统。

(二)绿色发展要坚持校园人际关系的平等统一

校园人尤其是教师和学生是校园生态文化的创造主体,如何处理好校园人际关系,尤其是师生的关系,是转型院校树立绿色发展理念的关键。曾任北京大学校长多年的蒋梦麟说过:"在大学中搞了几十年,经过许多风潮,发现了一个规律:一个大学中有三派势力,一派是校长,一派是教授,一派是学生。"[①]所以,通常来说,校园人际关系主要是校长(包括领导集体)、教师(包括其他教职工)和学生的关系,他们在转型发展中共同处于主体地位,但承担不同的责任。

校长是个代名词,一般应包括具有决策权利的所有学校领导。校长对转型发展起着关键性的作用。校长对学校转型的认识端正与否,对转型发展的重视程度以及领导者个人思想、作风以及学识、主张等,都从不同的角度决定和影响着学校的转型发展。从古至今,历来的办学者都以其办学宗旨、个人风格、办学主张孕育了特定历史条件下的校园文化,转型时期更需要有战略思维、决策能力和领导能力的校长。大学校长是学校的办学者,其办学思想规定着办学方向,学校领导在思想上认同不认同应用技术人才培养目标,直接规定或影响转型发展的方向。学校转型需要多方面的关注和投入,包括人力的投入、精力的投入和物质的投入。其最终的发展水平,取决于领导对其重视程度和投入力度。校领导重视,学校就能够从各个方面加大投入的力度,使转型发展落到实处;校长重视,还可以引起和带动广大师生员工普遍给予关注和重视,并逐步形成一种自觉的意识行动,从而达到全校上下齐心协力推动转型发展的良好局面。

教师在转型发展中居于主导作用。相比一届届学生,教师具有比较稳定的人员、结构、层次及影响。由于各个学校的社会环境、学校环境情况不同,教师传递主流文化的教育教学活动是有差异的,也就是说,不同的学校搭建了不同的平台。转型发展为教师搭建了一个特定条件下的平台,教师进行着具有转型特色的教育教学活动,传承和创造着新的学校文化。教师在转型发展中的主导地位主要通过教学(即培养人才)和学术研究来实现,教师通过改变教学内容、教学方式等培养应用技术人才,通过调整研究方向和重

---

① 汤一介.北大校长与中国文化[M].增订本.北京:北京大学出版社,1998:2.

点等突出应用技术研究等。

　　学生是转型发展的动力,也是学校转型的直接体现者、创造者和建设者。学生是大学中最具有生机和活力的群体,既是大学的服务对象,又是大学的前途和希望。世界知名大学的校长多以学生作为大学发展的动力来源及精神寄托,并把对学生在学校中的地位和角色的认识纳入自己的办学理念。南开大学原校长毋国光曾经这样表述他对大学教育的理解:"学校是为学生办的,大学是大学生的大学。"①1987 年,时任耶鲁大学校长的施密德特(Benno C. Schmidt,Jr.)在新生开学典礼上说:"我非常高兴、非常自豪地对你们说:你们就是大学! 这句话,我与我的前任用不同的方式对新生已说了将近三百年了。"②"学生就是大学"以最简单的语言,最准确地表述了学生在大学中的主体地位这一核心办学理念。所以,转型发展必须有学生的参与,尤其以培养应用技术人才为动力。

二、推动转型院校实施绿色发展战略

(一)转型发展战略融入绿色发展理念

　　转型发展对于转型院校而言,既是机遇也是挑战,转型本身就是一种重大发展战略,在转型发展战略中必须融入绿色发展理念,推动学校服务学生发展,服务地方发展,服务整个社会发展,真正体现绿色发展的本源。

　　战略管理具有明显的目的性、全局性、前瞻性和主动性等特征,实施绿色发展战略能够把"转型""应用""特色""绿色""美丽"等关于转型发展的新理念、新思维提升到战略高度,转型目的更精准,转型涵盖更全面,转型使命更长期,转型行动更主动。转型发展必须克服战略缺失问题,战略缺失将使转型目标不明晰,不能形成持久、明确、统一的转型发展道路,更不能在发展中不断积累优势、形成特色、持续成长。高等学校战略缺失的最突出问题是发展模式失当,别敦荣把这些模式总结为"无目标"发展模式、"指令"发展模式、"模糊"发展模式和"紊乱"发展模式。③ 转型发展就要实施绿色发展战略,形成绿色发展模式。

(二)人才培养体现绿色发展理念

　　转型主要是人才培养目标的转型,转型发展培养应用技术人才要体现绿色发展理念。要推动绿色学科专业建设,服务地方经济发展,服务乡村振兴,服务美丽中国战略。

---

① 　毋国光.我对大学教育的理解[J].高等教育研究,2000(4):7—12.
② 　陈宏薇.耶鲁大学[M].长沙:湖南教育出版社,1990:4.
③ 　别敦荣.论高等学校发展战略及其制定[J].清华大学教育研究,2008(2):13—19.

结合转型发展,克服专业设置同一化现象,不强调追求热门专业,不勉强设置无条件专业,而是结合区域经济发展需要、社会发展需要力所能及地设置专业、办好专业。结合转型发展,构建应用技术人才培养模式,增强差异化,克服同质化,形成特色化。大幅增加应用性课程和教学内容,增加实习实训实践教学,培养学生创新能力和个性化发展。积极推进校企融合、校地融合、产教融合,以此推进应用转型,在社会生产实践中培养多种多样的应用技术型人才。

加强大学生绿色发展理念教育是推进转型院校实现绿色发展的关键。学生实现人生价值需要具有绿色发展理念,需要以绿色发展的眼光认识人类发展规律和当代社会发展态势,需要以绿色发展的眼光看清转型发展的方向和应用技术人才的前景。要加强大学生绿色知识教育,绿色知识可以理解为人们在认识自身生命意义、人与人平等互爱关系、人与自然和谐关系、人与社会协调平衡等过程中所获得的知识、技能和体验,通过绿色知识教育培养学生以和谐、绿色、生态的视野审视我们赖以生存的自然和社会环境,掌握认识、保护、改造环境必备的知识和技能。通过绿色知识教育培养绿色情感,培养学生发自内心地热爱自身、自然和社会,形成热爱生活、顺应自然、和睦相处的自然情感,进而热爱自己的专业、职业和事业。

三、培育转型院校绿色生态校园文化

(一)转型院校校园是一个生态系统

转型院校校园是城市生态系统的重要子系统,树立绿色发展理念应该建设人与自然和谐相处、资源充分利用、人的潜能充分发展的绿色生态校园文化。在大学校园中,生活着具有高知识的广大师生,有其他生物,还有自然的土地、草木、空气、水和人工的建筑、道路、艺术以及教学、科研活动等。无论是人及其他生物的活动,还是内部的组织运转、生产消费等情况,大学校园都具有相对独立性。按照环境的分类,大学校园是以人为主体的,其他的生命物质和非生命物质为环境要素的人类环境,一般来说也是人工环境。因此大学校园自然而然地形成了自己的独特的生态系统。

校园生态系统与自然生态系统一样,是由众多因子构成、具有多层次结构及关联错综复杂的动态系统。在校园空间内,内部与外部之间,生物与非生物之间,通过不断的能量流动、物质循环的相互作用、相互制约,不断达到动态平衡、相对稳定。与其他生态系统一样大学校园生态系统同样也存在自己的生态系统结构:这个生态系统同样包括生物系统和非生物系统,生物系统包括教师、学生以及其他校园人等和草木、动物以及微生物等,非生物系统包括土地、岩石、光、热等和教室、住宅、道路、公共设施及教学生活污染等。大学校园生态系统是一个复杂开放、功能多样的系统。校园生态系统最主要特点首先是人是大学校园生态文化的主体;其次是一个高级的人工生态系统,与自然生态系统相比,许多生态因子都被改变了。

(二)建设转型院校校园绿色生态文化

在转型院校校园这个特定的生态系统内,其主体——广大校园人所创造的和谐、协调、可持续发展的校园文化,都是校园绿色生态文化。大学校园生态文化可以理解为:在大学校园这一特定空间内,人们在构建校园绿色生态环境过程中所创造的物质财富和精神财富,校园绿色生态环境包括人与其他生物和谐相处,各物种布局、结构合理,空气、水、光、热等质量优良,物质、能量、信息等高效利用,集教学、科研、学习、活动、休闲等功能于一体。

转型院校培育校园绿色生态文化就是从生态的高度来看人,把人看作是地球上生命系统的一员,不再强调人是自然的主人,而是认为人是自然的一员,把人、自然和社会有机结合起来。由于高度人工化是校园绿色生态环境区别于自然生态环境的最突出特征,所以尽管我们在精神上或具体工作中也在努力试图追求"自然",但真正的原始的"野趣"几乎不可能在现代大学校园中存在或"复原"。

培育转型院校校园绿色生态文化,首先要构建绿色发展的生态教学论。转型院校校园是一个生态系统,在这个系统中不仅教师、学生等是生态要素,而且教材、课程设置、学习方法、思维模式等都是这个系统中的生态要素,具有一定的生态位。从生态学的角度来看,学校中的教学活动是人和环境的对话过程,也就是人与环境之间的信息传递过程,或者说人对自然和社会环境所具有的信息的采集、编码、翻译和利用过程。转型院校在设计教学活动时要注重使这种对话得到进行和发挥,在教学过程中特别重视知识的形成过程。转型院校要建立开放性、灵活性的课程体系,不局限于学科的限制,突出跨学科、综合化和应用性,重视各学科教学内容的融合和协调。

培育转型院校校园绿色生态文化,要营造人与自然共同发展的绿色生态环境。绿色生态环境是以育人为中心,人与自然和谐相处,绿色的可持续发展的校园环境。转型院校建设校园绿色生态环境,一要合理利用土地,就是要在校园生态规划中充分考虑土地适宜度和土地承载能力;二要营造生态景观,包括休闲小区、湖面、树林、林荫道、广场等;三要建设绿色建筑,校园建筑要结合自然、结合人文来建设,尤其新建建筑要结合转型实际,合理利用自然、适应自然、保护自然,融入天人合一的生态哲学精神,让绿色建筑影响校园人的心理,浓厚校园绿色生态文化氛围。

第四节 树立开放发展理念 拓宽转型发展空间维度

大学理念创新必须适应社会发展并在与社会的互动中不断探索和实践,随着经济全球化,市场国际化,高等教育也在越来越走向开放,国际化、全球化、市场化、信息化、大众化等知识经济时代的开放特质对大学的理念、组织结构、体制机制等产生了巨大影响,大学树立开放发展理念已经是发展的趋势,尤其地方大学更要有开放意识,局限于一隅,满足于区域将无所作为,将跟不上时代发展的步伐。

一、开放发展理念的含义

开放发展理念本身就是一个不断发展的概念,尤其在当今时代,任何一所大学都是所在国家和区域社会的大学,不可能独立地、盲目地发展,必须同整个国家的发展相协调,与区域社会的发展相一致,所以一定意义上,大学已经成为一个与企业、政府、国家、社会相互渗透、共同合作的开放性组织,必须面向政府、企业等社会组织形成合作关系。甚至在新技术革命和经济全球化的信息时代,大学还必须面对全球性的竞争环境,必须广泛开展各种形式的国际合作与交流。"如果某一高等学校把融教育于社会视为其内在的教育理想;其主要的教育活动源于社会、服务于社会,甚至在某一点上能一定程度地引领社会或业界发展进程;其主要活动、资源等的边界延伸到社会之中,这样的高等教育可称之为开放式高等教育。"[①]这也是开放发展理念的基本含义。

开放发展理念的重心和关注点是解决高等学校发展内外联动的问题,因此高等学校"开放发展"的内涵复杂而且丰富。如果要选取一个理解高等学校开放发展内涵的切入点,则我们从大学的基本功能来分,开放发展理念的主要内容包括教学系统的开放、科技创新系统的开放、社会服务系统的开放,在当今人才对于高等学校越来越具有决定性作用的背景下,开放发展理念还应该包括人才队伍的开放。南京大学校长陈骏甚至提出国际化是大学的第四功能,认为"'国际化'已经成为高等学校的第四大功能,全球化与国际化进程的推进使高校的开放办学进入了新的发展阶段"[②]。国际化本身就具有开放的意义。

① 李培根.论开放式高等教育[J].高等教育研究,2007(09):1-6.
② 陈骏.推进开放办学战略 建设世界一流大学[J].中国高等教育,2010(Z3):20-23.

（一）开放发展首先是教学系统的开放

开放发展理念首先要落实到教学活动中去，要通过实习、实训、实践等把课堂的边界延伸到企业、行业第一线，让学生有更多机会学习到实际动手能力。要通过走出去、请进来，让行业、企业精英走上大学的讲台，了解技术进步、技术应用的趋势，调查行业、企业对人才状况的评价与需求，听取行业、企业一线人员对于专业设置、教学改革的意见和建议。鼓励教师走出校门，尤其是应用学科的青年教师要把活动的边界延伸到企业、行业之中，不断更新实践知识和经验，提高自身的实践能力和创新能力。

（二）开放发展其次是科技创新系统的开放

科技创新的"三螺旋"理论认为："科技创新是将科学发现和技术发明应用到生产体系并创造新价值的过程，它是科学发现、技术发明与市场应用在协同演进下的一种复杂涌现，是这个三螺旋结构共同演进的产物。"[①]所以，科技创新包括人才、资金、制度建设、科技基础、创新环境等多个要素，涉及政府、企业、大学、科研院所、中介机构、社会公众等多个主体。科技创新是大学的基本职能，大学内部的科技创新系统必须是开放的，必须成为国家科技创新体系的一个有机组成部分，必须能够与其他系统协同创新。但长期以来的现实是："科研机构、高校游离于企业之外，科研机构与高校之间相分离，大学的教育与科研'分家'，使得本来是一个紧密相关的创新活动被人为分割为若干个相互脱节的环节，造成有限的科技创新资源难以实现优化配置，科技创新资源短缺与闲置浪费并存，资源利用和投入产出效率不高。"[②]大学树立开放发展理念就要求开放内部科技创新系统，大学的研究与开发应该面向企业和社会需求，与行业、企业相结合，要利用现有资源与企业共建研发平台或基地，地方大学限于资金、人才等因素不能把自己创办企业作为成果产业化的主要形式，最有效最适宜的办法是主动把自己的研究成果通过技术入股、产权转移、合作开发等形式交付于社会和企业，企业家能够最高效地把科技成果尽快商品化。

（三）开放发展必须实现社会服务系统的开放

美国当代教育家克尔认为，现代大学在当代经济社会发展中正发挥越来越重要的作用，已经从社会边缘走进中心，大学已经和正在为社会解决越来越多的繁难问题，并因而赢得了社会公众的好感与信任，在未来社会大学将要承担更为重大、更为艰巨的社会责任。因而，大学"要把那些自己能够做得最好、而别的社会机构不能做好或至少不能像大

① 张来武.科技创新的宏观管理:从公共管理走向公共治理[J].中国软科学,2012(06):1-5.
② 张来武.科技创新的宏观管理:从公共管理走向公共治理[J].中国软科学,2012(06):1-5.

学做得那么好的社会责任尽数承担起来"①。比如，自主创新是建立创新型国家的关键，但我国企业目前还没有能力成为国家自主创新的主体，在此背景下，大学有责任、有义务担负起国家自主创新的历史重任。大学要主动地把研发平台、研究中心延伸到企业和地方中去，利用大学强大的技术力量和优质的智力资源，积极与企业或地方进行合作研究与开发。"一所学校的活力在很大程度上体现为它融入社会、服务社会、引领区域经济和科技进步的能力。"②大学与企业和地方合作建立的各种研究中心、研发基地是社会服务系统开放的很好平台。

（四）开放发展必须保持人才队伍的开放

人才毫无疑问是促进高等学校发展的第一资源，人才强校是高等学校的基本发展战略，应用技术院校转型发展中必须强化人才队伍建设，在开放发展中必须保持人才队伍的开放。人才队伍开放首先要正确认识人才，人才与学历不能够画等号，学历仅仅一定程度地代表过去，绝不决定未来；人才不仅仅是有知识，还包括有能力、有远见、有技能，转型发展既需要理论型人才，更需要技术型、技能型人才。人才队伍开放要构建人才培养和引进机制，可以是"引育结合"，既加强现有人才队伍的提高，又引进各类急需人才；可以是"不求所有但求所用"，采用双聘等办法，引进使用"候鸟型"人才。人才队伍开放要搭建人才成长服务平台，通过组建团队、改善条件等集聚人才，通过完善制度机制，政治信任、工作支持、生活关心，为人才创造成长和服务的良好环境。人才队伍开放要有宽广的襟怀，既要有"吸引人才、留住人才、用好人才"的举措，也要有"来去自由"的胸怀和自信，无论到什么单位，都是在为国家做贡献，即便到了国外发展，他们也往往心系祖国通过各种途径服务国家建设。无论在什么地方，"流失的人才"都可以成为转型发展的社会资源。

二、开放发展理念推动转型发展的方法与路径

开放发展理念富有信息时代特色、顺应国际发展潮流、符合中国发展实际，转型院校树立开放发展理念才能在国际比较和竞争中占据地位，才能在激烈的市场经济竞争中站稳地位，才能在高等学校百舸争流中保持领先地位，才能在内外联动的共同作用下实现转型发展。开放发展既是一种理念，也是一种手段、方法或路径，实现发展是最终目的，

① 贺国庆，王保星，朱文富，等. 外国高等教育史[M]. 2版. 北京：人民教育出版社，2006：440.
② 李培根. 论开放式高等教育[J]. 高等教育研究，2007(9)：1-6.

单纯的"开放并非是目的,它只是一种手段,但是用这个手段几乎可以统领学校所有的基本任务"[①],树立开放发展理念是推动应用技术院校转型的必由之路。

(一)转型院校开放发展的方法选择

第一,开放发展要主动作为。应用技术院校转型既是国家政策,也是院校选择,走开放发展之路必须要主动作为,既要向政府要转型开放发展的政策,也要向世界、向市场敞开胸怀,要主动对接,主动沟通,主动参与,主动融入。开放发展首先要克服公办院校一向存在的"等靠要"思想,一味地依靠政府指导,将失去转型的先机和能动性;开放发展要克服"随大流"的思想,只想跟在其他学校后面走,必将失去地位和特色。

第二,开放发展要双向对流。应用技术院校转型发展要双向对流开放,既要看到外面的世界很精彩,主动走出去学习经验、寻求资源、引进人才,向世界开放、向市场开放、向地方开放、向科研院所和企事业单位开放;也要让外面闻到巷子里的酒香,利用学校自身的人才优势、学科优势、科研优势为地方发展服务,为企事业单位服务,主动解决生产、管理、服务一线的具体问题。单向的开放不可能长久,也缺少效率,因此不能够发展。

第三,开放发展要全面深入。应用技术院校转型发展要全面开放,从理念到措施,从教师到学生,从学校到院系,从教学内容、课程体系、科研团队、项目申报到管理体制、后勤服务等都要全方位开放,在全面开放中推动转型发展、实现转型发展。在互联互通时代,全面开放不仅有科研平台、图书资料、设备设施的实体开放,而且还有网校、网课、网上资源、虚拟平台等线上开放,网络开放对密切服务地方经济发展,密切服务生产、管理、服务一线,推动应用技术院校转型将发挥越来越重要的作用。全面深入的开放还包括全时开放,高等学校的一大特点就是有正常的寒暑假期,在转型发展中,学校可以推进全时开放,既利用好正常的学期,也利用好寒暑假期,尤其网络背景下,开放已经可以达到全时的深度。

第四,开放发展要互利共赢。开放离不开合作,无论是与政府、企事业单位,还是团队、个人等,都有合作的方式,都有合作的条件,都有合作的利益诉求。合作的基础就是互利共赢,开放合作是市场对高等学校的要求和推动,但互利共赢是具体合作的前提,没有互利共赢就不能够推动合作。应用技术院校转型发展可以积极尝试构建各种合作共同体,在共同体中创造更大的发展空间、获得更多的发展资源、取得更快的开放发展,尤其可以在同样转型的院校之间成立"校际合作共同体",在互相交流沟通的同时,还可以实现以强带弱,实现各种资源的互利共享,共同实现转型发展。

---

① 李培根.论开放式高等教育[J].高等教育研究,2007(9):1-6.

(二)转型院校开放发展的实现路径

第一,开放发展首先要实现校内资源开放。校内资源的开放既容易又困难,部分开放易,全面开放难。最基础的开放是资源共享的开放,包括师资资源、课程资源、实验平台资源、研究平台资源、物资资源等在院系之间互相开放,这种开放不是靠机构调整实现的重组,而是不同机构之间的互帮互补。最难的开放是学科交叉融合的开放,这种开放不是简单的一加一,而是无缝衔接和融合,不同机构、不同院系之间如何实现学科交叉融合是当前高等学校普遍面临的难题,建立一种跨学院的非实体性机构是一种路径之一。在当前大力发展新工科、新医科、新农科、新文科的背景下,转型院校更需要加强学科交叉融合的开放,通过校内资源开放,促进专业转型、学科转型,促进学校转型提质发展。

第二,开放发展要面向国内高校开放。应用技术院校转型需要抱团取暖,各个转型院校在办学理念、体制机制、专业优势、课程设置、教学方式和手段、科研重心、办学特色等方面各有千秋,各有优势,彼此开放有利于优势互补、取长补短。转型院校在面向国内高校开放方面已经建立起很好的平台,在教育部的指导下,2013年部分以应用技术大学类型为办学定位的地方本科院校发起成立了应用技术大学(学院)联盟,天津职业技术师范大学为理事长单位,成员单位已达159家,《应用技术大学(学院)联盟章程》联盟的目标是:"按照建立现代职业技术教育体系、推动高等教育分类管理、服务现代产业发展的要求,促进联盟成员的转型改革、合作交流、学术研究,推动建立产教融合和协同创新机制,加强与国外同类大学及其协会组织的合作交流,探索中国特色应用技术大学办学体制,推动高等教育分类办学和特色发展。"目前部分省如湖北省也成立了应用型高等学校联盟。联盟的成立为转型院校面向国内高校开放搭建了一个全方位沟通交流的平台。转型院校面向国内高校开放还包括面向研究型大学等其他所有高校的开放,只有全面的开放才能更好地促进转型发展。

第三,开放发展要面向市场开放。面向市场主要指面向政府和企事业单位。面向政府开放主要是获得政府政策支持和成就承认,政策对于我国大学发展至关重要,应用技术院校转型必须掌握和理解政府关于大学教育教学活动、科研活动等具有现实的、潜在的作用与影响的政策和法律法规,转型院校开放发展既要符合政策和法律法规,又要积极寻求政策和法律法规的支持和保障,比如要及时了解财政政策,积极争取财政支持;正确理解产业政策,根据产业政策导向及时在专业设置、应用研究、服务地方等方面抓住机遇加快发展;熟悉相关法律法规,在法律法规许可范围内合法办学。面向企事业单位开放主要是合作共赢,可以通过合作开办专业、重大项目协同攻关、科技成果应用转化、后勤服务共建共享等实现开放发展。应用技术院校面向市场开放的过程就是服务社会的过程,面向市场开放的程度决定了社会服务的水平和能力。

第四,开放发展要面向世界开放。应用技术院校主要服务地方发展,但绝不是说就只是对地方开放。应用技术院校是一种类型的高等学校,不是低层次的高等学校,办成高水平的应用技术院校同样需要具有国际化视野,需要面向世界开放。转型院校面向世界开放就是要培养具有国际性知识结构、国际化视野、国际竞争力的人才,在世界应用技术研究中占据前沿和阵地。面向世界开放就是要加强与各国高校的合作,在人才、学科、课程、课题等方面适度融合,协同攻关,共同发展。面向世界开放要突破高等教育"中心-边缘"理论,国际化办学绝不是"美国化""欧洲化",转型院校要认清中国高等教育优势和特色,扎根中国大地办教育,要在国际化过程中有自己的声音、有自己的话语权,要让外国高等学校了解中国高校,彼此互相开放、互相学习、互相尊重、互相发展,要在"四个自信"基础上走出具有中国特色的国际化办学之路。

第五节　树立共享发展理念　达成转型发展目标追求

共享发展理念丰富发展了马克思主义社会公平正义理论,体现了中国特色社会主义的本质,突出了人民至上,反映了发展为了人民、发展依靠人民、发展服务人民的思想。"让广大人民群众共享改革发展成果,是社会主义的本质要求,是社会主义制度优越性的集中体现,是我们党坚持全心全意为人民服务根本宗旨的重要体现。"[1]

一、共享发展理念的含义

"共享理念实质就是坚持以人民为中心的发展思想,体现的是逐步实现共同富裕的要求。共同富裕,是马克思主义的一个基本目标,也是自古以来我国人民的一个基本理想。"[2]共享发展注重的是解决社会公平正义问题,教育公平是社会公平的基石,教育应该优先共享发展。高等教育为人民提供高水平教育机会,共享发展就是让人民享有优质、高水平的教育资源。部分普通本科院校转型应用技术院校既是经济社会发展的需要,也是满足人民多样化教育机会的需要,转型发展必须树立共享发展理念,必须以共享发展理念为价值取向。共享发展是转型院校创新办学理念的出发点和落脚点,是转型发展的最终目标。

---

①　习近平.习近平谈治国理政(第二卷)[M].北京:外文出版社,2017:200.
②　习近平.习近平谈治国理政(第二卷)[M].北京:外文出版社,2017:214.

转型院校要准确把握教育公平与共享发展的内在联系，坚持应用技术人才培养目标，推动人才培养模式、教学内容改革，转变办学体制机制，共建共用共享资源供给，努力提高教育教学质量，办人们愿意满意的应用技术教育，为经济社会发展提供高质量、高水平的应用技术人才和应用技术支持。转型院校树立共享发展理念就是要满足人民学习应用技术的多样化教育需求，实现人们在精神创造和知识创造自由发展基础上的全面发展。

（一）转型院校共享发展是全民共享

促进教育公平几乎是世界高等教育发展面临的难题。2019年美国哈佛大学的一项关于学生家庭背景的调查显示：2021届新生中，家庭经济条件优越、年收入高于50万美元的人数占46%；有大约30%的学生家里有至少一位哈佛大学的校友；大约30%的学生高中毕业于价格昂贵的私立学校。[①] 这表明在美国富裕家庭更容易享有优质高等教育资源。在我国，城乡之间、区域之间、不同群体之间享有的高等教育资源，尤其是优质高等教育资源同样不均衡，"寒门难再出贵子"成为一时的热议话题。

2009年华中科技大学关于社会分层对高等教育公平影响的一项调查研究表明，不同的社会阶层，其下一代享有的高等教育机会显著差异，呈代际传递的现象，尤其"优质高等教育机会的分配仍然向国家干部、企业经理等优势社会阶层的子女倾斜，社会分层扩大了高等教育的起点不公平；优势社会阶层子女在高等教育过程中处于有利地位，社会分层扩大了高等教育过程不公平；优势社会阶层子女更容易获得就业机会，社会分层对高等教育的结果公平有着不利影响"。其中"社会上层的子女就读于一般本科和重点本科的机会分别是社会下层子女的4.8和8.2倍，且分别在0.05和0.001的显著度水平上显著，社会分层对其子女进入的高校层次有着重要影响"[②]。这项研究中的社会下层包括"城乡无业失业半失业者、农业劳动者、产业工人"，这正是我国最庞大的一个社会阶层。

近十多年来，高等教育的显著扩张提高了高等教育毛入学率，更多的学生接受了高等教育，社会各个阶层都获得了利益，但整体来看，各个阶层获取高等教育尤其优质高等教育资源仍然竞争激烈。为此，一方面要大力发展高等教育，从数量上满足人民群众对高等教育机会的需求；一方面要根据经济社会发展需要，大力发展应用技术院校等，推动高等教育多样化发展，满足人民群众高等教育机会多样化的需求。前述华中科技大学的研究还表明：在重点本科院校，社会上层子女更适应其语言文化环境、课程设计等，因而

① 吕健，张宜慧.优质高等教育机会公平对共享发展的影响分析[J].现代教育管理，2019(10)：7-13.

② 钟云华，沈红.社会分层对高等教育公平影响的实证研究[J].复旦教育论坛，2009(5)：56-61.

更具优势地位;"但在以获得某种职业技能或生存技术为目标的专科学校,社会上层所通行的价值规范、意识形态在这里得不到彰显,而低社会阶层子女从小参加各种劳动,操作与动手能力更强,反而在专科院校的高等教育过程中具有一定的优势"①。所以,当前的应用技术院校转型是促进教育公平的重要举措,转型院校树立共享发展理念就是要让社会各阶层都能够享有优质高等教育资源,让人民群众都能够享有优质高等教育资源。

(二)转型院校共享发展是全面共享

发展是为了人民,人的需要是具有多样性、全面性。共享发展不仅要在经济发展成果上共享,还要在社会、政治、文化等各个方面共享,不仅要共享物质文明发展成果,还要共享精神文明发展成果。就当前我国发展来说,经过建国70余年、改革开放40余年的发展,物质文明建设已经取得大幅的提高,人民群众对精神文化生活的需求越来越高,中国特色社会主义进入新时代,我国社会的主要矛盾已经转化为人民日益增长的美好生活需要和不平衡不充分的发展之间的矛盾。应用技术院校转型既是高等教育适应社会发展的需要,也是满足人民日益增长的美好生活的需要。

转型院校全面共享发展包括让人民群众共享高等教育入学机会、共享高等教育过程机会、共享高等教育结果机会,让人民群众能够从入学、学习过程、教育结果等方面全面增强获得感、满意度和幸福指数。转型院校全面共享发展还包括让城市乡村、东中西部地区、不同行业、不同民族等共享优质高等教育资源,全面保障各个区域、各个领域、不同环境的人都拥有接受高等教育、提升自我、实现愿望,共享国家和时代发展成果的权利。

(三)转型院校共享发展是共建共享

共享与共建是辩证的统一。共享需要共建、依靠共建,共享是目标,共建是路径。人民群众是发展成果的享有者,同时也是发展成果的创造者,必须全心全意依靠人民群众的力量,让人民群众在共同参与物质财富创造中共享物质利益,在共同参与国家治理中共享社会主义民主,在共同参与文化活动、文化服务和文化创造中共享文化成果。

高等教育创造和传承文化成果,在这一过程中,人们一方面需要共同建设、共同发展高等教育,一方面又共享高等教育机会,共享高等教育创造的文化成果。应用技术院校转型尤其需要共建共享,需要人人参与建设,主动参与建设,需要发挥群众的主人翁意识,发挥群众的创造精神,这样才能人人享有建设成果,享有成就感、获得感,享有转型发展带来的发展红利。

---

① 钟云华,沈红.社会分层对高等教育公平影响的实证研究[J].复旦教育论坛,2009(5):56-61.

(四)转型院校共享发展是渐进共享

应用技术院校转型是为了发展,转型本身就是一种发展。发展是一个持续的递进的不断变化的过程。转型院校共享发展也有阶段和程度,共享发展必须渐进共享,比如转型初期保留更多普通高等教育特征,因此这一时期的共享更多也是普通高等教育成果;当转型发展基本完成向应用技术教育的转型,则共享更多的是应用技术教育成果。

渐进共享还有立足实际区域渐进的含义。经济社会发展不平衡决定了高等教育发展不平衡,与高等教育发展不平衡一致,应用技术院校转型发展也具有城乡之间、区域之间的不平衡、不协调,不同地区的人们对转型发展成果必须是渐进共享。通过政府制度安排、地方主动作为、区域共享共建能够逐步推进落后地区的应用技术院校转型发展,实现以渐进出共享。

二、共享发展理念明确了转型发展的前提

(一)共享转型发展的前提是共建

共享发展必须要发展,没有发展就无从共享,获得发展就需要共建、依靠共建,共建是获得发展的手段和路径,通过共建获得发展成果最终达成共享的目标。应用技术院校转型主要是通过转型实现发展,通过转型取得的发展成果,而要实现转型就有赖于共建,共建是总路径。转型院校树立共享发展理念就要积极推动共建,转型发展需要人人共建,转型发展需要全面共建。

(二)共享共建转型发展需要人人共建

转型发展需要人人共建主要是解决谁来共建的问题。就转型发展的动力来看,主要有内部动力和外部动力两个方面,内部动力主要是学校自身发展的需求,外部动力主要是社会经济发展的需求。机遇转型发展的动力来源,我们认为转型发展需要人人共建包括两层含义,一是转型院校师生人人共建,二是转型发展需要校地合作人人共建。应用技术院校转型涉及所有的师生,因为转型发展事关学校办学的根本性问题,包括办学定位、人才培养目标、科研职能转向、办学模式、管理体制机制等。对于是否转型、能否转型、怎样转型不同的人有不同的看法和认识,统一转型思想就是转型发展的首要问题,只有解决了思想问题,才能够让全体师生共同参与转型、主动参与转型,只有增强全体师生的主人翁意识,发挥全体师生的主动性、创造性,才能够加快转型、更好转型。

转型发展需要校地合作人人共建。转型发展不仅仅是学校愿不愿意转型的问题,更是社会需不需要转型的问题,甚至刚开始有一些院校并不情愿转型,但形势所迫不得不

转型。地方经济发展需要部分院校转型,高等教育发展本身就是经济发展的一部分,当前经济发展需要进一步转变发展方式,大力发展高科技含量、高附加值高端产业,走创新驱动、内生增长的发展道路,这就需要一大批具有创新精神和创新能力的应用型技术技能型人才,需要部分院校转型发展。地方不能仅仅依靠学校自愿、自主转型,还必须主动推进部分院校转型,要在与转型院校全面合作共建中主动作为、全力作为,要主动参与转型学校管理,在政策、资金等各方面支持转型院校发展,共建各类教学科研平台,要在全社会积极营造支持转型发展的舆论环境,要形成政府、企业和全社会共同支持转型院校发展、人人支持转型院校发展的良好氛围。

(三)共享共建转型发展需要全面共建

转型发展需要全面共建主要是解决共建什么的问题。根据应用技术院校转型实际,结合教育部、国家发展改革委、财政部《关于引导部分地方普通本科高校向应用型转变的指导意见》,全面共建就是学校与地方要对学校的管理体制、专业建设、人才培养模式、实验实习实训基地、科技创新、"双师型"师资队伍建设等进行全方位的共建,以全面共建推动转型促进共享。

在共建管理体制方面,以产教融合、校企合作为突破口,制定转型发展战略规划和路线图,建立学校与地方政府、企事业单位以及行业、社区共同参与的合作共建治理机制,与地方政府、企事业单位共同组建教育集团、共建共管二级学院以及校院理事会、董事会、专业指导委员会等。行业、企业主动全面参与学校治理、学科专业建设、课程设置、人才培养、绩效评价等。学校积极争取,地方政府、行业主动联系,在经费、项目和资源等方面予以支持。

在共建应用型技术技能型人才培养模式方面,围绕新产业、新业态、新技术,与行业、企业共同申报新专业,改造传统专业。学校与行业、用人单位共同建立专业设置评议制度,集中力量办好地方发展、行业、企业急需的、优势突出、特色鲜明的专业。与政府、行业、企业共建共享校企一体、产学研一体的大型实验实训实习中心,加强实验、实训、实习环节,共同建设、整合相关课程,联合开发在线开放课程,建立产教融合、协同育人的人才培养模式。

在共同推动应用技术创新方面,围绕中国制造2025、区域特色优势产业转型升级、中原经济区建设等重大战略,学校与地方政府、企事业单位、行业协会等共同建设协同创新中心、工业研究院等应用技术研究平台,共享政府、企业的科技创新基础设施,形成应用技术创新新优势,努力建成先进技术转移中心、科技服务中心和技术创新基地。加强产业技术技能积累,促进先进技术转移、应用和创新,"通过与行业、企业之间的友好合作,联合组建从事技术研发、工艺设计、装备研制的实验室、开发中心、实验实训平台等,获取所需技术技能积累的支持"①,成为国家技术技能积累与创新的重要平台。

在共建"双师型"师资队伍建设方面,学校一方面要通过有计划地选送现有教师到行业、企业一线接受应用技术培训、挂职工作学习和实践能力锻炼等措施,提高现有教师队伍的"双师"素质;一方面要积极从行业、企业引进聘用一批既有工作实践经验,又有较扎实理论基础的高级技术人员和管理人员充实"双师型"教师队伍,尤其要聘请一批行业、企业优秀的高技能人才、专业技术人才和企业管理人才作为学科带头人、专业带头人。

---

① 刘刚.部分普通本科院校向职业院校转型之思[J].高等教育研究,2015(4):61-66.

第七章

职能重构:向应用技术院校转型发展的实现路径

普通本科院校向应用技术院校转型发展,不仅是形式上的转型,而且是职能上的转型,这种转型发展不是增加或减少某一职能,而是在高等学校基本职能的基础上赋予新的内涵,调整新的方向,确立新的侧重。"不同层次、不同类型的高等学校,对于这三个职能以及每个职能的任务可以有所侧重,也应当有所侧重,可以根据自己的特点,选择适当的活动范围。"①应用技术院校转型发展的过程既是调整职能侧重的过程,也是职能重构的过程。就高等学校三大基本职能侧重而言,应用技术院校相对更加侧重人才培养和社会服务;就三大职能的内容重构而言,应用技术院校转型发展就是转到突出应用型人才培养上来,转到直接服务地方经济发展上来,转到以应用技术研究为主上来。

第一节　突出应用技术型人才培养是转型发展的关键

人才培养是高等学校的基本职能,部分普通高等学校向应用技术院校转型发展的关键,就是重新定位培养目标,调整人才培养类型的结构和侧重点,以此构建相应的人才培养模式。应用技术院校必须以培养应用技术人才为主,普通院校向应用技术院校转型发展的过程,就是以培养学术型人才为主向以技术技能型人才和工程型人才为主转变的过程。

一、培养目标定位于应用技术人才

"人才培养目标是高等学校开展教学活动的出发点和归宿,是有效实施人才培养的

---

① 潘懋元.高等学校的社会职能[J].高等工程教育研究,1986(03):11-17.

基础和前提。"①普通本科院校向应用技术院校转型，首要的就是要准确定位人才培养目标，然后才能据此制订人才培养计划，构建课程体系，保证人才培养质量。

（一）人才类型与应用技术型人才

高等学校的基本职能就是培养人才，人才有不同的类型，学校培养的不同的人才类型是进行高等教育分类的依据之一。根据人的知识构成和能力结构，国内基本形成了人才类型四分法：学术型人才、工程型人才、技术型人才和技能型人才②。学术型人才以系统的学科理论、高深的专门知识为基础，以带有普遍性的知识创新为导向，具有复杂应用情境中从事本专业工作或研究的能力，能解决与专业有关的理论和实际问题；工程型人才具有扎实的专业知识和较强的管理能力，能够很好地运用专业知识解决生产工艺、设备制造系统等工程实际问题，并能够进行生产及运作系统的设计、改造、规划、决策以及研发创新等；随着生产的不断发展，技术型人才与技能型人才的交界区日益模糊，已经越来越不容易进行区分，技术技能型人才掌握专业基本知识，"具有某一岗位群所需要的生产操作技术和组织能力，能够将技术意图或工程图纸转化为物质实体，并在生产现场进行技术指导或解决实际问题"③。工程型人才、技术技能型人才都属于应用型人才，"应用型人才是将科学原理转化成工程原理进而再转化成产品的人才，主要从事与社会生产生活紧密相关且能产生经济效益的工作"④。

应用技术人才类型又可以简单地分为以下四种：①技术操作型人才，主要是进行一线操作，具有较高的技术水平，如高科技装备维修人员、网络设备的操作与维修人员、数控机床编程与操作人员等；②技术管理型人才，主要从事技术管理工作，如车间主任、项目经理、质量总监、作业长等；③经营业务型人才，主要在第三产业工作，如主管会计、市场策划、外汇交易和证券分析师等；④服务型人才，主要是运用专业知识为特定人群提供专门的服务，如护理师、导游等。可见，高等职业教育人才类型具有很强的技术性，这是办学技术性特征的重要体现。

在本研究中，我们主要以"应用技术型人才"概念为主。在教育部、国家发展改革委、财政部《关于引导部分地方普通本科高校向应用型转变的指导意见》中提出了"应用型技术技能型人才"的概念。基于以上人才类型的分析和认识，我们使用的"应用技术型人才"与"应用型人才""应用型技术技能型人才"的含义具有一致性，在使用及引用时不再加以区分。

---

①　刘刚.部分普通本科院校向职业院校转型之思[J].高等教育研究,2015(04):61-66.

②　杨金土,孟广平,严雪怡,等.论高等职业教育的基本特征[J].教育研究,1999(4):57-62.

③　刘刚.部分普通本科院校向职业院校转型之思[J].高等教育研究,2015(04):61-66.

④　刘维俭,王传金.从人才型的划分论应用型人才的内涵[J].常州工学院学报(社科版),2006(03):98-100.

（二）树立应用技术人才培养目标

部分普通高等学校向应用技术院校转型发展确定了学校的类型定位，应用技术院校的应有之义和职责使命毫无疑问就是培养应用技术型人才。从我国当前社会生产的现实情况来看，随着科技的日益进步，生产第一线上许多岗位的科技成分不断增加，粗放型的生产形式已开始向集约化转变，高新技术开始出现在传统的生产工艺和生产过程的控制中，许多传统产品的生产也已开始现代化，就连某些传统的以手工操作为主的岗位如金融业务部门等，都已实现了多项业务电子化。高等教育培养的人才在不断适应科技进步、生产发展带来的这些巨大变化，其人才类型不仅具备现代科技知识，而且具备现代科技工具实际操作技能。

应用技术院校转型就是要培养适应当前社会发展需要的应用技术人才，转型发展的过程，就是以培养学术型人才为主向以技术技能型人才和工程型人才为主转变的过程。人才培养目标的转变是部分普通本科院校向应用技术院校转型发展的基础和前提。培养应用型技术人才必须在培养计划、教学内容、课程体系、教学方法等方面进行针对性改革，培养计划要强调技术应用能力和创新能力的培养，理论知识"以必需和够用为度"；课程体系和教学内容要强调实践教学，强化技术技能积累；教学方法和评价要强调过程考核，注重设计和动手能力。

二、构建应用技术型人才培养模式

什么样的培养目标就必须有什么样的培养模式与之相适应，培养应用技术型人才需要与之相一致的应用技术型人才培养模式。关于人才培养模式的研究有很多，对人才培养模式的理解有差异。教育部原副部长周远清认为："所谓人才培养模式，实际上就是人才的培养目标、培养规格和基本培养方式，它决定着高等学校所培养人才的根本特征，集中体现了高等教育的教育思想和教育观念。"①我们认为，构建应用技术型人才培养模式必须从专业建设、课程建设、教学形态、评价方式等几个方面予以调整或改进。

（一）推进应用技术专业建设

专业是学校组织教学的基本单元和载体，专业设置是社会需求与应用技术院校办学实际相结合的纽带，专业建设是学校教学工作灵活、主动地适应社会需求的关键环节。

---

① 周远清.加大力度，加快步伐，在教学改革的主要方面取得突破[J].高等工程教育研究，1998（2）:1-16.

应用技术院校的特征很大程度上取决于它的专业特色和社会行业对其培养专业人才的需求。在专业建设上,应用技术院校转型发展要围绕应用技术人才培养目标,通过设置和改造两个方面建立起应用技术专业体系。

首先是面向技术、产业、职业设置应用技术专业。教育部、国家发展改革委、财政部《关于引导部分地方普通本科高校向应用型转变的指导意见》要求:按需重组人才培养结构和流程,围绕产业链、创新链调整专业设置,形成特色专业集群。应用技术院校转型发展就要面向技术领域、产业链和职业岗位(群)的实际需要,以技术特征、产业类型和职业岗位类型等为设置依据,设置具有很强的产业、职业针对性的应用型技术专业,改变普通高校传统的按照学科体系设置专业的做法。要围绕地方经济发展设置专业,与地方经济发展中的优势产业、行业保持一致,与地方经济发展中的规划产业、行业保持一致,培养地方经济发展急需的应用型人才。要根据地方经济发展中产业、职业岗位(群)所需要的基本素质、职业能力和必备的知识,构建合理的人才培养框架及相应的专业理论教学体系和实践教学体系,以期培养生产、服务、技术、管理一线需要的应用技术人才。

其次是以培养应用技术人才为目标改造传统专业。传统专业以学科为基础设置,具有基础性、单一性,有利于培养学科专门人才。转型院校转型发展前往往按照传统的专业设置标准设置了比较多的传统专业,在转型发展过程中,不可能全部停止或取消这些有着一定历史积淀的传统专业,另起炉灶不现实也不可能。可行的路径是对部分传统产业进行改造,使之适应应用技术人才培养目标的需要,适应转型发展的需要。2018年,教育部决定实施"六卓越一拔尖"计划2.0,全面推进新工科、新医科、新农科、新文科建设,主要就是通过对现有传统专业进行改造,推动高校分类发展,建设优势特色专业,提高创新型、复合型、应用型人才培养质量。这是应用技术院校专业建设的机遇和方向。

(二)增加应用技术课程和教学内容

课程建设在人才培养过程中居于核心地位,课程建设的质量直接决定了人才培养质量。普通本科院校向应用技术院校转型,必须在调整专业结构的基础上,构建相应的课程体系和教学内容,以系列化的生产服务中的问题作为课程编制的核心,把相关理论知识教学和职业技能训练整合并融入教学内容之中。

应用技术院校以培养应用型技术技能型人才为目标,要实现这一目标,就必然要建立具有应用技术特色的教学内容及课程体系。应用技术特色体现在教学内容上主要"是指生产、管理与服务的工艺、方法、规则、制度等知识系统"。一般来说,应用技术专业的教学内容大致包括普通文化课和专业课两部分,应用技术特色主要体现在专业课教学内容中。专业课内容又包括专业理论知识和专业实践知识两部分,专业理论知识为职业技术能力的培养提供必要的理论支撑,专业实践知识则为在生产现场进行管理、决策、调试提供过硬的生产技能技能,二者相辅相成、相互促进。

应用技术院校应结合产业、行业、企业实际需要设置课程和教学内容。普通高等学校按学科群设置专业,因此其人才培养中课程内容强调学科逻辑和知识逻辑,体现学科的基础、前沿及发展方向,体现学科的系统与完整。但应用技术院校多按产业、行业、职业岗位类群设置专业,因此在应用型人才培养中应该在兼顾学科知识逻辑的基础上,更多地强调产业、行业、企业实际,强调产业标准和生产特点,考虑职业和岗位需求,应该按照适应产业、行业、职业岗位类群的工作能力要求选择和安排教学内容,以职业岗位需要为核心,以技术和能力训练为主线。教育部、国家发展改革委、财政部《关于引导部分地方普通本科高校向应用型转变的指导意见》提出实训实习的课时占专业教学总课时的比例要达到30%以上。

在转型过程中,普通本科院校有其自身基础和优势。现代社会对高等职业教育培养高技术人才的要求不断提高,教学内容比以前更加注重理论知识的学习,强调职业综合素质与基本能力和关键能力的培养,以增强学生的适应性和应变能力。培养学生有较宽厚的基础和较强的综合能力是普通高等学校的优势,但转型后还必须针对生产实际,加强专业实践知识的传授。因为生产的过程就是一种实践活动,除需要一定的专业理论知识外,还需要大量的个人经验知识,需要构建以策略性、创造性地解决生产服务中的具体问题为核心的课程体系,这是普通本科院校向应用技术院校转型的重点和难点。[①]

(三)革新教育教学形态

应用技术院校转型要改进传统的人才培养途径,即传统的教学方法、手段和组织形式。在应用型人才培养过程中,要克服单纯的知识传授,要结合应用实践习得技术技能。因此与普通高等教育相比较要更加注重实践教学,在行业、企业生产实践一线中全面运用案例教学和项目教学等方法。在课堂教学组织形式上,一部分课程和教学内容可以沿用传统的大班授课制,另一部分课程和教学内容则可以采用分组制、师徒制、工作室制、开放教学、现场教学等多种形式。通过对传统的教学方法、手段和组织形式的改进,培养学生对生产实际具体问题的分析和解决能力。应用技术院校转型可以结合自身条件,创新、优化先进适用的教学制度体系,在进一步完善传统的学分制、学位制、学年制等常规教学制度外,积极尝试推行弹性学制、工人学生合作制、国际访学制、企业顶岗制等,通过构建独具特色的教学制度,适应学生的个性差异学习需要,激发学生学习和研究应用技

① 刘刚.部分普通本科院校向职业院校转型之思[J].高等教育研究,2015(04):61—66.

术的主动性、能动性。

应用技术院校转型要紧紧抓住现代信息技术的发展机遇,积极推进现代信息技术与教育教学的深度融合。现代信息技术是科学技术进步的产物,现代信息技术在教育教学中的应用,对教学方法、手段和组织形式的改进具有革命性意义。以转型发展为契机,大力打造适应学生自主学习、自主管理、自主服务需求的智慧课堂、智慧教室、智慧实验室、智慧校园,推动互联网、大数据、信息化教学、虚拟现实技术、数字仿真实验、在线知识支持、在线教学监测等广泛应用,形成"互联网+高等教育"新形态,以现代信息技术推动转型发展,提升教育质量。教学制度体系在人才培养模式的构成要素中占有非常重要的地位。

(四)完善教学评价方式

根据应用技术技能人才培养目标和标准,建立适应应用技术院校人才培养的质量标准、评价方法、评价内容、评估制度,形成完善的人才培养评价体系。改变单一的评价主体,推进评价主体多元化,传统的对学生的评价办法是典型的单一主体量化评价,即书面考试评价,这种评价办法简单明了、结果确定、易于执行,但过于片面,不能够综合考察学生的全部情况,尤其缺乏针对性,不易反映应用型人才特征。应用型人才评价主体应该多元化,可以推动多方参与评价,应用型人才本身就是多方参与培养,因此也应该多方参与评价。鼓励吸收应用技术人才培养主体参与评价,包括专业教师、指导师傅、行业企业、订单培养单位、用人单位甚至家长、同学、个人等,多元评价主体必然带来多元的评价标准、评价形式,这样的人才评价才更加全面并有针对性。

完善评价标准和方法,重视学生实践能力、实际动手能力、创新创业能力的考察,既重视课堂评价,也重视实验实习实训评价,不仅通过传统的书面考试进行评价,而且还可以通过实践操作过程、产品生产、工作实绩、口试答辩、作品展示、企业评价等多种方法进行评价。应用技术人才评价必须坚持定量评价与定性评价相结合,应用技术人才需要学习掌握的技术秘诀、管理经验、操作技能等属于暗默知识,难以用文字、符号等表征,不易复制、转移和传播,所以很难量化评价。应该针对不同的学生、不同的学习内容用多样化的评价方式进行评价。

三、建立一支"双师双能型"教师队伍

应用型办学定位和应用技术型人才培养目标决定了应用技术院校的教师队伍具有特殊性。毫无疑问,不同的职业岗位需要不同的职业素质,虽然都是大学教师,但普通高

等院校教师与应用技术院校教师在职业素质上呈现一定的差异,应用技术型人才需要"双师双能型"教师。

(一)"双师双能型"教师的内涵

在职业教育研究中,曾经提出"双师型"教师的概念,在应用技术院校转型发展过程中则进一步提出了"双师双能型"教师的概念。"双师型"教师概念的提出最早见于1990年。[①] 一般认为:"'双师型'教师是指同时具备教师资格和职业资格的教师,往往被形象地表述为既是教师,又是工程师、农艺师、会计师等。'双师型'教师是具有教育教学能力和实践工作经验的复合型人才,是高等职业教育对专业课教师的一种特殊要求。"[②]2015年,教育部高等教育司司长张大良提出:"要坚持把教师队伍建设作为引导地方本科高校转型发展的核心要素,建设一支教师资格、工程师资格兼具,教学能力、工程实践能力兼备的'双师双能型'教师队伍。"[③]所以"双师型"教师和"双师双能型"教师的内涵具有一致性。

"双师双能型"教师的外在表现是"双师",是指同时具备教师资格和职业资格的教师,可以形象地表述为既是教师,又是工程师、工艺师、会计师、农艺师等;"双师双能型"教师的内在素质是"双能",是指同时具备教育教学能力和技术实践能力。因为"双师双能型"教师首先是教师,所以要有一般教师的理论水平和讲授能力;同时因为培养的是应用技术型人才,所以要具有技术技能并能够向学生操作、示范和传授。

"双师双能型"教师概念的提出,体现了应用技术型人才培养的特色和人的全面发展理论,适应应用技术院校转型发展,是对转型院校教师提出的一种专业发展理念和成长目标导向。因为,"双师双能型"教师"既应具有作为一般教师的专业知识、职业素质和能力,又应具有技师(或其他高级专业技术人员)的技术技能和职业素质;既能指导学生获得专业技术技能,又能引导学生养成良好的职业道德、职业精神和职业情操"[④]。这对于现有教师来说是一种很高的要求或巨大的转型,短时间很难达成目标,但是应用技术院校师资队伍建设的目标导向,是一个长期的建设过程、转型过程。

(二)鼓励青年教师向"双师双能型"教师转型

普通本科院校的现有教师绝大多数都缺少行业、企业生产、管理、服务一线的工作经

---

① 王义澄.建设"双师型"专科教师队伍[N].中国教育报,1990-12-05(3).
② 刘刚.问题与路径——高等职业院校人文教育策略研究[M].北京:人民出版社,2012:185.
③ 张大良.把握"学校主体、地方主责"工作定位 积极引导部分地方本科高校转型发展[J].中国高等教育,2015(10):23-29
④ 刘刚.问题与路径——高等职业院校人文教育策略研究[M].北京:人民出版社,2012:186-187.

验，这是转型发展中"双师双能型"教师转型的现实困境，加上教师的年龄、学科背景等多方面差异，要求每一位教师都向"双师双能型"教师转型既不现实，也无必要。根据学科特点和转型发展需要，可以积极鼓励青年教师向"双师双能型"教师转型，青年教师职业发展意愿强烈、工作精力旺盛、专业尚未定型容易转型。要积极为青年教师转型创设技术技能实践平台，通过校企合作、校地合作、融资租赁等多种方式建立校内外师生共用的实验实训实习基地，分期分批有计划地选派青年教师到实习实训基地实践或者到行业、企业生产一线学习、培训、挂职、锻炼，发现和参与解决生产、管理、服务一线的具体问题，培养技术技能，提高技术研发能力。

有条件的转型院校可以加强校本培训，通过校本培训能够大批的、更灵活地加强青年教师技术技能的培训。可以成立各种专业工作室、大师工作室等，通过大师、名师、导师的讲授、传承培养青年教师的技术技能。在各种专业实验室、专业设备建设、安装过程中，让青年教师全程参与，请行业、企业或有经验的老教师专门指导、培训，让青年教师尽快全面了解设备的性能，熟练使用和操作设备。邀请相关行业、企业生产一线的高技术技能人才到学校培训、指导，让青年教师及时了解生产一线最新的新技术、新工艺等，增强青年教师的视野。在提高技术技能的同时，大力支持鼓励青年教师考取各种职业资格证书或技能等级证书。

要有计划地推动青年教师向"双师双能型"教师转型。要确立培训目标，制定培训制度，细化培训措施，提出培训标准，开展"双师双能型"教师认证工作。河南省转型院校大多都结合实际提出来自己的"双师双能型"教师认证条件，比如：河南城建学院在开展"双师双能型"教师认证时的基本条件就包括"具有较强的理论基础和专业技能，胜任课堂教学工作；具备较强的实践教学能力，胜任实验、实践、实训教学工作"。同时提出必须具备以下条件之一："取得有本专业非教师系列中级以上专业技术职务或行业执业资格证书；取得有本专业国家或行业的职业（技能）资格证书；近五年有一年以上在行业企业、科研单位或政府部门从事本专业或相近专业的工作经历，能全面指导学生专业实验、实训、实践活动；近五年主持或参与（排名前3）应用技术或社会问题研究，成果被相关机构或企业或政府部门使用，经济效益和社会效益良好；近五年主持或参与（排名前3）实践教学设施建设工作或提升实践教学技术水平的设计安装工作，使用效果好，在省内同类院校中居前列水平；参加国家、省权威部门组织的教师专业技能培训并获得合格证书，近两年指导学生专业实验、实践、实训活动效果良好；具有市级以上相关领域职业技能大赛获奖证书;能积极适应学校转型发展和应用型人才培养需要,经学校认定的其他条件。"①

(三)引进高技术技能人才向"双师双能型"教师转型

人才引进始终是师资队伍建设的主要途径,也是转型院校建立一支"双师双能型"教师的重要途径。提升教师队伍"双能"中的技术实践能力的"捷径"就是直接从行业、企业引进一批高技术技能型人才。《关于引导部分地方普通本科高校向应用型转变的指导意见》也明确要求:"调整教师结构,改革教师聘任制度和评价办法,积极引进行业公认专才,聘请企业优秀专业技术人才、管理人才和高技能人才作为专业建设带头人、担任专兼职教师。"

行业、企业一线有大量高技术技能人才,他们中的一部分人也愿意转行到高等学校任教或者兼职任教,转型院校可以根据自身专业、学科特点,结合地方企业技术技能人才状况,引进一批愿意、能够从事专兼职教学的技术技能人才。对于这类技术技能型人才,在具备基本的学历、学术水平基础上,更强调技术技能的高层次,要成为"双师双能型"教师中更偏重技术技能的教师。从企业引进的技术技能人才大多没有从事教学工作的经验和方法,因此也需要对他们进行适当的教师职业岗位技能培训,促使他们尽快完成从高技术技能人才向"双师双能型"教师转型。要加强对从企业引进的高技术技能人才的教育学、心理学、教学法的培训,掌握必备的、基础的教育教学理论知识。

要完善"双师双能型"教师激励和评价机制,结合实际制定相应的"双师双能型"教师评价指标体系,要有别于普通教师注重课时、论文、著作等的考核,更加突出对指导或解决生产现场的实际技术问题、具有开发性、设计性研究的能力、技术实践的具体业绩或作品等的考核,以此为基础,让"双师双能型"教师能够与其他普通教师一样参与正常的评先、考核、职称评审等。

四、应用型人才培养典型模式借鉴

我们认为人才培养模式必须与培养目标相适应,培养应用技术型人才需要构建应用技术型人才培养模式。但必须强调,应用技术型人才培养模式是一种大的类型,不是单一的具体的标准,如果转型院校都是一种培养模式,就没有了特色,不符合高等教育规律。应用技术院校是多样的,人才培养模式也是多样的。而且,在已有的应用技术院校办学实践中,尤其在高等职业院校办学实践中,已经形成了一些典型的人才培养模式,可

---

① 河南城建学院.关于"双师双能型"教师自核认定备案工作的通知[EB/OL]. http://rsc.hncj.edu.cn/info/1191/2818.htm.

以为现有的转型院校学习借鉴。这种学习借鉴应该是结合自身实际的借鉴，是提高和创新的借鉴，而不是照搬照抄。在2014年国务院《关于加快发展现代职业教育的决定》中明确提出：要"引导一批本科高等学校向应用技术类型高等学校转型，重点举办本科职业教育"。因此，应用技术院校也属于职业院校，原来高等职业院校的许多办学经验和模式可资借鉴。这里只总结举例了"订单式"和"嵌入式"两种基本的人才培养模式，实际上高等职业院校办学实践中已经提出实施了很多种人才培养模式，但总的来看大多可以归类到这两种培养模式中去。列出的这两种模式是应用技术院校转型发展可以借鉴的模式，但不限于这两种模式。

（一）"订单式"人才培养模式

20世纪末，"订单"教育模式最初出现在职业教育，尤其在高等职业院校逐渐发展成为一种成熟的人才培养模式。"订单式"人才培养模式可以理解为"学校以与企业签订的培养培训合同即'订单'为导向确定培养目标，企业同时在培养目标、人才规格、知识技能结构、课程设置、教学内容和学习成果评估等方面发挥重要作用；这种'订单'，不单是一张'用人'的预定单，而是涵盖整个教育流程的一整套培养安排，是一组广义的'订单'的集合"[①]。

订单式培养的基础是校企双方合作互信，职业去向明确，企业深度参与，人才培养具有很强的应用性、针对性，调动了学校、学生、企业三方的积极性，同时实现了三方共赢。订单式人才培养模式一般具有以下几个特征：一是校企双方签订"订单"。订单培养的基础是订单，订单培养的特色也在订单。所谓订单是学校与企业在前期市场调研、相互了解基础上，就人才的就业去向、培养规格等签订的具有法律效力的委托培养协议。为了签订科学合理的培养订单，学校需要进行充分的市场调研，了解行业、企业实际，同时要清楚自身可能提供的支持以及学生的学习、就业意愿；企业则要根据自身需求，考察学校的培养条件和能力，提出人才需求的数量与质量，参与培养提供的帮助和条件等。二是企业参与制定人才培养方案和培养过程。校企签订的订单不仅是人才需求的订单，而且是人才培养规格的协议。因此企业要根据需求数量和质量参与制定、修订人才培养方案，这种培养方案与普通人才培养方案比较，具有很强的岗位针对性和适应性。为了保证这种应用型人才的培养质量，企业还直接参与培养过程，企业主要通过派出技术技能型人才兼职指导教师和吸收学生顶岗实习的方式培养学生。学校和企业还可以通过对学生进行仿真实训加强学生的应用能力培养。三是人才培养质量强调技术技能考核。

---

① 熊惠平.高职教育实行"订单培养"模式的困难与问题[J].河南职业技术师范学院学报（职业教育版），2004（04）：14—17.

订单培养的人才必须符合校企在订单中商定的培养质量,这种具有很强岗位针对性和适应性的人才必须在理论考核的基础上,更加强调技术技能考核。理论考核一般仍然在学校沿用传统的考核办法进行,而技能考核则在具体的岗位一线通过实际操作进行。让企业在真实的工作场景中去考核学生是否合格,是否能够适应即将从事的工作。四是学生毕业按照"订单"就业。在以就业为导向的背景下,企业必须对订单培养的合格毕业生按照订单约定安排就业。就业的岗位确定性是"订单式"人才培养模式的重要特征。学校在一期订单完成后,还有责任进行毕业生跟踪调查,据此对人才培养方案等进行必要的调整,以推动后续的订单培养更合理高效适用。

订单培养也存在一些难以克服的弊端。订单培养的人才知识结构和技术技能过于单一和狭窄,不利于以后多岗位发展和进一步提升;企业对人才的需求必须紧跟市场变化,而人才培养有一定的滞后性,人才培养方案需要及时跟进,调整过于频繁不利于教学计划安排,并可能造成教育资源浪费;过早地确定了就业去向,导致部分学生学习积极性不高,实用主义、功利主义思想增强。转型院校在借鉴"订单式"人才培养模式时也必须认识到订单培养的问题与缺陷,及时规避或减少这些问题的影响。

(二)"嵌入式"人才培养模式

"嵌入式"人才培养模式的名称借用了计算机科学中的嵌入式系统,所谓嵌入式系统是一种包括软件、硬件的专用控制系统,其很重要的特点就是软硬件相结合、模块化、可裁剪、专用性强。早期提出的"嵌入式教学"主要指嵌入式计算机人才的培养改革,如2003年"首届全国高校嵌入式系统教学研讨会在北京召开后,各地高校的嵌入式教学犹如雨后春笋①。2008年前后才逐渐把"嵌入"一词引入教学理论中,"本文将'嵌入'一词引入教学理论中,认为教学活动同样不能脱离社会需求的限制,人才培养的内部评价尺度要遵循教育外部关系规律,与社会评价尺度耦合在一起,实现传授知识、强化素质、提高能力的统一"②。刚开始对"嵌入式"人才培养模式基本内涵的理解是:"理论学习和专业实践相互嵌入,理论学习中嵌入实践内容,专业实践中嵌入理论学习,不断提高人才培养质量,进而打造出具备理论和实践紧密结合的、知识和能力集于一身的、具有可持续发展能力的'嵌入式人才'"③。在此基础上,进一步扩展为企业需求的嵌入,并逐渐成为职业院校一种典型的人才培养模式,被认为"嵌入式培养模式是目前高校培养应用型人

① 邹华荣,黄力.高校嵌入式教学发展趋势与策略[J].文教资料,2005(22):116-117.
② 马金城,李作奎.财经类高校嵌入式培养模式研究[J].航海教育研究,2008(04):90-92.
③ 孙仁峰."嵌入式"人才培养模式探索与实践——以人力资源管理专业为例[J].浙江工贸职业技术学院学报,2010(1):34-38.

才，形成学校、学生、企业以及社会良好互动的最主要模式，也是更能体现教学成果的教学方式"[1]。

现在，对于嵌入式人才培养模式的理解渐趋统一。一般认为嵌入式人才培养模式有两种类型：一种是单向嵌入型，即以校企合作的形式把企业的需求嵌入学校教学过程中，或者把学校的需求嵌入企业的实习实训中；二是双向嵌入型，即通过校企合作，把学校与企业双方的功能性需求相互地有机嵌入对方，利用双方的优势促进功能性互补，实现技术技能型人才的培养目标。当前，高等职业院校嵌入式人才培养模式大多是双向嵌入型，这种双向主要还是企业的功能性需求嵌入学校培养方案和教学过程中去，这也成为嵌入式人才培养模式的一个特色。"社会嵌入式培养不同于职业教育的'订单式培养'模式，它是一种'通才'的宏观培养，培养出来不仅是只能适应某一个单位的某个具体岗位，而是能适应市场经济发展、适合社会需要的高级应用型、成熟的职业人才"[2]。"嵌入式"人才培养模式与"订单式"人才培养模式相比较，嵌入式模式培养的人才相对宽泛一点，适应性更强，因而在高等职业院校应用更广，其他各种校企合作的人才培养模式都包含有"嵌入式"的内容。

就嵌入式人才培养模式的内涵而言，我们认为比较完整准确的表述是：将"嵌入式"概念引入高等职业教育人才培养模式的构建中，"一般是指高职院校作为一种技术技能型人才培养、供给的专门性机构，具备人才和技术集聚的特性，而企业是人才、技术消费的单位，两者之间存在一定的'交结点'。校企双方通过合理选取'交结点'，以校企合作的形式把各自的功能需求嵌入到对方中去，使人才培养、供给和消费成为双方共同参与的整体性过程，各自依托对方的优势来弥补自身在实现功能需求方面的不足，从而实现人才培养的目标"[3]。嵌入式人才培养模式的最大特点就是人才培养的双主体，即学校和企业都是人才培养的主体，共同对人才质量的追求成为双方构建"嵌入式"人才培养模式的动力。

①　郑会娟.行业需求视角下嵌入式人才培养模式探索[J].中国成人教育,2014(23):60-61.

②　杨玉珍.高校社会嵌入式人才培养模式研究——基于九型分类的视角[J].中国成人教育,2013(1):129-131.

③　匡德花,黄顺杨,罗碧纯."嵌入式"校企合作——高职人才培养模式新路径探析[J].湖北职业技术学院学报,2012(1):10-13.

第二节 加强应用技术研究是转型发展的应然

当前关于部分普通本科院校向应用技术院校转型的研究主要围绕人才培养职能,而鲜有关注科学研究职能。高等学校具有人才培养、科学研究和社会服务职能,但不同类型的学校在职能发挥上重心不同,毫无疑问应用技术院校的重心在人才培养。但强调人才培养,不是忽略科学研究,而是在转型过程中也要推动研究定位和方向的重心,切实加强应用技术研究。

一、确立科学研究应用型定位和方向

不同类型的高等学校,其职能重心不同,即便在同一职能中,不同类型也各有侧重。在"双一流"大学建设中,科学研究职能的发挥是重要的标准,尽管一些"双一流"大学提出了"顶天立地"的科研规划,但重心还是在"顶天",即基础性研究、前沿性研究瞄准的是国内领先、国际一流。应用技术院校则应该侧重于"立地",即侧重于应用性、技术性研究,"服务地方行业企业发展,开展应用型科学研究是应用型技术院校的重要职能之一"。[①]

当然,"顶天""立地"研究不是截然分明,而是互有联系,只是有所偏倚。就科学研究的类型而言,一般可以分为基础理论研究、理论应用研究和技术开发研究三类。部分普通本科院校向应用技术院校转型发展,在科学研究职能方面也必须从基础理论研究向理论应用研究、技术开发研究转变。按照美国卡耐基教学促进基金会前主席厄内斯特·博耶(Emest L. Boyer)的"四类学术观","学术不应该专指'发现'或基础研究,不应只是一个只为'发现'服务的术语,还应包括四种相互联系的学术,分别是探究的学术、整合的学术、应用的学术、教学的学术"[②]。从四种学术的内涵来看,应用的学术、教学的学术都属于应用技术研究。部分普通本科院校由于师资水平、学术积淀、科研设备等方面存在一定的局限性,在向应用技术院校转型发展过程中,必须以应用技术研究为侧重,在科学研究导向上,从探究的学术、整合的学术为主转变为应用的学术、教学的学术为主。

① 刘逸鹏,郑艳玲,高建山,石宝军,韩伏彬.应用型本科院校教学与科研协调发展的驱动机制研究[J].人才资源开发,2017(06):155-156.
② 魏宏聚.厄内斯特·博耶"教学学术"思想的内涵与启示[J].全球教育展望,2009(09):38-41.

如果把基础研究视为上位研究，则应用技术研究属于下位研究，基础研究是形而上，应用技术研究是形而下，相对而言在上位研究的统领下，下位研究的内容更宽泛、更广阔，应用的市场更贴近生产生活，研究成果更容易推广转化与应用。从实践与理论的关系来看，应用技术研究既是基础理论研究的延续，也是基础理论研究的检验，应用技术研究当然也具有科学的理性价值。

二、强化教学科研协调驱动机制

当前，应用技术院校科研实力偏弱是一个不争的事实，但弱不代表放弃科研，而是要找准定位，突出特色，寻求突破。与"双一流"大学以及传统研究型大学相比，应用技术院校必须在教学科研协调驱动机制方面有所突破，推动形成应用技术研究这个特色。

(一)应用技术院校也要重视科研职能

人才培养和科学研究是高等学校的第一、第二职能，人才培养是基本职能，科学研究是衍生职能，两大职能的这种关系表明了二者之间存在内在的本质联系。因此，教学与科研的关系主要是相互促进、相互支撑，而不是矛盾与替代。不仅"双一流"大学要提升高水平科学研究能力，作为高等教育的一种类型，应用技术院校也需要加强科学研究。潘懋元就提出"不但学术性研究型的大学教师应当承担一定的科研任务，应用型技术性高校以及高职院校的教师也应参加一定的科研工作"[①]。由于应用技术院校确实存在对科研重要性认识不足、重视不够，教师科研能力相对较弱，学校科研条件相对较差等实际情况，所以在转型发展中，应用技术院校更要强化教学科研协调驱动机制。

(二)形成教学科研协调驱动机制

教学科研协调驱动机制可以理解为以人才培养为目标，以教师为纽带，增进教学科研相互促进相互推动的一种运行方式。应用技术院校教学科研协调驱动机制必须以应用技术型人才为目标，教学和科研的共同目的都主要围绕人才培养目标。应用技术院校教学科研协调驱动机制必须以教师为纽带，教师承担教学和科研双重任务，教师的业务水平主要表现为教学水平和科研水平，所以，著名科学家、上海大学原校长钱伟长提出：你不教课就不是教师，你不搞科研就不是好教师。[②] 要鼓励支持教师通过教学带动科研，教学过程能够发现自身学识的不足，提升自身理论水平的需求往往能够成为从事研究的

①　潘懋元.从"回归大学的根本"谈起[J].清华大学教育研究,2015,36(04):1-2,9.
②　王李金,王一然.育人为本坚信不疑 第一职责坚定不移[J].中国高等教育,2011(Z1):10-13.

动力,为教学需要学习提高的过程往往就是投身研究的过程。鼓励支持教师通过科研促进教学,以自己的学术知识和学术魅力丰富教学内容,提高教学质量,培养学生创新能力和创新精神。

教学科研协调驱动机制强调教学与科研是一个有机的整体,是转型发展中的两个互相联系、相辅相成的部分。对于教师来说,教学、科研可以有所侧重,但不可偏废。相比较研究型大学,应用技术院校教师更注重教学的基础性地位,科学研究是对教学的重要推动。

三、提高应用技术研究水平

在高等学校,无论是基础理论研究,还是应用技术研究,一般都需要先进的仪器设备、丰富的图书资料、敬业的教师团队等支撑。相对而言,应用技术院校除了科研定位不明确、无特色之外,还普遍存在科研基础薄弱、科研平台缺乏、科研团队不强、科研氛围不浓等实际问题。转型院校在确立应用技术研究定位之后,必须提高应用技术研究水平,要结合自身实际搭建应用技术研究平台、建设应用技术研究团队、重视应用技术成果转化、营造应用技术研究氛围。

(一)搭建应用技术研究平台

随着科研管理体制日益贴合科学研究规律,科研平台已经成为高等院校科技创新活动的重要支撑。科研平台的优势和特点是人才、技术、设施、成果等相对集中,平台的任务是能够开展相关的科学研究工作,并能够保持持续、深入、不断提高,科研平台在高等学校发展中正发挥越来越重要的作用。与一般的科研平台相比,应用技术研究平台包括相关的重点实验室、工程实验室、协同创新中心、工程技术研究中心、(院士)工作站、(工艺大师)工作室以及文化产业发展研究基地、人文社会科学重点研究基地等,转型院校要结合自身实际,有计划、有选择、有重点地建设一批特色应用技术研究平台。

转型院校要结合转型实际和自身研究基础、学科发展优势,积极申报建设独具特色的应用技术研究平台,形成自己的品牌和龙头。要调动和整合相关资源,在自身投入的同时,积极向政府主管部门、行业企业等多渠道争取研究平台建设经费,尤其要加强校企合作,积极争取建设互惠共赢的协同创新中心,保证平台的稳定投入。研究平台管理要科学、规范、合理,要规范人、财、物的配置与使用,要健全各项规章制度,通过规范系统的制度体系营造既竞争又协作的研究氛围。

黄淮学院是河南省转型发展试点学校,在合作建设研究平台方面具有典型性。黄淮学院主动融入区域创新体系，依托现有学科专业优势，先后与德国菲尼克斯集团、天方药业集团等国内大中型企业集团合作共建了"工业4.0智能工厂实验室""教育部—中兴通讯ICT产教融合创新基地""智能感知与大数据中心""达内数字艺术工作室""化学与制药工程综合训练中心""机械工程实训中心""黄淮置地建筑技术研发中心"等28个省厅级工程技术研究中心和协同创新平台，取得了一批有价值的应用技术研究成果。

（二）建设应用技术研究团队

科研团队建设是科研平台建设的重要内容，而且是最具能动的建设内容。应用型科研团队是一种科学合理高效的最基层学术组织，一般以科学研究为目的，以技术研发和应用为内容，以学科、项目或者任务为纽带，在优秀学术带头人的带领下开展应用技术研究和推广。

组建应用技术研究团队有利于集中有限力量办大事，有利于研究梯队的培养，有利于特色研究方向的整合，有利于学科发展。应用技术院校相对实力偏弱，要想在某个学科或技术领域取得突破，进而形成优势特色，就必须组建应用技术研究团队。研究团队能够汇聚不同学科优势、技能互补的研究力量，能够促进思想碰撞，促进不同学科融合。

应用技术研究团队不能够局限于校内资源，要有合作意识，协同创新意识。现代科学技术越来越呈现出研究的完整性、研究对象的多学科性、学科的多样性，而且应用技术研究包括研发、推广、生产，要将知识和技术转化为生产力，因此更具有开放性。研究团队建设必须与政府、企业和科研院所协同创新，推动来自于不同单位、不同行业、不同领域、不同环节，但又有共同目的、共同任务、知识共享、技能互补的技术研发人员组成应用技术研究团队。

应用技术研究团队建设的重中之重是团队带头人。一项关于"影响高校科技创新团队创新能力提升因素"的调查显示，"团队领导者能力素养"排在首位达29.80%，这表明"团队领导者的能力素养是高校科技创新团队创新能力提升最主要的因素"[①]。团队带头人首先要在团队中具有最高的学术水平，是团队的学术权威，有学术战略眼光，能够带领、指导团队成员把握学术前沿，找准研究方向，实现研究突破；团队带头人还应该有较高的领导和组织能力，开放和包容思想，要能够团结带领团队成员分工协作、集体作战、专注研究，要善于发现、培养学术骨干，保持研究团队的可持续性发展。

平顶山学院是河南省转型发展试点学校。陶瓷学院成立于2015年11月，设有河南省唯一的陶瓷艺术设计专业，建院仅仅4年时间，就建成1个省级重点实验室、4个研究

---

① 叶李，田兴国，等.高校科技创新团队建设状况、存在问题与改革取向——基于全国61所高校的实证调查[J].科技管理研究，2017(16)：124-129.

中心、5个省级或行业协会研究和培训基地，在古陶瓷研究、仿制方面取得了突出的成就。陶瓷学院的发展很大程度上得益于聘请了一位优秀的院长梅国建，也是优秀的科研团队带头人。梅国建是中国陶瓷设计艺术大师、中国陶瓷大师联盟执行副主席、唐代鲁山花瓷非物质文化遗产传承人、上海东窑—浦东陶瓷创始人，正是在他的带领下，陶瓷学院才在短时间内迅速形成了自己的科研特色。

（三）重视应用技术研究成果转化

应用技术研究既是技术创新，更是技术应用。虽然从理论上看，应用技术研究成果更贴近市场，更具应用性，因此应该具有成果转化的先天优势；但在实践中，转型院校在应用技术成果转化方面存在后天不足，现状不容乐观。转型院校科研成果转化存在现实困境的因素来自于几个方面：一是教师积极性不高，因为大多数教师的关注点在于做出著作、论文、专利等成果，而不重视成果的进一步转化，因为对教师职称评审、绩效考核的关键是成果不是转化；二是学校与市场联系不紧密，高等学校科研工作虽然经历了数十年市场经济的不断洗礼，但至今在管理体制等方面还不能够完全适应市场需要，尤其在项目立项、研究和成果鉴定等方面把握技术创新、市场变化、产业发展动向等方面的能力不足；三是政府、企业、学校三方参与的科技成果转化体系不健全，应用技术研究的部分成果必须经过中试，或者在生产实践中反复试验，有一个从成果，到应用，再到产品的过程，在这个过程中企业要承担风险，政府需承担责任，政府、企业、学校三方协同成果转化的机制并不顺畅。

转型院校推动应用技术成果转化首先要高度重视，要建立多部门协调联动的成果转化决策和工作机制。要以"我"为主，主动与政府、行业、企业对接，推动形成政府、企业、学校三方协同的科技成果转化体系。积极参加各种科技成果博览会、交易会、推介会，组织技术观摩会，组建或参与企业产业联盟，大力推介优势特色应用技术成果。发挥应用技术院校的特色和优势，积极推进"产学研"合作，以此作为成果转化的重要渠道。

新乡学院在建立多部门协调联动的成果转化决策和工作机制方面取得明显成效。学院"成立有成果转化办公室，负责指导、协调和服务各院系开展科技成果转化工作；了解、收集学校可推广的科技成果进展情况，做好成果入库、发布和企业需求信息沟通工作；根据需要，组织科技成果转化方案的可行性论证和评估；为院系和成果完成人提供相应的政策和法律帮助；帮助起草成立科技型企业的创业计划书、产业化分析报告等相关材料，负责与合作方签订成果转让协议；提供成果转化过程中的跟踪服务，积极争取国家、地方政府和企业的经费支持，对于有应用和转化前景的科技成果及时给予必要的经费资助等整个科研成果转化过程服务"[①],形成完整的多部门协调联动的成果转化决策和工作机制,取得了明显成效。"蛟龙号"载人潜水器银锌电池智能充放电装置、绿色滑板润滑材料制备工艺、基于虚拟样机的起重机械虚拟检测平台、金银花培育等一批应用技术成果得到转化应用。

(四)营造应用技术研究氛围

部分普通本科院校向应用技术院校转型,尤其是新建本科院校转型在科研工作中既面临提高科研水平的问题,也面临科研方向转型的问题。因此,营造科学研究氛围既要调动教师从事研究的积极性,又要积极引导教师向应用技术研究转型。通过引进培养一批博士、教授以及高层次科研团队,带动青年教师从事科研工作的积极性。通过开展各种学术交流,组织各种学术研讨会、学术论坛、学术沙龙,邀请学术大家开展学术讲座、学术培训等形式多样的学术活动,培养教师科研素养,提高教师科研能力。通过到企业参观,邀请企业技术人才到学校讲学,为教师与企业合作技术攻关、承担行业企业技术项目等牵线搭桥,引导教师积极开展应用技术研究。通过完善科研管理制度,制定科研规划和年度计划,用政策引导教师主动地、有目标地从事应用技术研究。通过大力推介宣传科研成果和优秀科技人物,办好科技期刊、科技橱窗、科技宣传栏等,营造浓厚的学术氛围。

营造应用技术研究氛围要建立科学合理的科研绩效评价体系。应用技术院校转型发展必须克服原来的科研评价标准,原来的科研评价标准往往是发表论文的层次、完成课题的级别、获得科研奖励的等级等,导致高等学校和教师更多关注理论研究成果,较少开展解决实际问题的应用研究。对于应用技术院校来说,加强应用技术研究就要更加重视解决社会生产生活中实际问题,以具体情境、具体需要、具体问题为导向,研究如何对理论、技术进行选择、吸收、消化和开发,研究成果一般是具体领域的生产技术革新,而非普适性的基础理论和知识。要对基础研究和应用研究实行分类考核,既鼓励科技创新,也鼓励技术应用和转化。

四、开展高效的技术技能积累

应用技术院校转型必须在开展力所能及、切合实际的应用技术研究的同时,积极开展高效的技术技能积累。

---

① 常国锋.高校科研成果向企业转化的市场机制——以新乡学院为例[J].濮阳职业技术学院学报,2019,32(03):75-78.

（一）转型发展必须加强自身的技术技能积累

技术积累一般指组织在生产和创新实践中获得的技术知识的沉积和技术能力的递进。技术经济学家傅家骥认为技术积累包括技术知识积累和技术能力积累两个方面。技术知识又分信息知识和暗默知识两类，信息知识可用语言、文字和符号表征，可以通过学习、交易等获得；暗默知识难以用文字、符号等表征，不易复制、转移和传播，如管理经验、技术秘诀等。技术能力包括各种各样在生产和创新过程中发展起来而又复为生产和创新所需的能力，如技术选择和消化吸收能力、技术研究开发能力、技术系统使用能力——包括设备操作、维修、生产管理与调度等。技术能力同样具有较高的"暗默性"。[①]从技术积累的这些特点来看，应用技术院校转型发展过程中，突出应用型人才培养，加强应用技术教育，就必须增强自身的技术积累。教育部、国家发展改革委、财政部《关于引导部分地方普通本科高校向应用型转变的指导意见》也强调要"加强产业技术技能积累，促进先进技术转移、应用和创新"。

（二）通过多种途径加强技术技能积累

技术积累一般认为主要通过迁移、联合、学习三种途径获得。应用技术院校的迁移途径是指通过招聘新教师，主要是"双师型"教师，特别是高技术高技能人才，如艺术大师、工艺美术大师等，通过他们将外部技术积累内部化，迅速提高学校某一领域的技术知识储备和技术能力，快速填补在某些技术领域积累空白。应用技术院校的联合途径主要指学校与行业、企业之间通过协议或组建横向集团，进行友好合作，获取所需技术积累的支持，如联合组建技术研发、工艺设计、装备研制等实验室、开发中心、实验实训平台等。本科职业院校技术积累的最终源泉还在于学习，包括理论学习，如组织教师接受继续教育和培训、教师个人学习；更重要的是实践性学习，必须组织教师到生产第一线接受实际生产操作训练，建立一支既有专业理论水平，又有技术应用能力的"双师型"教师队伍。必要的理论性学习是实践性学习的基础，但只有通过实践性学习才能深化理论学习的内容，只有通过实践性学习才能促进技术积累的核心内容——经验性、过程性、非结构化知识和技术能力的增长提高。

在应用技术院校转型过程中，开始可以较多地采取迁移和联合的途径促进技术积累，这两种方式具有短平快的特点，有助于在较短的时间内实现社会范围内积累资源的优化配置，调整技术积累结构，有效增强自身的积累水平。但长期来看，从根本上提高学校自身的技术积累水平，还必须依靠不断学习这一技术积累的最终源泉。

---

① 傅家骥,施培公.技术积累与企业技术创新[J].数量经济技术经济研究,1996(11):70-73.

第三节　直接服务地方经济社会发展是转型发展的重点

应用技术院校转型发展在社会服务职能上也要有转型、有提高、有创新。就社会服务职能转型而言，毫无疑问突出应用技术型人才培养是社会服务转型的最重要内容，加强应用技术研究也是社会服务职能转型的重要内容。通常所说的社会服务包括但不限于人才培养和科学研究，为了更好地区分应用技术院校的三大职能转型，我们这里借鉴"直接服务社会"作为第三职能的概念，来自于潘懋元先生的表述："高等学校的职能，一般认为有三个。第一，培养人才……第二，发展科学……第三，直接为社会服务。为了避免误解，在'为社会服务'之前，加上'直接'两个字，因为培养人才、发展科学也是为社会服务。"[①]高等学校的三个职能不是界限分明截然分开的，他们之间互相联系互相促进，三个职能共同体现了高等学校的功能。

必须强调，作为高等学校的基本职能，直接社会服务也是研究型大学的职能。相对而言，应用技术院校与研究型大学的直接社会服务职能在内容上并无本质区别，差异主要体现在层次上、形式上。如果以比喻描述，研究型大学的直接为社会服务更显"高大上"，而应用技术院校直接为社会服务则显"短平快"，研究型大学的直接为社会服务是阳春白雪，应用技术院校则是下里巴人。总的来看，应用技术院校直接为社会服务更贴近基层政府，更对应中小企业，更深入普通民众。

一、整体职能下的直接为社会服务

有研究提出高等学校的整体职能就是全方位社会服务，"高校的根本职能就是为社会服务、为现实或将来服务。具体地说，高校社会服务职能包括间接社会服务（即人才培养和科学研究）和直接社会服务（即通常所谓的社会服务）"[②]。考察直接社会服务职能，有必要进一步考察高等学校全方位社会服务职能的结构形式，这里的全方位社会服务包括人才培养、科学研究和直接为社会服务。按照全方位社会服务思想，高等学校三个职能具有不同的时效性，其中人才培养服务社会具有超前性、科学研究服务社会具有滞后性、直接为社会服务具有应时性。

---

① 潘懋元.高等学校的社会职能[J].高等工程教育研究,1986(03):11-17.
② 王锐兰.全方位社会服务——高等学校整体职能初探[J].吉林教育科学,1990(02):48-51.

人才培养服务社会的主要内容是培养人才,人才的特点决定了人才培养服务社会的超前性。从教育发展规律来看,教育本身具有超前性。在当代社会,各种类型的人才都必须是具有一定的高深理论知识,或者具有一定的技术技能。而理论知识和技术技能的学习或培养不可能像购买器物一样唾手可得、立等可取,必须有一个接受教育的过程,通过教育学习、领会、习得理论知识或技术技能。而且,随着科学技术的发展,知识与技术急剧膨胀,同时社会对人才的需求越来越高,因此培养人才的教育过程有越来越长的趋势。这就要求教育尤其是高等教育不能面向现在,必须面向未来,为了满足未来社会的需要,人才培养必须具有超前性。

科学研究服务社会的主要内容是科研成果,科学研究的特点决定了科学研究服务社会的滞后性。滞后性主要是从科学研究转化为现实生产力而言。就科学研究本身而言,"无论科学研究活动源于何种动机,但都带有一定的目的性,最终都是为了得到科学共同体内部的认可或社会承认,或者为了得到物质利益,或者为了精神满足获得优先发现权",即科学研究活动价值内示,同时"科学研究活动一方面要向科学共同体内部展示其研究价值,另一方面要向社会展示其研究价值,即价值外示,以获得更多的社会支持"①。科学研究无论是价值内示还是价值外示,都只是潜在的生产力。高等学校科学研究服务社会就是要让潜在的生产力转化为直接的生产力,这就是科技成果转化的作用,或者说科技成果转化的过程就是服务社会的过程。从这个角度来说,高等学校科学研究服务社会具有滞后性。

与人才培养服务社会、科学研究服务社会相比较,直接服务社会的内容和形式多种多样,但定义就是"直接",呈现的特点是即刻、快速、径直,所以直接服务社会具有应时性。

二、为社会提供技术应用与智力支持

应用技术院校直接为社会服务的重要方式之一是技术应用和智力支持,主要包括科技成果的转化、各项技术的推广应用、维护维修等技术问题解决、生产管理服务的具体咨询、社会发展服务咨询、文艺演出宣传等文化服务,等等。

(一)开展技术应用

转型院校技术应用的形式和方式多种多样,技术应用的核心是为行业、企业生产一线或者人民生活带去技术的提升和普及,通过技术带来效益或生活便利。比如,可以通

---

① 文庭孝.科学研究活动的社会评价机制及其演变研究[J].重庆大学学报(社会科学版),2007(05):77-82.

过科研成果、专利的转让,让行业企业直接获取相关技术的应用;可以通过校地合作、校企合作进行技术开发,共同推动技术应用,共同承担技术风险,共同获取技术收益;可以参与行业企业技术改造,把技术直接应用到生产一线;可以推广新品种、新产品等,让企业或群众尽快获得技术的收益;可以开展科技知识普及,服务农民、市民等各类群体,让千家万户都能够感受到技术的利益和便利;等等。

南阳理工学院是一所河南省示范性应用技术类型本科院校、河南省整体转型发展试点学校。学院坚持走"植根南阳、融入南阳、服务南阳"的办学之路,2016 年成立校地合作处,制定《南阳理工学院转型发展全面服务南阳经济社会发展行动计划》。近年来,学院积极推介产业科技服务项目,先后为南阳企事业单位提供技术革新与改造、新产品研发等项目 200 余项,其中培育成熟的项目 65 项,成功举办校地校企合作推介暨集中签约大会,与南阳市 16 个县区政府、8 个局委、9 个产业协会、7 个联盟和 60 家企业集中签约,推动各项科技成果落地。积极与金融公司合作,探索采用基金+技术+平台方式解决企业在资金和技术上的难题,通过这种模式在南阳市投放资金 30 多亿元,帮助诸多本地企业顺利转型。[①] 打造双创社会服务新形态,跨学科、跨专业组建了智能感知与导航、电机振动噪声与控制、县域电商服务等 121 个科技研发服务团队,深入地方各行各业开展科技服务,师导生创、师生共创,为企业提供技术革新和新产品研发项目 370 余项,帮助南阳防爆集团解决了电机振动、降噪升级的技术难题,年增效益 2000 余万元,有效促进了区域产业的转型升级。[②]

(二)提供智力支持

智力支持既是高等学校服务社会最原始、最基本、最常见的方式,也是最直接的方式。因为一个人向学校任何一位教师对任何一个问题的有效询问都可以视为高等学校的咨询服务。作为直接服务社会的智力支持包括产品咨询、信息咨询、技术咨询、政策咨询、服务咨询等。在原来零散咨询的基础上,为了使各种咨询更有成效,高等学校越来越重视有计划、有目的的政策建议性的决策咨询,通过建立各种发展研究中心、各种形式的智库等,把团队的智慧和才能聚集起来,共同为政府、企业、个人等提供有利于发展的满意方案或优化方案。应用技术院校的智库应该成为思想创新的泉源,地方发展的思想库,学校直接服务社会的新业态。

---

① 河南省教育厅.南阳理工学院:多层次开展校地合作,助力本地经济社会发展[EB/OL]. http:// www. haedu. gov. cn/2017/11/29/1511919935487. html.

② 河南省教育厅.南阳理工学院:打造双创社会服务共同体,形成双创产教融合新生态[EB/OL]. http://www. haedu. gov. cn/2018/11/14/1542158937499. html.

洛阳理工学院是河南省转型发展试点学校。经济与管理学院积极整合人才和科研资源,搭建直接服务地方经济社会发展平台,2015年以来,以河南省人文社科重点培育基地"河南区域产业发展研究中心"和洛阳市人文社科重点研究基地"洛阳市应用经济研究中心"为载体,承担了洛阳市副中心城市建设规划的编制工作,完成了3.5万字的《建设中原经济区副中心城市战略纲要(2015—2020)》,为洛阳市各领域工作确定了总方向和路线图。积极参与洛阳市经济社会发展政策建议和决策咨询,为洛阳市及所辖区县完成提交了《洛阳市关于构建现代产业体系的指导意见》《洛阳高新区军民融合产业发展规划》《洛阳高新技术产业开发区国家自主创新示范区政策体系》《涧西区国民经济和社会发展第十三个五年规划纲要》《以洛阳为中心建设"华夏之源"文化特区的建议》《宜阳县十三五脱贫攻坚规划》《嵩县创建小微企业创业创新基地城市示范县实施方案》等一系列重要文件,获得洛阳市委、市政府等地方政府的采纳,在实际工作中应用并取得了成效。积极为政府、企事业单位和群众提供智力支持,受《洛阳商报》委托,坚持定期对洛阳市重要商圈进行顾客和店铺调查,每季度定期发布"洛阳商业指数",对洛阳商业发展起到了明显的促进作用;为杭州、宁波、深圳、南京等地星级酒店提供技术咨询服务等。2016—2018年先后承担和完成二十余项横向课题,引进横向经费约160余万元。[①]

(三)开展文化服务

作为直接为社会服务的文化服务是指高等学校满足人们不断增长的文化兴趣、文化享受和文化需求的行为,包括为地方政府、社会组织、群众等提供文化设施、文化产品,提升文化氛围,传承文化精神。文化服务面向的是所有社会民众,其内容丰富多样,形式多彩多姿。应用技术院校开展文化服务可以帮助地方或与地方合作建设图书馆、博物馆、展览馆、剧场剧院等文化场馆,可以组织开展文化演出、文化展览、文化创作、文化普及、文化培训等。

高等学校的文化服务是公共文化服务的重要组成部分。文化服务一方面满足了人的全面发展的需要,对于人们提升个人素质实现自我发展具有重要作用;一方面满足了传承发展传统文化、发展繁荣社会主义先进文化的需要,对于培育和践行社会主义核心价值观,增强文化自信,建设文化强国具有重要作用。

河南科技学院作为一所以农科见长的应用技术院校,在文化服务方面异军突起。学校艺术学科坚持服务地方文化建设,走基层接地气,先后与企业合作单位建立了民间陶艺与雕塑工作室、印刷实训室、太行石雕实验室、木雕实验室等文化服务平台,与行业、企

---

① 洛阳理工学院经济与管理学院.经济与管理学院近三年来科研成果[EB/OL]. https://www.lit.edu.cn/jjyglxy/info/1011/1413.htm.

业举办"中国第二届豫砚论坛""庆祝建国七十周年'翰墨绘盛世丹青颂祖国'河南省教育系统书法摄影优秀作品展"等大型文化交流和展演活动,与鹤壁市淇县人民政府开展深度合作,为地方文化建设展示了优秀传统文化,创作了一批优秀文化成果。学院经常性开展校内外群众性文艺演出活动,尤其经常性参加新乡市各种文艺演出和竞赛活动,文艺"下乡"活动等,为地方文化建设、精神文明建设做出了积极的贡献。学校书画协会汇聚了校内一批书画爱好者,经常举办书画艺术普及、交流、创作活动,尤其坚持18年不间断举办"义写春联活动",足迹遍布豫北安阳、鹤壁、新乡等数十个村庄、社区,受到了当地群众的交口称赞,为传统文化的普及、传承做出了贡献。①

三、开展技能培训和企业培训

就高等学校人才培养职能而言,可以包括学历教育与非学历教育,而整体性的社会服务职能也包括人才培养,所以高等学校的职能不是界限分明截然分开。我们在对部分普通院校向应用技术院校转型研究中,在对三大职能转型发展的理解上,通常把学历教育作为人才培养职能,把非学历教育作为直接服务社会职能。

非学历教育主要是通常意义上的培训,培训是学习知识的重要途径,一般认为培训是为提高人们实际工作能力而实施的有组织、有计划的介入行为,英国官方培训委员会为培训下的定义是:通过正式的、有组织的或有指导的方式,而不是一般监督、工作革新或经验,获得与工作要求相关的知识和技能的过程②。可以理解为"培养+训练",通过培养加训练使受训者获得岗位所需的知识、技能。按照不同的分类标准,可以把培训分为很多种方式,我们这里主要结合高等学校开展培训的实际,以是否具有职业岗位为标准,把培训分为职业技能培训和职业岗位培训两种。这种分类也存在模糊的地方,比如很多岗位培训也进行技能学习,如果广义上讲也属于技能培训。

(一)开展多种多样的职业技能培训

我们所说的职业技能培训是指为了满足社会成员的基本生存权和发展权,结合社会成员基本的就业需求,对社会成员进行的基础性技术、技能等培训。大致包括通常所说的就业培训、转业培训、创业培训等。培训对象主要是未就业人员、城市失业人员、转业人员、城乡新增劳动力等。包括农村剩余劳动力的农民技术培训也属于职业技能培训,

---

①　央广网河南分网.赞!河南一高校连续17年开展义务书写春联活动[EB/OL].http://hn.cnr.cn/hngd/20190202/t20190202_524502426.shtml.

②　汪群,王全蓉.培训管理[M].上海:上海交通大学出版社,2006:10.

因为一般的农民不具有像企业职工一样的岗位,所以不作为职业岗位培训。这类培训由于对象的分散性或者相对的弱势,所以大多需要政府组织和参与,地方政府运用公共权力通过制定相关政策、规划、制度等,为社会基层劳动者、农民和社会弱势群体提供培训机会,确定培训主体、数量等。比如河南省政府曾发布《河南省农村劳动力职业技能培训规划(2015—2020 年)》,河南省人力资源和社会保障厅、河南省财政厅印发有《河南省就业创业培训管理办法》等。

河南牧业经济学院由原郑州牧业工程高等专科学校和原河南商业高等专科学校合并组建而成,是河南省本科转型发展试点学校。原本高等职业教育的基础,让学校在技术技能培训方面做得风生水起。近年来,河南牧业经济学院在技术技能培训方面开展了河南省农村劳动力转移培训阳光工程农民创业培训、河南省新型职业农民培训、创业创新青年培训、农民教育培训、农业经理人培训、畜牧业技术推广人员培训和技术技能鉴定等,2018 年学校被确定为第二批全国新型职业农民培育示范基地,十余年来先后培育各类新型职业农民 5000 余人。[①] 河南科技学院积极开展各种实用技术培训、电商扶贫调研培训,尤其每年冬季都组织农业专家到农村田间地头指导农民进行中耕、施肥、除草、治虫等技术服务,据统计,"十二五"期间,学校"承担河南省科普传播工程项目 134 项,先后派出科技特派员 57 名,支持'三区'服务人员 121 名,深入生产一线提供服务达 1200 人次,受益群众达 14 万人;培训农业技术人员 4000 余人,推广生产新技术新方法 186 项、新品种 37 个"[②]。

(二)开展各级各类的职业岗位培训

职业岗位培训是指对在职的劳动者进行以适应、胜任岗位为目的的,提高从事职业能力和劳动素质的技术技能培训活动。培训对象可以是各行各业的从业人员,高等学校常见的职业岗位培训包括各级各类的师资培训、干部培训、企业管理人员培训、各类专业技术人员培训、工人技术技能培训等。高等学校一个显著的自身发展的方式是对教师、干部等进行校本培训,校本培训也是一种职业岗位培训,但不应该属于高等学校直接为社会服务下的职业岗位培训。在我国,政府、企业、高等学校都是职业岗位培训的主导者,政府主要制定宏观的规划,除了公务员等部分干部培训有政府直接参与外,一般不参与企事业单位的职业岗位培训工作;企业主要是有提高员工能力素质的客观需求,有意

① 河南牧业经济学院/继续教育信息网.培育新型农民 助力乡村振兴——河南省 2019 年农民教育培训在我校顺利开班[EB/OL]. http://jxjy. hnuahe. edu. cn/info/1011/1790. htm.
② 河南科技学院.信息公开/发展规划及年度报告/"十三五"事业发展规划[EB/OL]. http://www. hist. edu. cn/info/1583/16966. htm.

愿有需要借助高等学校的优质教育资源对员工进行培训；学校则是有条件有能力以及有社会和经济效益，而且职业岗位培训也是高等学校应有的职能。

河南省转型院校一般都设有继续教育学院，具体负责各类培训工作。由于办学积淀、学科类型、办学条件、地理位置等存在差异，各个学校开展的职业岗位培训也各有特色，但都比较好地结合自身实际，开展了不同形式的职业岗位培训服务。河南科技学院前身曾经是农业院校、职业技术师范院校，职业岗位培训具有强烈的职教师资特色、农科特色，学校以全国职业教育师资培训重点建设基地、全国高职高专教育师资培训基地、河南省职业教育干部培训中心、河南省职业教育专业教师培训基地为平台，长期面向全国开展职业教育"国培"师资培训，面向全省开展中高等职业教育"省培"师资培训、职业中学校长培训等；学院面向基层，广泛开展市县级农业技术人员能力提升培训、面向涉农企业开展农业技术培训等。郑州轻工业大学是河南省专业（集群）转型试点院校，是河南省政府和国家烟草专卖局签约共建高校，依托优势特色学科举办卷烟生产工艺培训班、实用人才班、辅仁药业中层干部培训、铁通职工岗前培训、果品生产与加工质检员培训、残疾人职业技能竞赛培训等职业岗位培训，收到了良好的社会效果。商丘师范学院是河南省转型发展试点学校、应用技术型本科高校示范校，地处相对偏远的豫东地区，是一所以师范教育为特色的院校，在承担"国培计划""省培计划"的同时，主要立足商丘为市县进行中小学校长、骨干教师等培训。

四、教学科研基础设施与资源开放

教学科研基础设施与资源开放是高等学校直接为社会服务的重要形式，教学科研基础设施与资源包括实验室、实训场地、体育场馆、科研设施和仪器、图书博物资源、课程资源等。由于高等学校曾经身居"象牙塔"，所以这方面的开放是近些年才开始加大力度。应用技术院校转型发展应逐步推进教学科研基础设施与资源全面开放。

（一）教学科研基础设施和仪器开放

在国外，大学社会服务职能发挥得更加充分，教学科研基础设施与资源开放也更加全面、彻底。在美国，高等学校的教学科研基础设施"不仅应向本校学生提供各类服务，还要向周围社区、中小学校以及各类社会团体和组织提供多种价低质优的服务"[①]。在我国，多年来也一直在推动高等学校教学科研基础设施对地方开放、对群众开放，应用技术

① 王建中.教育公共服务视域下的大学责任研究[D].山东师范大学,2015:13.

院校转型发展尤其要积极主动地加强校地、校企合作,在寻求社会办学资源的同时,推动学校资源向地方开放、向企业开放、向群众开放。

一是教学科研实验室、科研仪器设备向企事业单位开放。高校实验室是教学科研的重要场所,应用技术教学和研究越来越需要较多的、先进的仪器设备、设施和人员的支撑。向企事业单位开放一方面是合作研究的需要,是双向的开放;另一方面也是合理配置资源,提高效率的需要,从全社会来看,资源条件是有限的,合理配置资源、共享资源有利于节约资源、充分利用资源,有利于服务社会推动社会发展。2015 年,教育部办公厅《关于加强高等学校科研基础设施和科研仪器开放共享的指导意见》明确提出"加快推进高等学校科研设施与仪器在保障本校教学科研基本需求的前提下向其他高校、科研院所、企业、社会研发组织等社会用户开放共享,并提供专业化服务,实现资源共享,充分释放服务潜能,支持创新创业,支持小型微型企业发展,为实施创新驱动发展战略和创新创业提供有效支撑"①。

二是体育场馆设施向社区民众开放。就直接为社会服务功能而言,高校为社区民众提供体育场馆设施最直接最经常也最简单。就社会需求而言,群众对高校完善先进的体育场馆设施最渴望,一项调查也显示社会大众"对高校图书馆和体育场馆有需求的占总人数的 76%"②。在许多城市,都存在体育场馆不足的问题,高等学校体育场馆种类多、设施先进、配套完善,往往在城市公共服务中占有明显的优势,吸引众多民众参与。在很多高校,每到傍晚、夜晚,都会有许多社区群众到高校校园健身锻炼,以至于一些高校不得不出台一定的限制措施,一方面为了维护校园教学环境,一方面为了保护体育场馆设施。应用技术院校既要为社区群众提供体育场馆设施服务,这是应有的职能和社会责任,又要以保证正常的教学科研秩序为前提。学校可以通过限制公共服务的时间、办理相应的证件、开展有偿使用等多种方式引导体育场馆设施合理有序开放。

(二)图书博物资源开放

就公共文化服务资源来看,高等学校的图书馆、博物馆、标本馆、展览馆等是所在城市的重要资源和文化标志。尤其在一些中小城市,高等学校的图书馆、博物馆等建设的标准、收藏的数量和质量等往往超过城市图书馆、博物馆等。因而,应用技术院校图书博物资源开放尤其具有支持地方文化发展的意义。

---

① 中华人民共和国教育部/公开.教育部办公厅关于加强高等学校科研基础设施和科研仪器开放共享的指导意见[EB/OL]. http://www.moe.gov.cn/srcsite/A16/s3336/201601/t20160111_227492.html.
② 满昌学.地方高校参与公共文化服务体系建设探析[J].广西师范大学学报(哲学社会科学版),2017(04):117-120.

　　无论是社会图书馆还是高校图书馆,都具有搜集、整理、收藏图书,保存文化典籍遗产,开发文献信息资源,参与社会教育等职能。所以,高校图书馆具有公益性,应该利用自身的丰富文献资源、多样的文献服务,积极为社会公众提供文化服务。美国大学社会服务职能发挥比较充分,高校图书馆为社会服务达到了一个较高的水平,形成了相对成熟的服务模式,"在美国,几乎所有的高校图书馆都向校外公众免费开放,出入不需出示任何身份证件,高校图书馆被读者誉为高校里的'公共图书馆',成为各国效仿的典范";日本高校图书馆的经费全部由国家税收承担,因此要求图书馆全部资源与设施都要向公众免费开放,2005年日本国立和公立大学开放率为100%,私立大学开放率为97.1%[1]。我国高校图书馆社会服务起步晚、进展缓,现在整体服务水平比较低,2019年一项基于吉林省高校图书馆的调查显示,调研样本中已对外开展社会化服务的高校图书馆只有39%,未对外开放的占61%[2],这基本上也反映了我国高校图书馆整体开放程度。应用技术院校转型发展包括提高图书馆服务水平,但需要在校地合作中逐步解决,因为高校图书馆开放必须在满足教学科研的前提下,必须有充足的经费保证图书馆服务器等技术设备的升级维护,所以高校图书馆开放需要地方的大力支持,一旦地方政府把应用技术院校图书馆纳入地方公共文化服务体系,就应该通过保障性政策、激励机制等共同推动高校图书馆的开放。应用技术院校图书馆开放除了基本的借阅外,还可以考虑开展展览等部分有偿服务,要与地方共建区域文献资源统一检索系统平台,重点开放图书馆信息资源服务,不仅为社会民众而且为地方企业提供信息帮助,助力地方经济发展。

　　如果说图书馆是高校的标配,博物馆则是高校的高配,近年来高等学校逐渐兴起了一股博物馆建设热。博物馆与图书馆一样都具有保存文化遗产和参与社会教育职能,但博物馆主要是征集、典藏、陈列和研究代表自然和人类文化遗产的实物。应用技术院校博物馆要坚持走面向地方、突出特色的发展道路,应结合学校优势、区域特色打造具有特色馆藏的精品博物馆。比如,许昌学院建设的中原农耕文化博物馆、南阳师范学院独山玉博物馆、周口师范学院周口民间艺术博物馆等都具有鲜明的地方文化特征。博物馆以及美术馆、标本馆、展览馆等不仅有搜集保存功能、教育研究功能,还有旅游娱乐功能,因此博物馆等更受普通民众的欢迎和喜爱。结合博物馆这些特征,高校博物馆、美术馆等在向民众推行一般性免费参观服务的同时,可以更多、更好地开展有偿文化服务,比如专题展览、艺术表演、实景展示、科普培训、仿品纪念物等等,这既可以挖掘、保存和传承优秀传统文化,又可以丰富社区文化生活,提升民众文化素养,拓展公共文化服务空间。

①　洪跃,王贵海.国外高校图书馆社会服务模式及借鉴[J].图书情报工作,2013(14):6-11.
②　张凌超.吉林省高校图书馆社会化服务调查研究[J].图书馆学研究,2019(20):65-71.

（三）课程资源开放

课程资源开放起步较晚但发展最为迅速。2002 年,联合国教科文组织(UNESCO)提出了开放教育资源(Open Educational Resources,OER)概念,其定义是"技术支撑的开放提供的教育资源,用户为了非商业目的可参考(reference)、使用(use)和修改(adaptation)这些资源"①。其实就汉语词汇而言,教育资源不仅包括课程资源,而且包括教学科研基础设施与仪器、图书博物资源以及人力资源等,但"开放教育资源"现在几乎是一个专有名词。我们不拘泥于"开放教育资源"与"课程资源"的区别,认为二者是内涵基本一致的概念,也就是"开放教育资源包括完整的课程、课程材料、模块、教材、流媒体视频、测试、软件以及其他任何用以支持获取知识的工具、材料和技术"②。

在我国,几乎与国际"开放教育资源"同步。2003 年 4 月,教育部启动精品课程建设工作,10 月成立了中国开放教育资源协会。到 2010 年,经过 10 年建设,教育部共组织建设了 3909 门国家精品课程,各地建设省级、校级精品课程 2 万多门,2012 年起,教育部将原国家精品课程择优升级改造为精品资源共享课,通过统一平台"爱课程网"进行共享应用③。爱课程网现已成为在国际具有领先水平、在国内最具影响力之一的高等学校在线开放课程平台,这标志着高等学校的课程开放从以服务高校教师为主转型为以高校师生和社会学习者为主,真正直接服务社会公众。当前比较有影响的课程资源开放平台还有学堂在线,是 2013 年清华大学发起建立的慕课平台,目前,学堂在线运行了国内外一流大学的超过 2300 门优质课程,覆盖 13 大学科门类④。

应用技术院校推进课程资源开发既是职能,也是转型发展需要,通过课程资源开放一方面是直接服务社会,一方面是宣传推介学校。在河南省转型院校中,在线开放课程建设取得了一定的成效,大部分院校都建有在线开放课程,根据爱课程网的部分院校检索,黄淮学院有在线开放课程 4 门、平顶山学院 9 门、商丘师范学院 8 门、信阳农林学院 1门、南阳理工学院 7 门,这其中绝大部分是在线开放课程,资源共享课只有南阳理工学院1 门。这说明转型院校课程资源开放的数量、质量都还不足,还需要切实予以重视、开发和开放。

---

① 孙子文,纪志成.开放教育资源运动与高等教育信息化资源建设模式透视——开放教育资源运动:从 OCW 到 MOOCs[J].学术论坛,2017(1):155-161.

② 陈廷柱,齐明明.开放教育资源运动:高等教育的变革与挑战[J].清华大学教育研究,2014(05):109-117.

③ 中华人民共和国教育部/互动/政策咨询.关于国家精品课程的咨询[EB/OL].http://www.moe.gov.cn/jyb_hygq/hygq_zczx/moe_1346/moe_1354/201312/t20131227_161384.html.

④ 学堂在线.关于我们[EB/OL].https://next.xuetangx.com/about.

　　在当今互联网时代,高等学校具有的知识传播使命与互联网开放共享本质具有高度的契合性,应用技术院校转型发展必须适应和抓住互联网带来的机遇,在课程资源开放方面赶上并实现突破,以此提高直接服务社会的质量和层次,推动更好转型发展。

第六章

典型模式：河南省转型试点院校经验借鉴

以应用技术大学（学院）联盟的成立为标志，我们可以把 2013 年视为应用技术院校转型发展的元年，至今已经整整 8 个年头。无论是国家政策，还是高等学校的转型发展实践都是一个系统的工程，一个渐进的过程，一个完善的进程。这期间，部分普通本科院校有转向何处的迷茫，有转与不转的犹豫，有主动转型与被动转型的徘徊。在政府的积极引导下，部分普通本科院校逐渐走出了迷茫和犹豫，开始走向自觉转型的正确轨道。但高等教育发展规律告诉我们，高等学校职能演进的历史是一个职能不断扩展的进程，以职能扩展的视角考察普通院校向应用技术院校转型发展，这种转型发展也是一个长期的过程，转型目标的达成需要时间、需要不断的探索和总结，尽管部分高校已经取得了巨大的成功，但转型发展始终在路上。

第一节　产教融合：黄淮学院转型发展的实践探索

黄淮学院是河南省起步最早的向应用技术院校转型发展的普通高校，也是自觉探索，先行先试具有示范效应的转型院校。黄淮学院的转型发展是一种自觉的转型，是在专升本之后一度"迷茫"中的自觉选择，对于新建本科院校转型发展具有很强的借鉴意义。

一、黄淮学院与产教融合发展战略国际论坛

黄淮学院前身是驻马店高等师范专科学校，2004 年升格为全日制普通本科高校。学校总占地面积 2760 亩，设有 17 个二级学院，50 个本科专业，全日制普通在校生 2.1 万

人，教职工1500余人。学校紧紧围绕"建设特色鲜明的应用型本科高校"的发展目标，秉承"厚德、博学、笃行、自强"的校训，发扬"除了奋斗，别无选择"的学校精神，坚持"育人为本、质量立校、学科交融、特色取胜"的办学理念，扎根地方办大学，主动为区域经济社会发展服务，着力培养"理想信念坚定、专业知识扎实、实践能力突出，具有创新精神和国际化视野的应用型人才"，成功探索了一条"地方性、国际化、开放式、应用型"地方本科高校转型发展道路，学校整体办学水平和社会影响力持续提升①。黄淮学院现为教育部应用技术大学改革战略研究试点院校、中国应用技术大学联盟副理事长单位、河南省首批示范性应用技术类型本科院校、河南省5G智慧校园试点高校、河南省"三全育人"综合改革试点高校、河南省高等学校基层党组织建设先进单位、河南省文明校园（标兵）单位。

2014年，黄淮学院抓住了承办首届产教融合发展战略国际论坛的历史性机遇，推动学校取得转型发展的跨越式发展。首届产教融合发展战略国际论坛经教育部批准，由应用技术大学（学院）联盟、中国教育国际交流协会主办，驻马店市人民政府、黄淮学院承办，2014年4月24—26日在河南省驻马店市召开，第一届论坛的主题是"建设中国特色应用技术大学"。教育部副部长鲁昕出席论坛开幕式并讲话，河南省副省长徐济超、中国教育国际交流协会秘书长邵巍分别致辞。国内178所地方高校、6所教育部直属高校，31个行业企业，33个政府及相关部门，54位经济、教育领域的专家学者，以及来自德国、荷兰、芬兰、印度、韩国等国的高校和行业协会代表参加论坛。与会代表研讨了高等教育结构的战略性调整、中国高校的转型发展之路、国外应用技术大学的发展经验、地方政府和地方高校的合作、行业企业和高校的合作、新技术革命对教育的挑战等社会关心的热点问题。② 在论坛闭幕式上，参加论坛的178所高校共同发布了《驻马店共识》。

在首届产教融合发展战略国际论坛上，黄淮学院的转型发展得到各界的广泛好评。鲁昕在开幕式讲话中对黄淮学院的转型发展给予了高度的评价，指出"正是由于黄淮学院的创新实践，才诞生了今天中国教育的'达沃斯'论坛——产教融合发展战略国际论坛。黄淮学院'升本'还不到7年，但是走出了一条产教融合、率先转型的路子，推动了当地经济的快速发展。现在，高等教育结构的战略性调整已经拉开序幕，相信黄淮学院未来一定能建成中国特色的应用技术大学"③。

① 黄淮学院官网.黄淮学院简介[EB/OL].http://www.huanghuai.edu.cn/html/xuexiaojianjie.html.

② 高杨，赵冬冬.构建现代职业教育体系，推进地方高校转型发展，建设中国特色应用技术大学——首届产教融合发展战略国际论坛综述[J].河南教育（高教），2014（05）：42-45.

③ 高杨，赵冬冬.构建现代职业教育体系，推进地方高校转型发展，建设中国特色应用技术大学——首届产教融合发展战略国际论坛综述[J].河南教育（高教），2014（05）：42-45.

黄淮学院最大的收获还在于成为产教融合发展战略国际论坛的永久性驻地,到2020年已经举办了7届,从第1届到第7届,每一届都确立一个转型发展的关键主题,如"建设中国特色应用技术大学""拥抱变革、创造价值——应用技术大学的使命与挑战""向'互联网+'与智能制造进军""跨界融合——战略性新兴产业崛起与人才培养机制改革""扎根中国大地办大学——新时代产教融合新作为""劳动·实践·创造——开启新时代加快教育现代化建设新征程""新征程——面向未来三十年"等。在历次论坛中,教育部派出了副部长出席,近几届论坛,全国人大常委会副委员长也多有出席,显示了产教融合发展战略国际论坛的影响力越来越大,正日益成为我国高等教育领域具有国际影响力的品牌性论坛。这一论坛既推动了黄淮学院的转型发展,也为黄淮学院赢得了巨大的国际性声誉。

二、黄淮学院产教融合推动转型发展之路

在转型发展的路径选择上,黄淮学院坚持走产教融合之路,坚持把专业与产业相结合,实现了专业、产业相互支持,相互促进,进而推动整体深度转型,实现学校高质量发展。黄淮学院原院长谭贞从四个方面介绍黄淮学院"深化产教融合,推进转型发展"的办学实践[①]:

一是"深化产教融合,推动办学模式的创新"。黄淮学院从大学的"根本法"章程入手,在《黄淮学院章程》中明确写入"深化产教融合、校企合作"的内容,通过学校"根本法"规定了以"产教融合、校企合作"为核心的转型发展路径。以"合作、发展、共赢"为宗旨,牵头组建了有200多家行业组织、知名企业、科研机构、高等学校和政府机构参加的"黄淮学院合作发展联盟",打造"多主体合作、多团队协作、多模式运作"的教育、科研、管理、服务一体化的协同创新平台,形成了校企、校研、校地多方共同聚力的合作治理机制。

黄淮学院积极推进二级学院与行业企业的无缝对接,推动合作共建,打造"双主体"育人模式。比如,黄淮学院先后与哈工大机器人集团有限公司等知名企业合作共建"嫘祖服装智能制造学院""黄淮学院—中集华骏智能制造学院""农产品加工学院""昊华骏化学院"等7个行业特色二级学院。这些行业特色二级学院分别组建理事会和专业建设指导委员会,通过"六个共同"(共同制定培养方案、共同实施教学、共同评价人才质量、共同培育师资、共同开展研发、共同组建基地)和"四个合作"(合作办学、合作育人、合作就

---

① 谭贞.黄淮学院:深化产教融合,推进转型发展[J].河南教育(高教),2018(09):87-89.

业、合作发展),努力达成"产学研结合、教学做合一"①。2018 年,黄淮学院还与驻马店市政府合作成立了"驻马店市企业家学院",培养目标是具有国际视野、战略思维和现代企业管理水平的高素质本土企业家。近年来,黄淮学院先后与中兴、华为、德国菲尼克斯等国内外知名企业合作共建了"中兴通讯 ICT 产教融合创新基地""工业 4.0 智能工厂实验室"等 11 个产教融合平台。2017 年,黄淮学院与快速制造国家工程研究中心合作共建了"数字化设计与 3D 打印创新中心",与凤凰教育集团合作共建了"高校数字媒体产教融合创新应用示范基地"。2018 年,黄淮学院与河南小樱桃动漫集团合作共建了国家动漫产业发展基地,与北京大仓盛合文化传媒有限公司合作共建了北京大仓盛合文化传媒有限公司产教融合示范基地。产教融合平台已成为助推黄淮学院转型发展的"加速器"。

二是"深化产教融合,推动人才培养模式的创新"。黄淮学院积极推进与行业企业共同制定人才培养方案,在三次人才培养方案修订中,先后邀请了 200 多家行业企业管理和技术人员参与,将行业企业的需求和行业职业标准纳入人才培养方案,创建了学校企业"双主体"人才培养模式,以及"四位一体"(通识教育、专业教育、创新创业教育、实践教学)的"模块+平台"应用型课程体系,形成了人才培养目标与企业用人标准紧密衔接的联合培养机制。

黄淮学院积极推进"三对接"教学模式改革,按照"课程体系与从业能力对接、课程内容与职业标准对接、教学过程与生产过程对接"的"三对接"原则,全面推进教学模式改革。在教学内容改革上,及时吸收行业企业领域的新技术、新工艺、新标准,增强教学内容应用性;在教学方法改革上,引入项目化教学、案例教学、现场教学、仿真教学、翻转课堂等教学方法,融"教、学、做、评"为一体,满足学生个性化、多样化的学习和发展需求。

黄淮学院积极推进与行业企业合作共建实习实训基地。一方面学校在校内建设了 4 万平方米的大学生创新创业园、科技产业园和"梦工场"等综合性实习实训基地,一方面与地方政府、行业企业合作共建了 214 个校外实习实训基地。每年能够为学生提供 3000 个实习实训岗位。以此为依托,黄淮学院积极推进与企业合作开展创新创业教育,与企业合作成立创新创业学院,组建了 150 余人的专兼职创新创业导师团,把创新创业教育贯穿人才培养全过程,构建了以"五个融入"为特色的创新创业教育体系。黄淮学院依托国家级众创空间、国家级科技企业孵化器,与企业合作成立了创新孵化中心,孵化了 8 个科技创新型小微企业。黄淮学院先后被评为国家级科技企业孵化器、首批国家级众创空间、全国创新创业典型经验高校和全国首批"深化创新创业教育改革示范高校"。

三是"深化产教融合,提升服务地方经济社会发展能力"。黄淮学院坚持以产业发展

---

① 谭贞.黄淮学院:深化产教融合,推进转型发展[J].河南教育(高教),2018(09):87-89.

需求为导向,围绕产业办专业。强力实施"学科专业改造提升计划",建立了行业和用人单位参与的校内专业设置评议制度以及专业动态调整等管理机制。学校先后停招了13个与地方产业结合不紧、就业质量不高的专业,新增了新能源科学与工程、工程造价等21个地方发展急需、就业前景良好的新专业;重点建设了信息技术类、土木建筑类、文化艺术类、机械电子类、管理服务类、化学与生物工程类六大特色专业集群,紧密对接地方主导产业、特色产业和战略新兴产业。目前,学校的应用型专业已占专业总数的86%。

黄淮学院坚持以服务地方创新驱动为导向,切实加强应用型科学研究。学校与地方30多家企业共建了道桥安全评价工程技术研究中心、化工三废资源利用工程技术研究中心等28个工程技术研究中心和技术集成服务中心,协同推进应用型科学研究。黄淮学院建立了产业集成服务平台,助推区域产业转型升级和创新发展。2018年1月,以驻马店市政府为主导,黄淮学院和驻马店市成立了"驻马店产业创新发展研究院",着力打造"一个智库、二个基地、三个平台"(驻马店产业智库,企业家培训基地、科技企业孵化基地,政产学研协同创新平台、创新成果转移转化平台、高端人才集聚平台),为驻马店市推进产业创新发展提供大力支持。8月,黄淮学院与教育部学校规划建设发展中心、驻马店市人民政府、汉唐教育集团合作成立乡村振兴学院(现代农业智慧学习工场),共同打造全国第一个现代农业产业基地。黄淮学院还与地方政府、行业企业合作组建了"驻马店企业家学院""圆通科学工作院"等产业创新服务平台,精准对接国家和区域重大发展战略的实施。

黄淮学院坚持以服务地方人才需求为导向,与企业协同打造人才资源高地。2014年开始,黄淮学院与驻马店市共同实施"院企人才合作工程",每年选派20名左右高层次人才到驻马店市直单位和县区挂职锻炼,支援地方经济建设。积极推进"双聘人才引入计划"和专业教师"下基层"计划,每年聘请100名左右的行业企业专业技术人才,到学校参与教学和人才培养,每年选派100名左右的专业教师到行业企业生产一线,接受实践锻炼。学校"双师双能型"教师占教师总量的43.9%。

四是"深化产教融合,积极开展国际交流与合作"。2014年4月,黄淮学院承办产教融合发展战略国际论坛第一届论坛,之后成为常设论坛驻地,每年举办一届。产教融合发展战略国际论坛不仅在中外教育界之间、教育界与企业界之间搭建了一个很好的国际化交流与合作平台,而且成为宣传河南、展示河南的一个重要窗口,成为黄淮学院的一个标志性名片。正是有了产教融合发展战略国际论坛这一高端平台,黄淮学院先后加入了中美"双百计划"、中荷应用技术大学合作项目,启动并实施了斯旺西大学—黄淮学院国际研究所、黄淮迈索尔国际软件工程学院等国际合作项目。学校先后与7个国家和台湾地区的20多所高校开展合作办学。

三、黄淮学院转型发展特点与启示

一是自觉探索，先行先试方向明确。黄淮学院的转型发展是一种自觉的转型，是在升本后目标"迷茫"中的自觉选择。20世纪初，当时的河南省有许多专科学院先后升本，对于每一所学校来说，这一过程都充满了千辛万苦。可是当站在本科院校这个更高的平台之后，这些学校突然发现自己从领跑者变成了尾随者，而且高等教育发展的渐进性，让这种尾随几乎看不到尽头。

2004年，驻马店师范专科学校与中原职业技术学院合并升本，定名为黄淮学院。对于当时的黄淮学院来说，首先要很好地生存，然后才能谈发展。经过5年的迷茫、磨合、适应，2010年黄淮学院第二次党代会在基于对国内、国际大局形势准确把握，对自身发展基础清醒认识的基础上，第一次明确提出了建设特色鲜明的应用型本科高校的奋斗目标。2010年也成为黄淮学院转型发展的改革元年，是黄淮学院自上而下推进转型发展的开局之年。

黄淮学院转型发展起步早，方向聚焦明确，目标路径一贯。2011年，黄淮学院围绕"怎样办好应用型大学、怎样培养高素质技术技能人才"等核心问题，开展了统一思想激发干劲的思想观念大讨论活动，大讨论采用"政策引路、专家指路、行业铺路、学校探路"的方法，时间为期一年。通过讨论进一步明确提出：推动"校企合作、产教融合""能力本位、重在实践"这"两大突破"；完成从传统专科学校管理到现代应用技术大学管理、从封闭式办学到开放式办学、从传统知识本位的学科教育到能力本位专业教育的"三个转型"；实现办学基本条件、内涵建设水平、人才培养质量、服务社会能力"四个提升"的总体发展思路；确立"就业能称职、创业有能力、深造有基础、发展有后劲"的技术技能人才培养定位；强力实施"人才强校、质量立校、专业集群、项目带动、开放合作"的五大发展战略[①]。

2012年，黄淮学院进一步明确，学校总体办学定位是"建设特色鲜明的应用型本科高校"，发展目标定位：到2020年努力把学校建设成为"地方性、国际化、开放式、应用型"的国内知名应用技术大学；办学层次定位：以普通本科教育为主体，积极推进专业硕士研究生教育，适度开展高职教育；服务面向定位：立足驻马店，面向中原经济区，辐射全国，主动为区域经济发展服务；人才培养目标定位：着力培养"就业能称职、创业有能力、深造有基础、发展有后劲"的高层次技术技能人才；学科专业定位：坚持"突出应用、集群发展、培

① 介晓磊，刘海峰.黄淮学院转型发展的战略选择及其建设成效[J].计算机教育，2015(05)：2-5.

育特色、提高质量"的原则,重点发展信息技术类、土木建筑类、文化艺术类、管理经营类四大专业集群,瞄准中原经济区主导产业和战略性新兴产业,构建以应用型专业为主体的专业体系①。

2013 年 2 月,教育部启动应用技术大学(学院)改革试点工作,黄淮学院被教育部确定为应用技术大学改革试点战略研究第五专题组——院校转型发展工程项目组组长单位;6 月,在"应用技术大学联盟"成立大会上被推举为副理事长单位;9 月加入"中德论坛:高层次应用型人才培养(CDAR)"联盟;10 月被河南省确定为第一批高校转型发展试点研究组长单位。2014 年 1 月,教育部"部分省市地方本科高校转型发展座谈会"在黄淮学院举行,教育部原副部长鲁昕总结:"黄淮学院的经验,对地方本科高校转型发展具有重要的示范意义"②。4 月,首届产教融合发展战略国际论坛花落黄淮学院,之后生根发芽,影响日益扩大。

二是统筹谋划,建立转型发展专门机构。2013 年,黄淮学院转型发展进入"国道"之后,随即成立了黄淮学院转型发展试点工作领导小组,党委书记、校长担任领导小组组长,几位相关分管校级领导任副组长,领导小组下设改革试点办公室,由发展规划处、人事处、教务处、科研处、实验设备处、大学生创新创业中心、应用技术大学研究中心等相关职能部门共同组成。

应用技术大学研究中心是为转型发展专门成立的正处级研究机构,中心现已发展到有三大科研平台:地方高校转型发展协同创新中心、河南省高等学校人文社会科学重点研究基地应用型本科高校产教融合发展研究中心、中国职业技术教育学会职业教育类型研究中心,下设"转型发展研究所""产教融合研究所""高等教育国际化研究所"和"职业教育类型研究所"四个研究所,主要开展应用型本科高校转型发展、产教融合发展、国际化发展、高校服务乡村振兴发展及职业教育理论与实践等方面的研究工作。应用技术大学研究中心持续产出了一批有影响的研究成果,为应用技术大学建设提供了理论支持,为黄淮学院转型发展决策提供了有力的决策参考,很好地引导了黄淮学院转型发展的实践,并总结了黄淮学院转型发展的经验。

与此相一致,黄淮学院也制定出台了一系列统筹转型发展的政策措施。2013 年 9 月出台《黄淮学院转型发展及应用技术大学建设方案》,2014 年 2 月出台《中共黄淮学院委员会关于认真贯彻教育部地方本科高校转型发展座谈会精神,加速提升学校型发展水平

---

① 介晓磊,刘海峰.黄淮学院转型发展的战略选择及其建设成效[J].计算机教育,2015(05):2-5.
② 高杨,韩家清,赵冬冬.拼出来的美丽——黄淮学院转型发展探索与实践纪实[J].河南教育(高教),2014(03):7-10.

的意见》,8 月研制出台《黄淮学院转型发展十个新突破工作方案》,从发展目标、重点任务、治理结构、校企合作、师资队伍、学科专业、培养模式、课程教材、实践基地、科学研究、继续教育、国际交流合作等全方位推进转型发展。学校二级院系在全国率先制订《院系提升转型发展水平工作方案》,使学校的转型发展工作有了清晰的任务书、时间表和路线图①。

三是培育优势,打造一批特色学科专业。按照"围绕产业办专业、办好专业促产业"的指导思想,建立学科专业动态调整机制,组织专业带头人、骨干教师深入行业企业开展专业调研活动,学校制定了《黄淮学院专业建设工作条例》,建立了常态评价、动态调整等管理机制。

实施了"学科专业改造提升计划"。黄淮学院强调要围绕中原经济区战略性新兴产业和高成长性产业,进一步优化学科专业结构、调整学科专业布局。2013 年,学校停招了城乡规划等 6 个专业,新增工程造价、生物工程、制药工程等专业;在建好信息技术类、土木建筑类、文化艺术类和管理服务类 4 个特色学科专业群的基础上,重点培育发展了机械电子类、生物工程类 2 个特色专业集群,努力提升专业建设与地方经济社会发展的契合度、融合度和满意度。适应学科专业改造提升计划,大力支持应用型课程与教材建设。相继出台了《黄淮学院课程资源开发质量标准》《黄淮学院课程建设实施方案》等文件,划拨专项资金,以校企合作方式推动应用型课程与教材建设。

四是依托"双主体",创新技术技能人才培养模式。黄淮学院先后与 200 余家行业企业共同建立了"黄淮学院合作发展联盟",与华为、中兴、思科、用友新道、河南天中联集团有限公司等国内外知名企业联合成立专业改革建设指导委员会,学校与行业企业共同制订培养方案,确定培养目标,制订教学大纲和教学计划,把"校企双主体"落实到专业人才培养的全过程。

与此相一致,积极推进"两对接"应用型教学模式。根据"课程内容与职业标准对接、教学过程与生产过程对接"的总体原则,学校依托大学生创新创业园、科技产业园、梦工厂和各级各类工程技术开发中心等合作联盟单位,建立起技术先进、设备完善、环境逼真的工作室或教学车间,把教学内容融入设计或生产过程。学校在校内先后建立了"物联网""嵌入式""微建筑""启元造价""动画制作"等 52 个工作室,在校外企业建立了 32 个教学生产车间,以案例式教学、项目化教学为突破口,全面带动启发式、讨论式、现场教学等教学方法的改革,实现"教、学、做、评"一体化,促进学生创新实践能力的提升②。

---

① 介晓磊,刘海峰.黄淮学院转型发展的战略选择及其建设成效[J].计算机教育,2015(05):2-5.
② 介晓磊,刘海峰.黄淮学院转型发展的战略选择及其建设成效[J].计算机教育,2015(05):2-5.

第二节 政府主导:校地校企合作"许昌模式"

许昌学院转型发展曾经被称为"许昌模式",其最大特点是政府主导转型发展,构建起了"政府主导、学校主体、企业参与、校地互动"的政产学研合作长效机制①。

一、许昌学院转型发展概况

许昌学院是一所省属全日制普通本科院校,前身是师范专科学校,2002 年升格为普通本科院校。从 2002 年起,许昌学院面临着从专科教育向普通本科教育、从单一的师范院校向综合性院校的转型。2013 年,应用技术院校类型的提出,为许昌学院带来了新的转型机遇,学校先后被确定为河南省第一批转型发展试点院校、示范性应用技术类型本科院校。2015 年 4 月,时任中共中央政治局常委、全国人大常委会委员长张德江到许昌学院等地检查职业教育法执法情况,强调我国经济发展进入新常态,在转型升级、创新发展中需要大量的高素质技术技能人才②。2015 年许昌学院被评为全国 100 所转型发展高校之一,2016 年许昌学院被批准为国家"十三五"应用型本科产教融合工程应用型本科院校建设项目。

许昌学院是许昌市唯一的本科院校,在许昌市拥有非常高的地位和声誉。从"行政级别"上看,学校与许昌市都是正厅级单位,二者一定程度上具有平等性;从服务地方发展上看,许昌学院具有无可替代的龙头地位,对于许昌市的人才培养和经济建设至关重要。所以,许昌学院的转型发展得到了许昌市的大力支持,由于许昌学院是省市共管,许昌市对许昌学院的建设发展有一定的话语权、决定权,因此许昌市政府甚至主导了许昌学院的转型发展,逐步形成了"许昌模式"。

2013 年 12 月,许昌市政府与许昌学院签订了《支持许昌学院创建应用科技大学战略合作协议》。2014 年 11 月,许昌市委专题研究支持许昌学院转型发展的具体措施,明确提出在 5 个方面优先支持许昌学院的转型发展:"优先支持许昌学院打造契合地方需求的特色专业;优先支持许昌学院打通科技成果本地转化的快速通道;优先支持许昌学院

---

① 陈建国.打造校地校企合作"许昌模式"[J].中国高等教育,2016,(23):33-35.
② 新华网.张德江:严格开展执法检查 确保职业教育法正确有效实施[EB/OL].2015 年 04 月 15 日.http://www.xinhuanet.com/politics/2015-04/15/c_1114981280.htm.

锤炼适应未来发展的人才队伍;优先支持许昌学院搭建产学研用的创新平台;优先支持许昌学院创建高水平应用技术大学的战略转型。"[1]

2015 年 1 月,河南省人民政府在许昌召开了全省本科学校转型发展现场推进会,许昌学院作典型经验介绍,时任河南省副省长徐济超称赞"许昌学院在转型发展中,探索出了一条高校服务地方发展、地方全力支持高校建设的良性互动发展之路,为全省树立了典范"。教育部发规司负责人充分肯定了许昌学院转型发展工作,并称之为转型发展的"许昌模式",其做法对河南乃至全国本科高校转型都有重要的启示[2]。

二、许昌学院转型发展实践

2016 年,许昌学院原党委书记陈建国专门撰文介绍了许昌学院转型发展的探索与实践,提出在 5 个方面取得了明显成效[3]。

一是"构建政产学研长效合作机制"。2015 年,河南省教育厅与许昌市签署《河南省教育厅、许昌市人民政府共同支持许昌学院转型发展协议》。许昌市政府专门成立有支持许昌学院转型发展协调小组,主管副市长任组长,许昌市发展改革、财政、教育、科技、工业与信息化、人力资源与社会保障等局委负责人为成员,定期研究解决并统筹协调校地合作事项。在许昌市政府的组织协调下,许昌学院先后与许昌市城乡经济一体化示范区、许昌经济技术开发区管委会、襄城县政府、禹州市政府等许昌市区县签署战略合作协议,与 50 多家地方骨干企业联合成立了科技协同创新战略联盟。许昌市政府还设立了2000 万元专项资金,支持许昌学院牵头成立许昌高等职业教育发展联盟,探索建立应用型本科高校与高职高专院校优势互补、资源共享、协作发展的机制,探索构建区域现代职业教育体系。

二是"校地合作打造特色专业群"。许昌市政府大力支持许昌学院专业建设,列支专项资金支持许昌学院培育壮大特色专业,依托和服务许昌市重点产业,建成了电力装备与制造、信息技术、食品医药与健康、商务服务等一批优势特色专业群。政府牵线搭桥,支持许继集团、森源集团、瑞贝卡集团、西继电梯、黄河旋风等许昌市龙头企业与学校联合举办专业,并成立了瑞贝卡学院、电梯学院、路桥学院、钧瓷学院等企业、行业性学院,

①　王树山.助推许昌学院在建设应用技术大学的道路上走得更稳、更快、更好[J].河南教育(高教).2015,(1):11.

②　李见新.河南省本科学校转型发展现场推进会召开[EB/OL].河南省教育厅网站:首页>微信栏目>豫教要闻>正文.http://jyt.henan.gov.cn/2015/01-16/1600799.html.

③　陈建国.打造校地校企合作"许昌模式"[J].中国高等教育,2016,(23):33-35.

采用嵌入式专业改革,定向培养企业、行业急需对口的高技能型人才。在政府和地方企业的支持下,许昌学院几乎所有的二级学院、所有专业都有比较稳定的行业或企业合作伙伴。在深度校企合作中,许昌学院还与企业、行业共同制定人才培养方案,共同编写适用的特色教材,共同培养"双师型"教师,共同承担课堂和实践教学任务,共同建设实验实习实训平台,企业几乎参与了人才培养的全过程,保证了人才培养规格与行业企业需求的契合度。

三是"校地合作实施人才共建工程"。在地方政府倾力支持下,围绕应用型人才培养,结合优势特色学科建设,许昌学院全力打造高水平高技能师资队伍。配合许昌市政府高层次人才"英才计划",制定实施了"特设人才岗位计划",并作为市政府"英才计划"的重要组成部分,让学校引进的高层次人才享受政府、学校双重优惠待遇,形成叠加效应,增强了高层次人才引进的成效。2014 年,许昌学院和许昌市政府共同提出实施了"双百工程"人才共建共享计划,政府、学校双向促进校地人才交流,积极打造"双师双能"教师队伍。按照"双百工程"计划,五年内,许昌市选派百名行业企业高技术人才和高技能人才到学校担任兼职教授,许昌学院选派百名教师到许昌市龙头骨干企业和市县产业集聚区实习实训实践,了解地方产业发展,习得技术技能,促进人才培养。

四是"校地合作构建协同创新平台"。为支持许昌学院转型发展,许昌市政府设立了5000 万元专项资金,用于许昌学院的协同创新平台建设。以此为契机,在政府引导、指导下,许昌学院紧紧围绕许昌市全国重要先进制造业基地建设需要,与许昌市相关重点企业合作成立了工业机器人、超硬材料、清洁化工、智能电网技术与装备、无人机低空遥感等协同创新中心,并取得了显著成效,按照项目征集、形式审查、专家评审等程序,2017—2019 年市政府专门下达校地合作专项资助 25 项,经费 324 万元。以许昌市为主导,以许昌学院为依托,许昌市建设了许昌·大学科技园,现已建成为省级大学科技园和省级科技企业孵化器。许昌·大学科技园的建设,既改善了许昌市科技创新创业环境,增强了企业自主创新能力和市场竞争力,又促进了学校科技成果转化,推动了学校向应用性院校转型。

五是"校地合作传承创新区域文化"。许昌市地处中原,历史悠久,是华夏文化的重要发祥地,汉文化系列、三国文化系列、钧瓷文化系列、农耕文化系列等文化资源丰厚。在许昌市政府的推动和支持下,许昌学院把地方文化资源与学校学科专业建设有机结合起来,积极参与城市文化建设,促进区域文化传承创新,与市有关部门合作成立相关研究机构,在农耕文化、魏晋文化、钧瓷文化等传承创新方面形成了自己的优势和特色。成立了中原农耕文化博物馆、中原农村发展研究中心、中原农耕文化研究中心,2018 年申请获批设立"中原农耕文化与乡村发展研究河南省重点社会科学研究基地"。成立了魏晋文化研究所,2018年被批准为河南省普通高校人文社会科学重点研究基地。

三、许昌学院转型发展借鉴

许昌学院原党委书记陈建国把许昌学院转型发展的特点概括为三个方面:"地方政府主导下的校企合作、立足地方的应用型办学和创新引领下的产教融合"①,这也是"许昌模式"给其他地方普通本科院校向应用技术院校转型发展提供的借鉴。

一是"地方政府成为地方高校发展的引导者"。就高校与地方的关系而言,地方更容易居于主导地位,仅靠高校的一厢情愿很难实现二者的良性互动与协同发展,外部环境尤其是地方政府拥有更大的优势和强势。地方普通本科院校向应用技术院校转型发展同样需要地方政府发挥支持、主导。"地方政府作用的发挥至关重要,甚至在一定程度上决定着地方高校的转型能否成功"②。许昌市政府坚持把许昌学院纳入地方经济社会的发展规划中去,主动引导和要求地方企业对接学校,出台相关支持政策,提供管理、指导、协调和服务,为企业学校合作融合牵线搭桥;利用政府的影响力引导许昌学院把学科专业建设、人才培养、科学研究与许昌市的经济发展、优势产业、企业需求相融合,为学校发展提供真金白银,为学校成果提供落地生根的土壤,实现真正协同发展的校地融合、校企融合模式。

二是"地方高校主动融入地方产业办学"。应用技术院校必须有可以应用的优势技术,必须能够实现技术的转化和推广,最直接、最便捷、最高效的转化推广就是积极主动地融入地方发展。在向应用技术院校转型发展过程中,许昌学院积极发挥主体作用,不再固守传统实验室,立足推广应用,主动走出校园,走进工厂,面向区域,贴近行业企业,对地方政府和行业企业主动适应、主动融入、主动对接、主动服务,创办并逐渐形成了一批优势突出、区域或产业背景明显的应用技术专业学科(群),实现专业学科(群)、科技创新成果与区域产业发展的紧密连接。许昌学院也因此争取到了许昌市各级政府、企业在政策、资金等方面的更大支持,为转型发展创造了良好的外部环境和条件。

三是"地方本科高校转型发展必须坚持创新引领"。应用技术院校也必须坚持创新,与高水平研究型大学一样,高水平应用技术院校的重要标志同样是创新能力。许昌学院坚持把培养应用技术型人才作为根本任务,同时注重学科建设和应用技术研究,努力以提升创新能力引领转型发展。"地方本科高校在转型发展过程中必须'有定力''不刮

---

①　陈建国.打造校地校企合作"许昌模式"[J].中国高等教育,2016,(23):33-35.
②　陈建国.打造校地校企合作"许昌模式"[J].中国高等教育,2016(23):33-35.

风''不冒进',做到'立地顶天'。'立地'就是要立于地方办学,服务地方产业和企业的转型升级;'顶天'就是要有高水平的创新平台、创新能力和创新成果。"①

第三节　教学做创融通:平顶山学院应用型人才培养特色鲜明

一、平顶山学院转型发展概况

平顶山学院有近60年的办学历史。学校前身是创建于1959年的平顶山师范学校,1977年经批准在平顶山师范学校附设大专班,1984年独立设置平顶山师范专科学校,2004年经教育部批准升格为本科院校,2014年入选河南省转型发展试点高校,2016年入选河南省示范性应用技术类型本科院校。

学校紧盯"特色鲜明、优势突出,服务区域经济社会发展能力强"的应用型大学建设目标,主动融入区域产业转型升级和创新驱动发展,以产教融合为主线,紧紧围绕"专业入行、能力提升、双创深化"三大主题,深化校企双主体协同育人,按照"依靠政府引导,牵手行业龙头企业,联合高水平研究型大学和科研机构,与企事业单位、政府部门开展合作,以行业学院建设为抓手,政产学研协同推进"②的建设思路,探索形成了"政产学研协同、教学做创融通"的应用型人才培养特色模式(如图8-1所示)。2017、2018、2019年连续三年在河南省教育厅组织的省示范校建设工作考评中均位居前列,2019年6月成功承办河南省应用技术类型本科院校建设工作现场推进会。学校办学特色初步形成,办学实力和辐射带动能力不断增强,应用型大学建设进入创新提质的快车道。

---

①　陈建国.打造校地校企合作"许昌模式"[J].中国高等教育,2016(23):33-35.
②　王文鹏.深化产教融合 创新应用型人才培养模式[N].河南日报,2019-07-02(03).

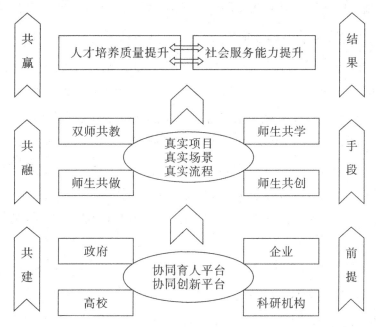

图8-1 平顶山学院"政产学研协同 教学做创融通"应用型人才培养模式

二、平顶山学院转型发展探索实践

平顶山学院的转型发展具有一定的借鉴意义。平顶山学院地处资源枯竭型城市,城市对学校发展的支撑作用相对薄弱,在此外部环境下实现转型发展并形成自身特色对于其他同类院校具有示范作用。近年来,平顶山学院持续深化产教融合,建机制、搭平台,全方位推进"引企入教",改革创新应用型人才培养模式,校企协同育人不断深化。

(一)完善顶层设计,统筹推进产教融合

平顶山学院转型发展以来,尤其是2016年获批建设省示范校以来,高度重视顶层设计,通过科学谋划、统筹推进,以产教融合为主线不断深化应用型大学内涵建设。学校把2016年定为"顶层设计年",学校"十三五"规划和省示范校建设规划把产教融合作为应用型大学建设的关键,贯彻落实在"应用型人才培养质量提升计划"等四大计划和"人才培养模式改革与创新工程"等21项工程中。把2017年定为"狠抓任务落实年",统筹落实年度重点工作,把产教融合落实在各个建设项目中。把2018年定为"重点任务攻坚年","深化产教融合、校企合作攻坚战"被列入五大攻坚战之一。把2019年定为"质量提升年",以"四抓四提"为抓手,以产教融合、校企合作为主线打造特色亮点,推进学校各项

事业高质量发展。把 2020 年定为"治理能力提升年",建立健全产教融合、校企合作长效机制,改革创新产业(行业)学院建设体制机制,推动构建多元主体参与的治理体系。

(二)优化学科专业结构,提升人才培养与社会需求的符合度

学科专业建设是高等学校打造办学特色的关键和重点,对接区域产业链、创新链建设特色优势学科专业群,是应用型大学扎根地方、服务地方的重要基础。平顶山学院坚持"服务需求、交叉融合、特色发展、创新发展"的建设理念,按照"服务面向相同、学科基础相近"的原则,紧紧围绕河南省主导产业及战略性新兴产业,以及平顶山市"1+7"产业体系、中国尼龙城、中原电气城、国家农业"两区"建设和"五大转型"战略,聚焦高压智能电气、尼龙及化工新材料、陶瓷创意设计、文化创意与传播、基础教育、医疗康养等产业领域,坚持学科专业一体化发展,打造地方和行业急需的特色优势学科专业群,夯实服务地方经济发展的基础。

服务河南省重点培育发展的智能电力及新能源装备产业发展和平顶山市"中原电气城"建设,重点建设"高压智能电气学科专业群"。2016 年以来,该学科专业群立项建设省级一流专业"电气工程及其自动化""计算机科学与技术",建成省级精品开放课程"高电压技术";立项建设省级重点学科"高电压与绝缘技术",建成"智能输配电装备研究河南省创新型科研团队"。服务河南省重点培育发展的尼龙及化工新材料产业和平顶山市建设"中国尼龙城",重点建设"尼龙及化工新材料学科专业群"。2016 年以来,该学科专业群立项建设省级一流专业"化学工程与工艺",教育部、河南省新工科研究与实践项目"面向'中国尼龙城'战略的现代产业学院建设探索与实践";立项建设省级重点学科"化学工程",打造了特色学科团队"尼龙新材料与绿色化工新技术团队"。服务河南省重点培育发展的数字创意产业发展和平顶山市"文化转型""产业转型"战略,重点建设"文化创意与全媒体传播学科专业群",2016 年以来,该学科专业群立项建设省级重点学科"广播电视艺术学"和"中国现当代文学",开办了河南省唯一的"陶瓷艺术设计专业",立项建设国家级精品在线开放课程"普通话语音与播音发声"、立项建设省级一流专业"播音与主持艺术专业""广播电视编导专业""产品设计专业"、省级一流课程"全媒体人才专创融合实践""中国古代文学作品精读""环境绿化设计";建成省级重点实验室"河南省中原古陶瓷研究重点实验室",打造了特色学科团队"区域文化传承与创新团队""古陶瓷研制与修复团队"。

(三)以产业(行业)学院为抓手,政产学研协同搭建育人平台

产教融合、校企合作是地方本科高校转型发展的主要路径。平顶山学院紧紧依靠政府引导,牵手行业龙头企业,联合高水平研究型大学和科研机构,以产业(行业)学院建设

为抓手搭建协同育人、协同创新平台。服务河南数字经济产业发展需要，携手中原鲲鹏生态创新中心，建成了全国第一所"鲲鹏产业学院"，以"二基地三引领"为建设目标，创新政产学研合作机制，课程教学利用鲲鹏平台、引入行业场景、采用鲲鹏案例、由校企双师共教，学生对课程教学满意度达到100%。服务"中国尼龙城"建设，与平顶山市人民政府、中国平煤神马集团等共建省级重点产业学院"尼龙新材料学院"，合作开办"尼龙化工"人才培养订单班，校企共建校外实习实训基地10余个，合作建成了"特种石墨功能材料河南省工程实验室"等3个协同创新平台。服务"中原电气城"建设，与平顶山市人民政府、平高集团等共建"智能电力装备产业学院"，开办"平高班"，建成"高压智能电器河南省工程技术研究中心"等2个省级平台，获批学校首个省级创新型科研团队"智能输配电装备研究创新团队"，天工科技股份有限公司投资100多万元与学校共建"智能化输送系统联合实验室"，平顶山森源电气有限公司专门为学校设计建设了一条实训生产线。服务文化产业发展需要，与大河网等共建"现代媒体创意学院"暨"新媒体发展协同创新中心"，与平顶山市委宣传部共建"平顶山市文化产业研究院"，与行业企业共建传媒大讲堂、影视实训中心、无人机航拍飞行实训室等一批实训平台。服务陶瓷产业发展需要，与中国建筑卫浴陶瓷协会、宝丰县政府、汝州市政府等共建"陶瓷学院"，开办了河南省唯一的陶瓷艺术设计本科专业，建成了"河南省中原古陶瓷研究重点实验室""河南省鲁山花瓷工程技术中心"2个省级平台，陶瓷研究所获批河南省非物质文化遗产研究基地。学校坚持学科专业一体化发展，政产学研共建的协同育人、协同创新平台为应用型人才培养提供了有力支撑。

（四）全方位引企入教，通过"六个对接"深化校企协同育人

平顶山学院依托行业学院（产业学院），通过"六个对接"推进专业对接行业、教学过程对接生产过程，教学内容对接职业标准，全方位深化校企协同育人。一是人才培养方案修订与合作单位对接。专业建设指导委员会负责人才培养方案修订的前期调研、咨询及论证等工作，各专业建设指导委员会中均有来自政府、其他高校、行业企业的专家。二是课程教学团队建设与合作单位对接。遴选一定数量的行业教师加入教学团队，建设校企一体、专兼结合的双师双能模块课程教学团队。三是课程建设与合作单位对接。校企合作开展课程建设与改革，将产业和技术的新发展、行业对人才培养的新要求引入教学过程、更新教学内容。四是实践教学平台建设与合作单位对接，校企联合建设面向职业环境的实践教学平台。五是教学过程与合作单位对接，校企合作开展行业技术应用、专业见习、生产实训、毕业实习、毕业设计等教学活动环节。六是教学质量评价与合作单位对接，行业企业专家参与专业人才培养质量评价，推进人才培养质量评价外部化、市场

化。2016 年以来,学校备案建设校企联合双师型模块教学团队 78 个,校企合作开展课程改革 300 余门,校企共建"高电压技术"课程获批立项建设河南省精品在线开放课程,新增校企共建实践教学平台(基地)200 余个,行业专家担当毕业论文答辩、学科竞赛、创新创业大赛评委、参与教学评价等已成常态,教学过程与合作单位对接做到专业群 100% 全覆盖。

(五)以能力培养为核心,推进教学模式、评价方式改革

教育教学改革是应用型大学建设最核心的改革。平顶山学院紧紧围绕"专业入行、能力提升、双创深化"三大主题,全面贯彻"学生中心、产出导向、持续改进"的教育理念,深入推进以学生为中心、以能力培养为核心的教学模式、评价方式改革。

一是推进以能力培养为核心的教学模式改革。学校持续深化以能力培养为核心的教学模式改革,借鉴 OBE、CDIO 等教育模式,重构课程教学内容,重建教学场景,以能力培养为核心,积极探索以学生为中心的教学方法改革。新闻与传播学院"纪录片创作"课程打破原有教材按学科理论体系构架教学内容体系的传统,按照岗位能力和实践操作规范需要,重构教学内容体系。计算机学院与北京学佳澳科技有限公司共同承担"Java 程序设计""基于 Web 的 Java 开发设计"等课程的授课工作,双方联合制定授课计划,共建课程资源(案例库、教案、课件及网站),组织授课及课程评价。从由教师主导学习转变为以学生为主体,从学生学习的角度,组织开展教学活动,开展体验教学、现场教学、案例教学。"生态旅游学"课程实施现场教学,任课教师将课堂搬入校园,实地向学生讲解景观植物的环境美化功能、生态保护功能、生活习性、经济价值等知识。"国际市场营销学"课程实施现场教学,任课教师带领学生到宝马、奔驰车销售店,由企业管理人员实地向学生讲授国际产品的包装、销售、服务策略。

二是围绕能力培养开展考试考核方法改革。学校持续推进能力导向的考试考核改革,有效激发学生的学习动力和专业志趣,引导学生求真学问、练真本领。将企业项目引入课程考核。软件工程、视觉传达设计等专业引入企业真实项目到"JavaWeb 实训""Android 实训""网页设计"课程考核之中,企业人员参与项目结果评价。在虚拟工作场景进行实操考核。旅游管理专业"导游业务"课程依托学校校园设计导游业务场景,学生在不同业务场景中扮演角色,完成任务,教师对学生表现评价。以创作作品形式组织考核。文化产业管理、广告学等文化传媒类专业"广播电视节目编剧与制作""纪录片创作""导演基础与实践"等课程采用作品设计、策划、编辑等实操形式考核,部分学生作品已经转换为产品,如 2015 级文化产业管理专业李龙飞等同学"文化产业项目管理"课程作业"叶县李吴庄村文化旅游发展规划""宝丰第七届魔术文化节策划"直接对接学校精

准扶贫项目和平顶山市文化产业研究院的文化产业发展项目，方案被采纳应用。

（六）改革管理体制机制，为产教融合应用型人才培养提供有力保障

体制机制改革能够有效激发有关各方深化产教融合的动力和活力。近年来，学校不断完善管理体制和内部治理、管理机制，成立产教融合专门管理机构——地方合作处，组建产业（行业）学院管理机构，制定《平顶山学院关于深化产教融合推进校企合作工作的实施意见》《平顶山学院校企合作管理办法》，推进行业企业全程参与人才培养过程；制定、修订《平顶山学院课程体系改革与创新工程实施方案》《平顶山学院教学模式改革与创新工程实施方案》《平顶山学院关于加强教师实践能力培养的实施办法》《平顶山学院行业教师管理办法》等制度，从教育教学改革、双师双能型师资队伍建设等方面深化产教融合，努力构建与应用型大学建设相适应的体制机制，为产教融合创新应用型人才培养模式提供引导、支持，营造良好环境。

三、平顶山学院应用型人才培养质量显著提升

创新创业教育改革与创新是提升应用型人才培养质量的重要突破口。平顶山学院以特色工作室、开放实验室为载体推进"教学做创融通"，实现了创新创业教育与专业教育深度融合。学校采用"1+N"模式建成了1个校级创新创业中心，同时依托不同学科和专业特色建设多个空间功能分区，目前已建有陶瓷创意区、艺术设计区、电子商务区、文化传媒区、电气科创区、软件开发区、化工科创区等7个分区，每个空间功能分区依托产业（行业）学院与合作企业共建特色工作室和开放实验室，以特色工作室、开放实验室为载体，推进教学做创一体化。特色工作室、开放实验室是双师共教、师生共学、师生共做、师生共创的空间，每个工作室或实验室都组建校企双导师团队，导师带领学生团队在"真实环境"中，以"真实项目"，开展"真实流程"的全程实战。特色工作室以"创意—创作—创新—创业"为教育主线，引导学生实现由"课业—作业—作品—产品"的飞跃；开放实验室以"构思—设计—实现—运作"为教育主线，让学生早进团队、早进课题、早进实验室，实现教学过程与生产过程的紧密对接。学生毕业论文（设计）真题真做，应用类专业来自实践一线的课题占比平均达到80%以上，艺术、设计类专业推进毕业论文（设计）改革，实现了以作品形式完成毕业设计。

2016年以来，学生获省级以上学科竞赛、创新创业大赛奖励3000余项，2019年学生获省级以上学科竞赛和创新创业大赛奖励数量较2016年增长了284%，涌现出"窝牛街""炎华健身"等一大批学生创业典型。毕业生就业率连年稳定在94%以上，毕业生就业单

位的层次和水平不断提升,用人单位对毕业生总体满意度达到 96% 以上。光明日报、中国教育报、河南日报、新华网、中华网、大河网等多家媒体围绕学校"三全育人"、"政产学研协同 教学做创融通"模式、应用型人才培养体系建设等进行系列报道 20 余篇。

参考文献

一、专著类

[1] 鲍尔生. 德国教育史[M]. 滕大春, 滕大生, 译. 北京: 人民教育出版社, 1986.

[2] 贝格拉. 威廉·冯·洪堡传[M]. 袁杰, 译. 北京: 商务印书馆, 1994.

[3] 杜小真, 张宁. 德里达中国讲演录[M]. 北京: 中央编译出版社, 2003.

[4] 雅克·韦尔热. 中世纪大学[M]. 王晓辉, 译. 上海: 上海人民出版社, 2007.

[5] 伯顿·克拉克. 探究的场所: 现代大学的科研和研究生教育[M]. 王承绪, 译. 杭州: 浙江教育出版社, 2001.

[6] 德雷克·博克. 回归大学之道对美国大学本科教育的反思与展望[M]. 侯定凯, 等译. 上海: 华东师范大学出版社, 2008.

[7] 弗罗斯特. 西方教育的历史和哲学基础[M]. 吴元训, 等译. 北京: 华夏出版社, 1987.

[8] 克尔. 大学的功用[M]. 陈学飞, 等译. 南昌: 江西教育出版社, 1993.

[9] 约翰·S. 布鲁贝克. 高等教育哲学[M]. 王承绪, 等译. 杭州: 浙江教育出版社, 2002.

[10] 艾伦·B. 科班. 中世纪大学: 发展与组织[M]. 周常明, 王晓宇, 译. 济南: 山东教育出版社, 2017.

[11] 纽曼. 大学的理念[M]. 高师宁, 等译. 北京: 北京大学出版社, 2016.

[12] 别敦荣, 杨德广. 中国高等教育改革与发展 30 年[M]. 上海: 上海教育出版社, 2009.

[13] 陈学飞. 美国高等教育发展史[M]. 成都: 四川大学出版社, 1989.

[14] 单中惠. 外国大学教育问题史[M]. 济南: 山东教育出版社, 2006.

[15] 丁钢, 刘琪. 书院与中国文化[M]. 上海: 上海教育出版社, 1992.

[16] 杜作润, 高烽煜. 大学论[M]. 成都: 四川教育出版社, 2000.

[17] 韩延明. 大学理念论纲[M]. 北京: 人民教育出版社, 2003.

[18] 贺国庆, 王保星, 朱文富等. 外国高等教育史[M]. 2 版. 北京: 人民教育出版社, 2006.

［19］黄福涛.外国高等教育史［M］.2版.上海：上海教育出版社,2008.

［20］雷晓云.中国高等教育制度变迁及其文化透视［M］.武汉：华中科技大学出版社,2007.

［21］李才栋.中国书院研究［M］.南昌：江西高校出版社,2005.

［22］李素敏.美国赠地学院发展研究［M］.保定：河北大学出版社,2004.

［23］刘刚,邵帅,刘志坚.技术人文视野下高等职业院校办学理念研究［M］.北京：人民出版社,2019.

［24］刘刚.问题与路径：高等职业院校人文教育策略研究［M］.北京：人民出版社,2012.

［25］潘懋元.多学科观点的高等教育研究［M］.上海：上海教育出版社,2001.

［26］王保星.美国现代高等教育制度的确立［M］.石家庄：河北教育出版社,2005.

［27］张慧明.中外高等教育史研究［M］.长沙：湖南大学出版社,1998.

［28］朱汉民.中国的书院［M］.北京：商务印书馆,1991.

二、期刊论文类

［1］别敦荣.论高等学校发展战略及其制定［J］.清华大学教育研究,2008(02):13-19.

［2］陈建国.打造校地校企合作"许昌模式"［J］.中国高等教育,2016(23):33-35.

［3］陈廷柱,齐明明.开放教育资源运动：高等教育的变革与挑战［J］.清华大学教育研究,2014(05):109-117.

［4］陈星,张学敏.转型的忧思：地方普通本科院校向应用型转变的理念冲突［J］.湖南师范大学教育科学学报,2016(06):103-110.

［5］贺国庆.近代德国大学科学研究职能的发展和影响［J］.河北大学学报(哲学社会科学版),1996(04):8-16,39.

［6］侯长林,罗静,叶丹.应用型大学视域下新建本科院校办学定位选择［J］.教育研究,2015,36(04):61-69.

［7］焦新.课题组解读《地方本科院校转型发展研究报告》［N］.中国教育报,2013-12-31.

［8］介晓磊,刘海峰.黄淮学院转型发展的战略选择及其建设成效［J］.计算机教育,2015(05):2-5.

［9］康健."威斯康星思想"与高等教育的社会职能［J］.高等教育研究,1989(01):39-44.

［10］匡德花,黄顺杨,罗碧纯."嵌入式"校企合作：高职人才培养模式新路径探析［J］.湖北职业技术学院学报,2012(01):10-13.

[11]李从浩.改革开放以来中国高等教育管理体制改革的回顾与启示[J].现代教育科学,2007(01):121-123.

[12]李培根.论开放式高等教育[J].高等教育研究,2007(09):1-6.

[13]李盛兵.高等教育市场化:欧洲观点[J].高等教育研究,2000(04):108-111.

[14]李文英,朱鹏举.美国"康奈尔计划"的发展与影响[J].河北大学学报(哲学社会科学版),2012,37(04):22-26.

[15]厉以宁.转型发展理论[J].经济研究参考,1997(45):5.

[16]刘宝存.洪堡大学理念述评[J].清华大学教育研究,2002(01):63-69.

[17]刘宝存.威斯康星理念与大学的社会服务职能[J].理工高教研究,2003(05):17-18.

[18]刘春华.吉尔曼与美国研究生教育:约翰·霍普金斯模式探析[J].高等教育研究,2012(06):85-91.

[19]刘刚,邵帅.部分普通院校向应用技术院校转型发展的历史逻辑:基于大学职能的视角[J].河南科技学院学报,2020(06):35-39.

[20]刘刚.部分普通本科院校向职业院校转型之思[J].高等教育研究,2015(04):61-66.

[21]刘刚.技术革命与现代职业教育的生荣[J].河南科技学院学报,2014(8):65-69.

[22]刘刚.教育承诺对教学型本科院校的影响[J].河南职业技术师范学院学报,2004(02):101-103.

[23]刘刚.试论大学校园的历史文化[J].教育评论,2006(04):85-88.

[24]刘维俭,王传金.从人才类型的划分论应用型人才的内涵[J].常州工学院学报(社科版),2006(03):98-100.

[25]刘延东.加快发展现代职业教育 为实现中国梦提供人才支撑:在2013年全国职业院校技能大赛闭幕式上的讲话[J].中国职业技术教育,2013(22):17-19.

[26]刘逸鹏,郑艳玲,高建山等.应用型本科院校教学与科研协调发展的驱动机制研究[J].人才资源开发,2017(06):155-156.

[27]鲁昕.教育改革突破口在现代职业教育[J].中国发展观察,2014(4):10-11.

[28]吕健,张宜慧.优质高等教育机会公平对共享发展的影响分析[J].现代教育管理,2019(10):7-13.

[29]潘懋元.从"回归大学的根本"谈起[J].清华大学教育研究,2015(4):1-2,9.

[30]潘懋元.高等学校的社会职能[J].高等工程教育研究,1986(3):11-17.

[31]溥林.中世纪的大学及其成就[J].锦州师范学院学报(哲学社会科学版),2003(3):54-57.

[32]宋文红.欧洲中世纪大学:历史描述与分析[D].武汉:华中科技大学,2005.

[33]谭贞.黄淮学院:深化产教融合,推进转型发展[J].河南教育(高教),2018(09):87-89.

[34]王建中.教育公共服务视域下的大学责任研究[D].济南:山东师范大学,2015.

[35]王锐兰.全方位社会服务:高等学校整体职能初探[J].吉林教育科学,1990(02):48-51.

[36]魏宏聚.厄内斯特·博耶"教学学术"思想的内涵与启示[J].全球教育展望,2009(09):38-41.

[37]肖玲聪,崔海亮.中国大学教育的市场化与行政化[J].现代教育科学,2013(11):28-33.

[38]熊惠平.高职教育实行"订单培养"模式的困难与问题[J].河南职业技术师范学院学报(职业教育版),2004(04):14-17.

[39]杨金土,孟广平,严雪怡,等.论高等职业教育的基本特征[J].教育研究,1999(4):57-62.

[40]杨艳蕾.大学服务社会:"威斯康星理念"研究[D].南京:南京师范大学,2011.

[41]杨玉珍.高校社会嵌入式人才培养模式研究:基于九型分类的视角[J].中国成人教育,2013(01):129-131.

[42]张大良.把握"学校主体、地方主责"工作定位积极引导部分地方本科高校转型发展[J].中国高等教育,2015(10):23-29

[43]张墨宁.地方高校开启"二次转型"[J].南风窗.2014(16):37-39.

[44]张应强.从政府与大学的关系看地方本科高校转型发展[J].江苏高教,2014(06):6-10.

[45]郑会娟.行业需求视角下嵌入式人才培养模式探索[J].中国成人教育,2014(23):60-61.

[46]周远清.加速高教管理体制改革势在必行[J].中国高等教育,1998(02):3-5.

[47]宗诚,聂伟.试论我国本科层次职业教育发展的理路[J].高等工程教育研究,2020(04):137-141.

后　记

本书是 2016 年教育部规划基金项目"部分普通本科院校向职业院校转型研究"（编号：16YJA880025）的研究成果。

课题研究方向 2014 年已经确定,之后在《高等教育研究》《职教论坛》等发表有相关研究文章。2016 年年初,正式确定以"部分普通本科院校向职业院校转型研究"为题申报教育部规划基金项目,2016 年获批立项。

申报时的课题组成员来自多所高校,包括河南科技学院刘刚教授、邵帅讲师、杨红旻博士、吴丹讲师、王艳荣副教授,平顶山学院王文鹏教授,中原工学院陆俊杰博士,黄淮学院刘海峰博士,杭州职业技术学院孙红艳助理研究员,河南经贸职业学校段秋月副教授等。由于课题组人员单位多、区域分散,前期团队管理松散,研究进度相对缓慢。原定于 2019 年年底完成全部工作,却最终推迟到 2021 年才完成。2020 年为了加快研究工作进度,课题组进行了微调,吸收河南科技学院博士生张文熙承担部分研究任务。课题组成员分别在论证、调研、文章撰写、成果总结等方面做出了各自的贡献。

参与最终成果撰写的成员有刘刚、王文鹏、陆俊杰、杨红旻、张文熙。其中:刘刚撰写前言和第一、二章,陆俊杰撰写第三、四章,杨红旻、张文熙撰写第五、六章,刘刚、王文鹏撰写第七、八章。刘刚、王文鹏、陆俊杰负责研究提纲的拟定;刘刚、王文鹏负责各章节最后的统稿。

最终研究成果包括八个章节,具体内容包括:第一章绪论,主要介绍高等学校转型发展是一项国家战略,深入探讨和界定了转型、转型发展和高等学校转型发展的含义;第二章简述早期大学及其主要职能,早期大学及其职能是研究高等学校转型发展的起点;第三章分析了高等学校职能演进的历程,这是部分普通本科院校向应用技术院校转型发展的历史逻辑;第四章从市场与行政两个方面论述了部分普通本科院校向应用技术院校转型发展的现实逻辑;第五章结合河南省转型发展试点院校调研实际,论述了应用技术院校转型发展面临的现实困境;第六章结合新发展理念提出部分普通本科院校向应用技术院校转型发展必须坚持理念创新;第七章从职能扩展的视角,论述了创新理念指导下应用技术院校转型发展的路径选择;第八章介绍河南省转型发展试点院校案例,分析转型院校转型的自觉与自觉的转型。

从蹭热点的角度看,本研究从开始酝酿到确定选题申报,都是转型发展大热之际,但时至今日,热度已经下降,现在或许更多了一点冷静。回头再次审阅课题结构和成果,感觉虽然有遗憾和不足,但也有创新和成效。创新之处有二:一是从职能的视角研究转型发展比较深入,二是对河南省转型发展院校的调查比较充分。不足之处在于对转型发展背景的研究不系统、对转型发展的内在逻辑研究不深入等。本研究的过程和最终成果虽不能说完美,但能够完成这项研究就是对课题组全体成员的最好肯定。

感谢信阳师范学院党委书记、平顶山学院原党委书记王文鹏教授,在百忙之余指导课题研究、参与拟定提纲、审阅最终成果并亲自撰写部分内容;感谢中原工学院陆俊杰博士,合作进行了多项研究,给予我个人很多帮助,结合课题研究发表多篇文章;感谢课题组全体成员,大家都为课题研究做出了自己的贡献。

刘　刚

庚子冬于牧野淮庐